公認会計士試験

早まくり

条文趣旨集

財務会計論
会計基準

はしがき

　本書は，試験対策として最も基本的であり重要な会計基準の内容を，○×形式で効率よく学習してつかんでしまおう，という「欲張りな問題集」です。

　試験直前になるとこんな質問が多くなります。
　「先生，『会計基準』の読み込みはやった方がよいですか？」
　受講生の気持ちがわかるだけに，この質問には返答に苦しみます。きっと「『会計基準』の内容について，テキスト・参考書だって読んでるし，問題演習だってやってるし，わざわざ『会計基準』自体の読み込みをやる必要があるのかな？」という気持ちで質問されるのでしょう。しかしながら「やった方がよいですか？」と訊かれたら，講師としては「やらないよりはやった方がよいでしょう。」とありきたりな返答をせざるを得ません。

　当たり前ですが『会計基準』には正しいことしか書いてありません。その『会計基準』を集中力を絶やさず読み進めるのは大変なことですし，漫然と読んでいては学習効果はあまり望めません。

　そこで，「問題演習と『会計基準』の読み込みを同時にやってしまえないか？」と考え，『会計基準』の重要な部分を○×形式の問題集にしてしまうことを思い付きました。このアイデアを受講生の皆さんに話したところ，ぜひ刊行してほしいとの声をいただきました。本書は，○×問題を解いていると『会計基準』の重要な部分を読んだことになってしまう，そんな一冊です。

　本書が皆さんの受験勉強に活かされ，合格の一助となることを願っています。

　なお，本書第3版は，執筆時現在において明らかな情報に基づき，令和4年4月1日に適用される『会計基準』に準拠しています。

2022年7月　TAC公認会計士講座　財務諸表論研究会

本書の特長

　公認会計士試験対策として財務会計論の理論を学習するうえで，「『会計基準』の内容を理解する必要がある」ことは言うまでもないでしょう。

　短答式試験では，『会計基準』に規定される「制度の会計処理」の内容を把握しているかどうかが，合否を分けると言っても過言ではありません。でも，『会計基準』には様々なものがあるうえに量も膨大です。

　また，「どうせ『会計基準』を勉強するのなら論文式試験にも活かせるようにしたい」とも思うのではないでしょうか。それが「効率の良い学習」であり，誰もが願っていることのはずです。さらに論文式試験では『会計基準』の一部が「法令基準等」として配布されますが，その内容を把握していれば他の受験生に対するアドバンテージとなるはずです。

　本書は，「法令基準等」として配布されるような『会計基準』に的を絞り，その中でも，公認会計士試験対策として最も基本的であり，かつ重要な「企業会計審議会による会計基準」および「企業会計基準委員会による会計基準」のみに照準を当てました。さらに，論文式試験で配布される「法令基準等」には「基準本文（注解を含む）」のみが掲載されるため，本書も「基準本文（注解を含む）」のみに的を絞りました。

　つまり，ムダは一切ありません。

『会計基準』のいろいろと本書の対象範囲

　一口に『会計基準』と言っても様々な会計基準等があり，その量も膨大です。

　公認会計士試験対策として最も基本的であり，かつ重要なのは，以下の一覧のうちの【企業会計審議会による会計基準】および【企業会計基準委員会による会計基準】といえるでしょう。そこで，本書はこの２種類に絞りこんで収録しています。

【会計諸基準】
［会社法関係］
　会社法（抄録），会社計算規則
［金融商品取引法関係］
　財務諸表等規則，連結財務諸表規則, etc…
【企業会計審議会による会計基準】
　企業会計原則，外貨建取引等会計処理基準, etc…
【企業会計基準委員会による会計基準】
　自己株式および準備金の額の減少等に関する会計基準,
　１株当たり当期純利益に関する会計基準, etc…

【適用指針（実務指針），実務対応報告，Ｑ＆Ａ等】
［適用指針（実務指針）］
　固定資産の減損に係る会計基準の適用指針,
　金融商品会計に関する実務指針, etc…
［実務対応報告］
　信託の会計処理に関する実務上の取扱い,
　繰延資産の会計処理に関する当面の取扱い, etc…
［Ｑ＆Ａ］
　研究開発費およびソフトウェアの会計処理に関するＱ＆Ａ,
　金融商品会計に関するＱ＆Ａ, etc…

『会計基準』の内容・構成と本書の対象範囲

　『会計基準』には，(a)結論部分である「基準本文（注解含む）」と，(b)結論の理由部分である「前文」あるいは「結論の背景」があります。

(a)　結論が記載されている部分
　　＝基準本文（注解含む）
(b)　結論の理由が記載されている部分
　　＝前文（企業会計審議会による会計基準の場合）
　　　結論の背景（企業会計基準委員会による会計基準の場合）

　短答式試験においては，上記(a)が特に重要になるといえるでしょう。
　他方，論文式試験においては，上記(a)のみならず上記(b)も大変重要となりますが，配布される「法令基準等」には上記(a)のみが掲載されています。
　そこで本書は，短答式試験において特に重要であると同時に論文式試験で配布される「法令基準等」に記載される上記(a)の内容のみを把握することを狙いとしています。

本書の利用方法

1 一問一答式です

　左のページの問題文（＝肢）が，「正しいか誤りか」を判断することのみに集中し，リズムよく学習を進めることができます。

2 ×の肢について

　「どこがダメなのか」については，解説において下線で明示してあります。また，参考条文も明示してあります。

　正しい内容を理解しつつ，はっきりとした根拠をもって「肢を切る」，この訓練をくりかえすことにより，肢の文中の怪しいところを嗅ぎわける鼻を養ってください。

　なお，なかには，若干強引に×としている肢もあります。そのような肢があるのは，「条文の網羅性を確保する意図があるため（また，○の肢ばかりになってしまっても仕方がないので…）」とご理解ください。

3 ○の肢について

　そのまま頭に入れてしまえばよいので，原則として解説は付さず，参照条文の明示にとどめました。

　解説欄をシンプルにすることで，一問一答式ならではのリズムをキープすることができるのです。

　もし万が一，「わからない」「知らない」という肢があった場合には，関連条文（前掲の「前文」または「結論の背景」を含む）やご自分のテキスト・参考書に戻って，該当論点を再チェックしてください。

4 その他

　本書の問題（＝肢）は，すべて本書のために作成したオリジナル問題です。

　なお，明示されている条文番号は，各章のタイトルとなっている会計基準内の条文番号を意味します。

～企業会計審議会による会計基準～

§3 「連結キャッシュ・フロー計算書等の作成基準」 （「連結キャッシュ・フロー計算書作成基準」）

～企業会計基準委員会による会計基準～

§7 企業会計基準第1号
「自己株式及び準備金の額の
減少等に関する会計基準」　　　**121**

§17 企業会計基準第12号
「四半期財務諸表に関する会計基準」 339

§18 企業会計基準第13号 「リース取引に関する会計基準」 369

§21　企業会計基準第18号
「資産除去債務に関する会計基準」　431

§22　企業会計基準第20号
「賃貸等不動産の時価等の開示に
　関する会計基準」　443

§25 企業会計基準第24号 「会計方針の開示, 会計上の変更及び誤謬の訂正 に関する会計基準」 531

§28　企業会計基準第27号
「法人税，住民税及び事業税等に
関する会計基準」　　　　　　　593

「企業会計原則」

§ 1

1-1 一般原則

Q01 真実性の原則によれば，企業会計は，企業の財政状態及び経営成績に関して，唯一絶対的・普遍的な真実を報告しなければならない。

Q02 企業会計は，すべての取引につき，正規の簿記の原則に従って，正確な会計帳簿を作成しなければならない。

Q03 資本剰余金は，資本取引から生じた剰余金であり，利益剰余金は損益取引から生じた剰余金，すなわち利益の留保額であるから，両者が混同されると，企業の財政状態及び経営成績が適正に示されないことになる。

Q04 企業会計は，財務諸表によって，利害関係者に対し必要な会計事実を明瞭に表示し，企業の状況に関する判断を誤らせないようにしなければならない。

A01 | × (第一・一)
企業会計は，企業の財政状態及び経営成績に関して，真実な報告を提供するものでなければならない（真実性の原則）。そして，真実性の原則における真実は，唯一絶対的・普遍的な真実ではなく，相対的な真実であるといわれる。

A02 | ○ (第一・二)
なお，正規の簿記の原則は，帳簿記録を行う際の要件を指示しているものと解される。そして，その要件としては，一般に，①網羅性，②検証可能性，③秩序性が挙げられる。

A03 | ○ (第一・三，注2)
このようなことから，資本取引と損益取引とを明瞭に区別し，特に資本剰余金と利益剰余金とを混同してはならないとされる（資本取引・損益取引区分の原則）。

A04 | ○ (第一・四)
明瞭性の原則の具体的な反映例としては，重要な会計方針の注記（注1-2）や重要な後発事象の注記（注1-3）が挙げられる。

Q05	企業会計は，その処理の原則及び手続を毎期継続して適用し，いかなるときもこれを変更してはならない。
Q06	企業会計は，予測される将来の危険に備えて，慎重な判断に基づく会計処理を行わなければならず，この会計処理の結果，企業の財政状態及び経営成績の真実な報告が歪められることは許容される。
Q07	株主総会提出のため，信用目的のため，租税目的のため等種々の目的のために，異なる形式の財務諸表を作成することは認められない。

A05	× (第一・五)

企業会計は，その処理の原則及び手続を毎期継続して適用し，みだりにこれを変更してはならない（継続性の原則）。ただし，正当な理由がある場合には，変更が認められる（注3）。

A06	× (第一・六)

企業の財政に不利な影響を及ぼす可能性がある場合には，これに備えて適当に健全な会計処理をしなければならない（保守主義の原則）。

企業会計は，予測される将来の危険に備えて，慎重な判断に基づく会計処理を行わなければならないが，過度に保守的な会計処理を行うことにより，企業の財政状態及び経営成績の真実な報告をゆがめてはならない（注4）。

A07	× (第一・七)

株主総会提出のため，信用目的のため，租税目的のため等種々の目的のために異なる形式の財務諸表を作成する必要がある場合，それらの内容は，信頼しうる会計記録に基づいて作成されたものであって，政策の考慮のために事実の真実な表示をゆがめてはならない（単一性の原則）。

つまり，基礎になる会計記録が単一で（二重帳簿の禁止），財務諸表の実質的内容が同じでなければならないが，目的の相違により財務諸表が多様な形式をとることは容認される（実質一元・形式多元）。

Q08	重要性の原則は，財務諸表の表示に関しては適用されない。

Q09	未収収益，未払費用及び前受収益のうち，重要性の乏しいものについては，経過勘定項目として処理しないことができる。ただし，前払費用については，重要性の乏しいものであっても，経過勘定項目として処理しなければならない。

A08	× （注1）

企業会計は，定められた会計処理の方法に従って正確な計算を行うべきものであるが，企業会計が目的とするところは，企業の財務内容を明らかにし，企業の状況に関する利害関係者の判断を誤らせないようにすることにあるから，重要性の乏しいものについては，本来の厳密な会計処理によらないで他の簡便な方法によることも，正規の簿記の原則に従った処理として認められる。

なお，重要性の原則は，<u>財務諸表の表示に関しても適用される</u>。

A09	× （注1）

重要性の原則の適用例としては，次のようなものがある。

(1) 消耗品，消耗工具器具備品その他の貯蔵品等のうち，重要性の乏しいものについては，その買入時又は払出時に費用として処理する方法を採用することができる。

(2) <u>前払費用，未収収益，未払費用及び前受収益のうち，重要性の乏しいものについては，経過勘定項目として処理しないことができる。</u>

(3) 引当金のうち，重要性の乏しいものについては，これを計上しないことができる。

(4) たな卸資産の取得原価に含められる引取費用，関税，買入事務費，移管費，保管費等の付随費用のうち，重要性の乏しいものについては，取得原価に算入しないことができる。

(5) 分割返済の定めのある長期の債権又は債務のうち，期限が一年以内に到来するもので重要性の乏しいものについては，固定資産又は固定負債として表示することができる。

1−2 損益計算書原則

1 損益計算書の本質

| Q10 | 損益計算書は，企業の経営成績を明らかにするため，一会計期間に属するすべての収益とこれに対応するすべての費用とを記載して経常利益を表示し，これに特別損益に属する項目を加減して当期純利益を表示しなければならない。 |

| Q11 | すべての費用及び収益は，その支出及び収入に基づいて処理しなければならない。 |

| Q12 | 前払費用及び前受収益は，当期の損益計算に計上し，未払費用及び未収収益は，これを当期の損益計算から除去しなければならない。 |

| Q13 | 費用及び収益は，純額によって記載することが原則とされる。 |

A10	○（第二・一）
A11	×（第二・一A） すべての費用及び収益は，<u>その支出及び収入に基づいて計上し，その発生した期間に正しく割当てられるように処理しなければならない。</u>ただし，未実現収益は，原則として，当期の損益計算に計上してはならない。
A12	×（第二・一A，注5） <u>前払費用及び前受収益は，これを当期の損益計算から除去し，未払費用及び未収収益は，当期の損益計算に計上しなければならない。</u>
A13	×（第二・一B） 費用及び収益は，<u>総額によって記載することを原則とし，費用の項目と収益の項目とを直接に相殺することによってその全部又は一部を損益計算書から除去してはならない。</u>

| Q14 | 費用及び収益は，その発生源泉に従って明瞭に分類し，各収益項目とそれに関連する費用項目とを損益計算書に対応表示しなければならない。 |

2 損益計算書の区分

| Q15 | 損益計算書には，営業損益計算，経常損益計算及び純損益計算の区分を設けなければならない。 |

| Q16 | 営業損益計算の区分では，当該企業の営業活動から生ずる費用及び収益を記載して，営業利益を計算する。具体的には，一会計期間に属する売上高と売上原価とを記載して売上総利益を計算し，これから販売費及び一般管理費を控除して，営業利益を計算する。 |

3 営業利益

| Q17 | 同一企業の各経営部門の間における商品等の移転によって発生した内部利益については，売上高及び売上原価を算定するに当って除去する必要はない。 |

A14	○（第二・一C）
A15	○（第二・二）
A16	○（第二・二A，三）
A17	×（第二・三E） 内部利益とは，原則として，本店，支店，事業部等の企業内部における独立した会計単位相互間の内部取引から生ずる未実現の利益をいう。したがって，<u>内部利益は，売上高及び売上原価を算定するに当って除去しなければならない。</u> なお，会計単位内部における原材料，半製品等の振替から生ずる振替損益は内部利益ではない。

4 営業外損益・経常利益

Q18 経常損益計算の区分では，営業損益計算の結果を受けて，営業活動以外の原因から生ずる損益であって特別損益に属しないものを記載して，経常利益を計算する。

5 特別損益・税引前当期純利益・当期純利益

Q19 純損益計算の区分では，経常損益計算の結果を受けて，特別損益を記載し，当期純利益を計算する。

Q20 特別損益に属する項目であっても，金額の僅少なもの又は毎期経常的に発生するものは，経常損益計算に含めなければならない。

Q21 法人税等の更正決定等による追徴税額及び還付税額は，税引前当期純利益に加減して表示する。この場合，当期の負担に属する法人税額等に含めて表示することを原則とするが，重要性の乏しい場合には，当期の負担に属するものと区別して表示することができる。

A18	○ （第二・二B, 四, 五）
A19	○ （第二・二C, 六, 七, 八）
A20	× （注12） 特別損益に属する項目であっても, 金額の僅少なもの又は毎期経常的に発生するものは, 経常損益計算に含めることができる。 なお, 特別損益に属する項目としては, 臨時損益（固定資産売却損益等）がある。
A21	× （注13） 法人税等の更正決定等による追徴税額及び還付税額は, 税引前当期純利益に加減して表示する。この場合, 当期の負担に属する法人税額等とは区別することを原則とするが, 重要性の乏しい場合には, 当期の負担に属するものに含めて表示することができる。

1-3 貸借対照表原則

1 貸借対照表の本質

Q22 貸借対照表は，企業の財政状態を明らかにするため，貸借対照表日におけるすべての資産，負債及び資本を記載し，株主，債権者その他の利害関係者にこれを正しく表示するものでなければならない。そのため，簿外資産及び簿外負債は一切認められない。

Q23 資産，負債及び資本は，純額によって記載することが原則とされる。

Q24 受取手形の割引高又は裏書譲渡高，保証債務等の偶発債務，債務の担保に供している資産，発行済株式一株当たり当期純利益及び同一株当たり純資産額等企業の財務内容を判断するために重要な事項は，貸借対照表に注記しなければならない。

Q25 将来の期間に影響する特定の費用は，次期以後の期間に配分して処理するため，貸借対照表の資産の部に記載しなければならない。

A22	× （第三・一）

正規の簿記の原則に従って処理された場合に生じた簿外資産及び簿外負債は，貸借対照表の記載外におくことができる。

A23	× （第三・一B）

資産，負債及び資本は，総額によって記載することを原則とし，資産の項目と負債又は資本の項目とを相殺することによって，その全部又は一部を貸借対照表から除去してはならない。

A24	○ （第三・一C）

A25	× （第三・一D，注15）

将来の期間に影響する特定の費用は，次期以後の期間に配分して処理するため，経過的に貸借対照表の資産の部に記載することができる。

Q26	天災等により固定資産又は企業の営業活動に必須の手段たる資産の上に生じた損失が，その期の純利益又は繰越利益剰余金から当期の処分予定額を控除した金額をもって負担しえない程度に巨額であって特に法令をもって認められた場合には，これを繰延資産として繰延経理することができる。

2 貸借対照表の区分

Q27	資産の部は流動資産，固定資産に，負債の部は流動負債及び固定負債に区分しなければならない。

3 貸借対照表の配列

Q28	資産及び負債の項目の配列は，原則として，流動性配列法によるものとする。

4 貸借対照表科目の分類

Q29	現金預金，取引先との通常の商取引によって生じた受取手形，売掛金等の債権，商品，製品，半製品，原材料，仕掛品等のたな卸資産及び期限が一年以内に到来する債権は，流動資産に属するものとされる。

A26	× (注15)
	天災等により固定資産又は企業の営業活動に必須の手段たる資産の上に生じた損失が，その期の純利益又は繰越利益剰余金から当期の処分予定額を控除した金額をもって負担しえない程度に巨額であって特に法令をもって認められた場合には，これを経過的に貸借対照表の資産の部に記載して繰延経理することができる。 ただし，繰延経理した金額（臨時巨額の損失）が繰延資産となるわけではない。
A27	× (第三・二)
	資産の部は流動資産，固定資産及び繰延資産に，負債の部は流動負債及び固定負債に区分しなければならない。
A28	○ (第三・三)
A29	○ (第三・四（一）A)
	なお，受取手形，売掛金その他流動資産に属する債権は，取引先との通常の商取引上の債権とその他の債権とに区別して表示しなければならない。 また，仮払金，未決算等の勘定を貸借対照表に記載するには，その性質を示す適当な科目で表示しなければならない。

Q.30 現金預金は，原則として，流動資産に属するが，預金については，貸借対照表日から起算して一年以内に期限が到来するものは，流動資産に属するものとし，期限が一年を超えて到来するものは，投資その他の資産に属するものとする。

Q.31 たな卸資産のうち恒常在庫品として保有するもの若しくは余剰品として長期間にわたって所有するものは，固定資産に含ませるものとする。

Q.32 固定資産は，有形固定資産，無形固定資産及び投資その他の資産に区分しなければならない。

Q.33 固定資産のうち残存耐用年数が一年以下となったものは，流動資産に含ませるものとする。

Q.34 受取手形，売掛金その他の債権に対する貸倒引当金は，原則として，その債権が属する科目ごとに債権金額又は取得価額から控除する形式で記載する。

A30	×（注16）
	現金預金は，原則として，流動資産に属するが，預金については，貸借対照表日の<u>翌日から起算して一年以内に期限が到来するものは，流動資産に属するものとし，期限が一年を超えて到来するものは，投資その他の資産に属するものとする。</u>
A31	×（注16）
	たな卸資産のうち恒常在庫品として保有するもの若しくは余剰品として長期間にわたって所有するものも<u>固定資産とせず流動資産に含ませる</u>ものとする。
A32	○（第三・四（一）B）
	なお，建物，構築物，機械装置，船舶，車両運搬具，工具器具備品，土地，建設仮勘定等は，有形固定資産に属するものとする。 また，特許権，地上権，商標権等は，無形固定資産に属するものとする。 さらに，子会社株式その他流動資産に属しない有価証券，出資金，長期貸付金並びに有形固定資産，無形固定資産及び繰延資産に属するもの以外の長期資産は，投資その他の資産に属するものとする。
A33	×（注16）
	固定資産のうち残存耐用年数が一年以下となったものも<u>流動資産とせず固定資産に含ませる</u>ものとする。
A34	○（第三・四（一）C）

Q35	有形固定資産及び無形固定資産に対する減価償却累計額は，原則として，その資産が属する科目ごとに取得原価から控除する形式で記載する。
Q36	繰延資産については，償却額を控除した未償却残高を記載する。
Q37	取引先との通常の商取引によって生じた支払手形，買掛金等の債務及び期限が一年以内に到来する債務は，流動負債に属するものとする。

A35	× (第三・四 (一) B)

有形固定資産に対する減価償却累計額は，原則として，その資産が属する科目ごとに取得原価から控除する形式で記載する。他方，無形固定資産については，減価償却額を控除した未償却残高を記載する。

なお，貸倒引当金又は減価償却累計額は，その債権又は有形固定資産が属する科目ごとに控除する形式で表示することを原則とするが，次の方法によることも妨げない（注17）。

(1) 二以上の科目について，貸倒引当金又は減価償却累計額を一括して記載する方法

(2) 債権又は有形固定資産について，貸倒引当金又は減価償却累計額を控除した残額のみを記載し，当該貸倒引当金又は減価償却累計額を注記する方法

A36	○ (第三・四 (一) B)

A37	○ (第三・四 (二) A)

なお，支払手形，買掛金その他流動負債に属する債務は，取引先との通常の商取引の債務とその他の債務とに区別して表示しなければならない。

また，仮受金，未決算等の勘定を貸借対照表に記載するには，その性質を示す適当な科目で表示しなければならない。

Q.38 将来の特定の費用又は損失であって，その発生が当期以前の事象に起因し，かつ，その金額を合理的に見積ることができる場合には，発生の可能性にかかわらず，当期の負担に属する金額を当期の費用又は損失として引当金に繰入れ，当該引当金の残高を貸借対照表の負債の部又は資産の部に記載するものとする。

Q.39 引当金のうち，通常一年以内に使用される見込のものは，流動負債に属するものとし，通常一年を超えて使用される見込のものは，固定負債に属するものとする。

Q.40 役員等企業の内部の者に対するものと親会社又は子会社に対する債権は，特別の科目を設けて区別して表示し，又は注記の方法によりその内容を明瞭に示さなければならないが，役員等企業の内部の者に対するものと親会社又は子会社に対する債務には，同様の取扱は必要ない。

A38	×（注18）
	将来の特定の費用又は損失であって，その発生が当期以前の事象に起因し，発生の可能性が高く，かつ，その金額を合理的に見積ることができる場合には，当期の負担に属する金額を当期の費用又は損失として引当金に繰入れ，当該引当金の残高を貸借対照表の負債の部又は資産の部に記載するものとする。
	発生の可能性の低い偶発事象に係る費用又は損失については，引当金を計上することはできない。
A39	○（第三・四（二）A B）
A40	×（第三・四（一）D，（二）C）
	債権のうち，役員等企業の内部の者に対するものと親会社又は子会社に対するものは，特別の科目を設けて区別して表示し，又は注記の方法によりその内容を明瞭に示さなければならない。
	また，債務のうち，役員等企業の内部の者に対するものと親会社又は子会社に対するものは，特別の科目を設けて区別して表示し，又は注記の方法によりその内容を明瞭に示さなければならない。

Q41	すべての前払費用及び未収収益は，流動資産に属するものとし，すべての未払費用及び前受収益は，流動負債に属するものとする。

Q42	申込期日経過後における新株式申込証拠金は，資本金の区分の内訳項目として表示しなければならない。

Q43	法律で定める準備金で資本準備金又は利益準備金に準ずるものは，資本準備金又は利益準備金の次に特別の区分を設けて表示しなければならない。

5 資産の貸借対照表価額

Q44	貸借対照表に記載する資産の価額は，原則として，当該資産の時価を基礎として計上しなければならない。

A41	× (注16) 前払費用については, 貸借対照表日の翌日から起算して一年以内に費用となるものは, 流動資産に属するものとし, 一年を超える期間を経て費用となるものは, 投資その他の資産に属するものとする。未収収益は流動資産に属するものとし, 未払費用及び前受収益は, 流動負債に属するものとする。
A42	× (第三・四 (三) C) 申込期日経過後における新株式申込証拠金は, 資本金の区分の次に特別の区分を設けて表示しなければならない。
A43	○ (第三・四 (三) D) なお, 現行制度上, 「法律で定める準備金で資本準備金又は利益準備金に準ずるもの」は存在しない。
A44	× (第三・五) 貸借対照表に記載する資産の価額は, 原則として, 当該資産の取得原価を基礎として計上しなければならない。

| Q45 | 資産の取得原価は，資産の種類に応じた費用配分の原則によって，各事業年度に配分しなければならない。 |

| Q46 | 固定資産の減価償却の方法としての定額法とは，固定資産の耐用期間中，毎期均等額の減価償却費を計上する方法である。 |

| Q47 | 固定資産の減価償却の方法としての定率法とは，固定資産の耐用期間中，毎期固定資産の原始取得原価に一定率を乗じた減価償却費を計上する方法である。 |

| Q48 | 固定資産の減価償却の方法としての級数法とは，固定資産の耐用期間中，毎期一定の額を算術級数的に逓減した減価償却費を計上する方法である。 |

| Q49 | 固定資産の減価償却の方法としての生産高比例法とは，固定資産の耐用期間中，毎期当該資産による生産又は用役の提供の度合に比例した減価償却費を計上する方法である。この方法は，固定資産の総利用可能量が物理的に確定できれば，適用することが認められる。 |

A45 ○（第三・五）

有形固定資産は，当該資産の耐用期間にわたり，定額法，定率法等の一定の減価償却の方法によって，その取得原価を各事業年度に配分し，無形固定資産は，当該資産の有効期間にわたり，一定の減価償却の方法によって，その取得原価を各事業年度に配分しなければならない。繰延資産についても，これに準じて，各事業年度に配分しなければならない。

A46 ○（注20）

A47 ×（注20）

固定資産の減価償却の方法としての定率法とは，固定資産の耐用期間中，毎期期首未償却残高に一定率を乗じた減価償却費を計上する方法である。

A48 ○（注20）

A49 ×（注20）

固定資産の減価償却の方法としての生産高比例法は，固定資産の総利用可能量が物理的に確定でき，かつ，減価が主として固定資産の利用に比例して発生するもの，例えば，鉱業用設備，航空機，自動車等について適用することが認められる。

Q50	同種の物品が多数集まって一つの全体を構成し，老朽品の部分的取替を繰り返すことにより全体が維持されるような固定資産については，部分的取替に要する費用を資本的支出として処理する方法を採用することができる。
Q51	有形固定資産については，その取得原価から減価償却累計額を控除した価額をもって貸借対照表価額とする。有形固定資産の取得原価には，原則として当該資産の引取費用等の付随費用を含めてはならない。
Q52	償却済の有形固定資産は，除去されるまで残存価額又は備忘価額で記載する。
Q53	贈与その他無償で取得した資産については，備忘価額をもって取得原価とする。
Q54	予定価格又は標準原価を適用して算定した原価を製品等の製造原価とすることは認められない。

A50	×（注20） 同種の物品が多数集まって一つの全体を構成し，老朽品の部分的取替を繰り返すことにより全体が維持されるような固定資産については，部分的取替に要する費用を<u>収益的支出</u>として処理する方法を採用することができる。このような方法を「取替法」という。
A51	×（第三・五D） 有形固定資産については，その取得原価から減価償却累計額を控除した価額をもって貸借対照表価額とする。有形固定資産の取得原価には，原則として<u>当該資産の引取費用等の付随費用を含める</u>。
A52	○（第三・五D）
A53	×（第三・五F） 贈与その他無償で取得した資産については，<u>公正な評価額</u>をもって取得原価とする。
A54	×（注21） 製品等の製造原価については，適正な原価計算基準に従って，<u>予定価格又は標準原価を適用して算定した原価</u>によることができる。

29

Q55	国庫補助金，工事負担金等で取得した資産については，国庫補助金等に相当する金額をその取得原価から控除することができる。
Q56	のれんは，有償で譲受け又は合併によって取得したものに限り貸借対照表に計上される。

A55	○ (注24) この場合においては，貸借対照表の表示は，次のいずれかの方法によるものとする。 (1) 取得原価から国庫補助金等に相当する金額を控除する形式で記載する方法 (2) 取得原価から国庫補助金等に相当する金額を控除した残額のみを記載し，当該国庫補助金等の金額を注記する方法
A56	○ (注25)

「外貨建取引等会計処理基準」

§ 2

2-1 外貨建取引

1 取引発生時の処理

| Q01 | 外貨建取引とは，売買価額その他取引価額が外国通貨で表示されている取引をいい，取引価額が本国通貨で表示されている取引は含まれない。 |

| Q02 | 外貨建取引は，例外なく，当該取引発生時の為替相場による円換算額をもって記録しなければならない。 |

A01 × (注1)

外貨建取引とは，売買価額その他取引価額が外国通貨で表示されている取引をいう。

外貨建取引には，(イ)取引価額が外国通貨で表示されている物品の売買又は役務の授受，(ロ)決済金額が外国通貨で表示されている資金の借入又は貸付，(ハ)券面額が外国通貨で表示されている社債の発行，(ニ)外国通貨による前渡金，仮払金の支払又は前受金，仮受金の受入及び(ホ)決済金額が外国通貨で表示されているデリバティブ取引等が含まれる。

なお，国内の製造業者等が商社等を通じて輸出入取引を行う場合であっても，当該輸出入取引によって商社等に生ずる為替差損益を製造業者等が負担する等のため実質的に取引価額が外国通貨で表示されている取引と同等とみなされるものは，外貨建取引に該当する。

A02 × (一1)

外貨建取引は，原則として，当該取引発生時の為替相場による円換算額をもって記録する。ただし，外貨建取引に係る外貨建金銭債権債務と為替予約等との関係が「ヘッジ会計の要件」を充たしている場合には，当該外貨建取引についてヘッジ会計を適用することができる。

Q03 取引発生時の為替相場としては，取引が発生した日における直物為替相場又は合理的な基礎に基づいて算定された平均相場，例えば取引の行われた月又は週の前月又は前週の直物為替相場を平均したもの等，直近の一定期間の直物為替相場に基づいて算出されたものによる。ただし，取引が発生した日の直近の一定の日における直物為替相場，例えば取引の行われた月若しくは週の前月若しくは前週の末日又は当月若しくは当週の初日の直物為替相場によることも妨げない。

Q04 外貨建債権債務及び外国通貨の保有状況並びに決済方法等から，外貨建取引について当該取引発生時の外国通貨により記録することが合理的であると認められる場合であっても，取引発生時の外国通貨の額をもって記録する方法を採用することはできない。

Q05 外貨建金銭債権債務とは，契約上の債権額又は債務額が外国通貨で表示されている金銭債権債務をいう。

Q06 為替予約等には，通貨先物は含まれるが，通貨スワップ及び通貨オプションは含まれない。

A03	○（注2）

A04	×（注3）
	外貨建債権債務及び外国通貨の保有状況並びに決済方法等から，外貨建取引について当該取引発生時の外国通貨により記録することが合理的であると認められる場合には，取引発生時の外国通貨の額をもって記録する方法を採用することができる。
	この場合には，外国通貨の額をもって記録された外貨建取引は，各月末等一定の時点において，当該時点の直物為替相場又は合理的な基礎に基づいて算定された一定期間の平均相場による円換算額を付するものとする。

A05	○（注4）

A06	×（注5）
	為替予約等には，通貨先物，通貨スワップ及び通貨オプションが含まれる。

Q07 ヘッジ会計を適用する場合には，金融商品に係る会計基準における「ヘッジ会計の方法」によるほか，当分の間，為替予約等により確定する決済時における円貨額により外貨建取引及び金銭債権債務等を換算し直物為替相場との差額を期間配分する方法によることができる。

Q08 外貨建金銭債権債務等に係る為替予約等の振当処理（当該為替予約等が物品の売買又は役務の授受に係る外貨建金銭債権債務に対して，取引発生時以前に締結されたものである場合を除く。）においては，当該金銭債権債務等の取得時又は発生時の為替相場（決算時の為替相場を付した場合には当該決算時の為替相場）による円換算額と為替予約等による円貨額との差額のうち，予約等の締結時までに生じている為替相場の変動による額は予約日の属する期の損益として処理し，残額は予約日の属する期から決済日の属する期までの期間にわたって合理的な方法により配分し，各期の損益として処理する。

2 決算時の処理

Q09 外国通貨については，決算時の為替相場による円換算額を付する。

Q10 決算時の直物為替相場としては，決算日の直物為替相場のみが認められる。

A07	○ （注6）
	このような方法を振当処理という。

A08	○ （注7）
	ただし，当該残額について重要性が乏しい場合には，当該残額を予約日の属する期の損益として処理することができる。
	なお，取得時又は発生時の為替相場による円換算額と為替予約等による円貨額との差額のうち次期以降に配分される額は，貸借対照表上，資産の部又は負債の部に記載する。

A09	○ （－2(1)①）

A10	× （注8）
	決算時の直物為替相場としては，決算日の直物為替相場のほか，決算日の前後一定期間の直物為替相場に基づいて算出された平均相場を用いることができる。

39

Q11	外貨建金銭債権債務(外貨預金を含む。)については,原則として,決算時の為替相場による円換算額を付する。
Q12	満期保有目的の外貨建債券については,決算時の為替相場による円換算額を付する。
Q13	外貨建金銭債権債務及び外貨建債券について償却原価法を適用する場合における償却額は,外国通貨による償却額を決算時の為替相場により円換算した額による。
Q14	売買目的有価証券及びその他有価証券については,外国通貨による時価を決算時の為替相場により円換算した額を付する。
Q15	子会社株式及び関連会社株式については,決算時の為替相場による円換算額を付する。
Q16	外貨建有価証券について時価の著しい下落又は実質価額の著しい低下により評価額の引下げが求められる場合には,当該外貨建有価証券の時価又は実質価額は,外国通貨による時価又は実質価額を決算時の為替相場により円換算した額による。

A11	○ (一2(1)②)
	ただし，外貨建金銭債権債務と為替予約等との関係が「ヘッジ会計の要件」を充たしている場合には，当該外貨建金銭債権債務等についてヘッジ会計を適用することができる。
A12	○ (一2(1)③イ)
A13	× (注9)
	外貨建金銭債権債務及び外貨建債券について償却原価法を適用する場合における償却額は，外国通貨による償却額を期中平均相場により円換算した額による。
A14	○ (一2(1)③ロ)
A15	× (一2(1)③ハ)
	子会社株式及び関連会社株式については，取得時の為替相場による円換算額を付する。
A16	○ (一2(1)③ニ)

Q17	デリバティブ取引等の外貨建ての金融商品の時価評価においては，外国通貨による時価を取得時の為替相場により円換算するものとする。
Q18	決算時における換算によって生じた換算差額は，原則として，当期の為替差損益として処理する。
Q19	その他有価証券に属する債券については，外国通貨による時価を決算時の為替相場で換算した金額のうち，外国通貨による時価の変動に係る換算差額を評価差額とし，それ以外の換算差額については為替差損益として処理することができる。

3 決済に伴う損益の処理

Q20	外貨建金銭債権債務の決済（外国通貨の円転換を含む。）に伴って生じた損益は，当期と次期以降に配分しなければならない。

A17	× (一2(1)④)
	デリバティブ取引等の外貨建ての金融商品の時価評価においては，外国通貨による時価を決算時の為替相場により円換算するものとする。
A18	○ (一2(2))
	ただし，有価証券の時価の著しい下落又は実質価額の著しい低下により，決算時の為替相場による換算を行ったことによって生じた換算差額は，当期の有価証券の評価損として処理する。
	また，金融商品に係る会計基準による時価評価に係る評価差額に含まれる換算差額については，原則として，当該評価差額に関する処理方法に従うものとする。
A19	○ (注10)
A20	× (一3)
	外貨建金銭債権債務の決済（外国通貨の円転換を含む。）に伴って生じた損益は，原則として，当期の為替差損益として処理する。

2-2　在外支店の財務諸表項目の換算

Q21 在外支店における外貨建取引については，原則として，本店と同様に処理する。

1　収益及び費用の換算の特例

Q22 外国通貨で表示されている在外支店の財務諸表に基づき本支店合併財務諸表を作成する場合には，在外支店の財務諸表における収益及び費用（収益性負債の収益化額及び費用性資産の費用化額を除く。）の換算については，期中平均相場によることができる。

2　外貨表示財務諸表項目の換算の特例

Q23 在外支店の外国通貨で表示された財務諸表項目の換算にあたり，非貨幣性項目の額に重要性がない場合には，すべての貸借対照表項目（支店における本店勘定等を除く。）について期中平均相場による円換算額を付する方法を適用することができる。この場合において，損益項目についても期中平均相場によることを妨げない。

3　換算差額の処理

Q24 本店と異なる方法により換算することによって生じた換算差額は，当期の為替差損益として処理する。

A21　○（二）

A22　○（二1）

A23　×（二2）

在外支店の外国通貨で表示された財務諸表項目の換算に
あたり，非貨幣性項目の額に重要性がない場合には，す
べての貸借対照表項目（支店における本店勘定等を除
く。）について<u>決算時の為替相場</u>による円換算額を付す
る方法を適用することができる。この場合において，損
益項目についても<u>決算時の為替相場</u>によることを妨げな
い。

A24　○（二3）

| Q25 | 収益及び費用の換算に用いる期中平均相場に，当該収益及び費用が帰属する月又は半期等を算定期間とする平均相場を用いることは認められない。 |

2-3 在外子会社等の財務諸表項目の換算

1 資産及び負債

| Q26 | 連結財務諸表の作成又は持分法の適用にあたり，外国にある子会社又は関連会社の外国通貨で表示されている資産及び負債については，取引発生時の為替相場による円換算額を付する。 |

2 資 本

| Q27 | 連結財務諸表の作成又は持分法の適用にあたり，外国にある子会社の外国通貨で表示されている親会社による株式の取得時における資本に属する項目については，決算時の為替相場による円換算額を付する。親会社による株式の取得後に生じた資本に属する項目については，当該項目の発生時の為替相場による円換算額を付する。 |

A25	× (注12) 収益及び費用の換算に用いる期中平均相場には，当該収益及び費用が帰属する月又は半期等を算定期間とする平均相場を用いることができる。

A26	× (三1) 連結財務諸表の作成又は持分法の適用にあたり，外国にある子会社又は関連会社の外国通貨で表示されている資産及び負債については，決算時の為替相場による円換算額を付する。

A27	× (三2) 連結財務諸表の作成又は持分法の適用にあたり，外国にある子会社の外国通貨で表示されている親会社による株式の取得時における資本に属する項目については，株式取得時の為替相場による円換算額を付する。 親会社による株式の取得後に生じた資本に属する項目については，当該項目の発生時の為替相場による円換算額を付する。

3 収益及び費用

Q28　連結財務諸表の作成又は持分法の適用にあたり，外国にある子会社又は関連会社の外国通貨で表示されている収益及び費用については，原則として期中平均相場による円換算額を付する。

4 換算差額の処理

Q29　連結財務諸表の作成又は持分法の適用にあたり，外国にある子会社又は関連会社の外国通貨で表示されている財務諸表項目の換算によって生じた換算差額については，当期の為替差損益として処理する。

Q30　子会社に対する持分への投資をヘッジ対象としたヘッジ手段から生じた為替換算差額は，為替換算調整勘定に含めて処理しなければならない。

A28	○ (三3)

ただし，決算時の為替相場による円換算額を付すること
を妨げない。

なお，親会社との取引による収益及び費用の換算につい
ては，親会社が換算に用いる為替相場による。この場合
に生じる差額は当期の為替差損益として処理する。

A29	× (三4)

連結財務諸表の作成又は持分法の適用にあたり，外国に
ある子会社又は関連会社の外国通貨で表示されている財
務諸表項目の換算によって生じた換算差額については，
為替換算調整勘定として貸借対照表の純資産の部に記載
する。

A30	× (注13)

子会社に対する持分への投資をヘッジ対象としたヘッジ
手段から生じた為替換算差額については，為替換算調整
勘定に含めて処理する方法を採用することができる。

「連結キャッシュ・フロー
　　計算書等の作成基準」
（「連結キャッシュ・フロー
　　計算書作成基準」）

§3

3-1 作成目的

Q01 連結キャッシュ・フロー計算書は，企業集団の一会計期間におけるキャッシュ・フローの状況を報告するために作成するものである。

3-2 作成基準

1 資金の範囲

Q02 連結キャッシュ・フロー計算書が対象とする資金の範囲は，現金及び現金同等物とする。ここで，現金とは，手許現金をいう。また，現金同等物とは，要求払預金及び容易に換金可能であり，かつ，価値の変動について僅少なリスクしか負わない短期投資をいう。

Q03 要求払預金には，例えば，当座預金，普通預金，通知預金が含まれる。

Q04 現金同等物には，例えば，取得日から満期日又は償還日までの期間が6か月以内の短期投資である定期預金，譲渡性預金，コマーシャル・ペーパー，売戻し条件付現先，公社債投資信託が含まれる。

| A01 | ○（第一） |

| A02 | ×（第二・一）
連結キャッシュ・フロー計算書が対象とする資金の範囲は，現金及び現金同等物とする。
現金とは，手許現金及び要求払預金をいう。
現金同等物とは，容易に換金可能であり，かつ，価値の変動について僅少なリスクしか負わない短期投資をいう。 |

| A03 | ○（注1） |

| A04 | ×（注2）
現金同等物には，例えば，取得日から満期日又は償還日までの期間が3か月以内の短期投資である定期預金，譲渡性預金，コマーシャル・ペーパー，売戻し条件付現先，公社債投資信託が含まれる。 |

2　表示区分

Q05　連結キャッシュ・フロー計算書には，「営業活動による
キャッシュ・フロー」，「投資活動によるキャッシュ・フ
ロー」及び「財務活動によるキャッシュ・フロー」の区
分を設けなければならない。

Q06　「営業活動によるキャッシュ・フロー」の区分には，営
業損益計算の対象となった取引によるキャッシュ・フ
ローのみを記載する。

A05	○ (第二・一1)
A06	× (第二・一1①) 「営業活動によるキャッシュ・フロー」の区分には，営業損益計算の対象となった取引のほか，投資活動及び財務活動以外の取引によるキャッシュ・フローを記載する。 「営業活動によるキャッシュ・フロー」の区分には，例えば，次のようなものが記載される（注3）。 (1)　商品及び役務の販売による収入 (2)　商品及び役務の購入による支出 (3)　従業員及び役員に対する報酬の支出 (4)　災害による保険金収入 (5)　損害賠償金の支払

| Q07 | 「投資活動によるキャッシュ・フロー」の区分には，固定資産の取得及び売却，現金同等物に含まれない短期投資の取得及び売却等によるキャッシュ・フローを記載する。 |

| Q08 | 「財務活動によるキャッシュ・フロー」の区分には，資金の調達及び返済によるキャッシュ・フローを記載する。 |

| Q09 | 法人税等（住民税及び利益に関連する金額を課税標準とする事業税を含む。）に係るキャッシュ・フローは，関連する各キャッシュ・フローの区分に分割して記載する。 |

A07 ○ (第二・一1②)

「投資活動によるキャッシュ・フロー」の区分には，例えば，次のようなものが記載される（注4）。

(1) 有形固定資産及び無形固定資産の取得による支出

(2) 有形固定資産及び無形固定資産の売却による収入

(3) 有価証券（現金同等物を除く。）及び投資有価証券の取得による支出

(4) 有価証券（現金同等物を除く。）及び投資有価証券の売却による収入

(5) 貸付けによる支出

(6) 貸付金の回収による収入

A08 ○ (第二・一1③)

「財務活動によるキャッシュ・フロー」の区分には，例えば，次のようなものが記載される。

(1) 株式の発行による収入

(2) 自己株式の取得による支出

(3) 配当金の支払

(4) 社債の発行及び借入れによる収入

(5) 社債の償還及び借入金の返済による支出

A09 × (第二・一2)

法人税等（住民税及び利益に関連する金額を課税標準とする事業税を含む。）に係るキャッシュ・フローは，「営業活動によるキャッシュ・フロー」の区分に記載する。

Q10	利息及び配当金に係るキャッシュ・フローは，原則として，①受取利息，受取配当金及び支払利息は「営業活動によるキャッシュ・フロー」の区分に記載し，支払配当金は「財務活動によるキャッシュ・フロー」の区分に記載する方法により記載する。ただし，継続適用を条件に，②受取利息及び受取配当金は「投資活動によるキャッシュ・フロー」の区分に記載し，支払利息及び支払配当金は「財務活動によるキャッシュ・フロー」の区分に記載する方法により記載することも認められる。
Q11	利息の受取額及び支払額は，純額で表示するものとする。
Q12	連結範囲の変動を伴う子会社株式の取得又は売却に係るキャッシュ・フローは，「投資活動によるキャッシュ・フロー」の区分に独立の項目として記載する。この場合，新たに連結子会社となった会社の現金及び現金同等物の額は株式の取得による支出額から控除し，連結子会社でなくなった会社の現金及び現金同等物の額は株式の売却による収入額から控除して記載するものとする。

3 連結会社相互間のキャッシュ・フロー

Q13	連結キャッシュ・フロー計算書の作成に当たっては，連結会社相互間のキャッシュ・フローは相殺消去しなければならない。

A10	× (第二・一3)

利息及び配当金に係るキャッシュ・フローは，次のいずれかの方法により記載する。

① 受取利息，受取配当金及び支払利息は「営業活動によるキャッシュ・フロー」の区分に記載し，支払配当金は「財務活動によるキャッシュ・フロー」の区分に記載する方法

② 受取利息及び受取配当金は「投資活動によるキャッシュ・フロー」の区分に記載し，支払利息及び支払配当金は「財務活動によるキャッシュ・フロー」の区分に記載する方法

A11	× (注6)

利息の受取額及び支払額は，総額で表示するものとする。

A12	○ (第二・一4)

営業の譲受け又は譲渡に係るキャッシュ・フローについても，「投資活動によるキャッシュ・フロー」の区分に，同様に計算した額をもって，独立の項目として記載するものとする。

A13	○ (第二・三)

4 在外子会社のキャッシュ・フロー

Q14 在外子会社における外貨によるキャッシュ・フローは，「外貨建取引等会計処理基準」における収益及び費用の換算方法に準じて換算する。

3-3 表示方法

1 「営業活動によるキャッシュ・フロー」の表示方法

Q15 「営業活動によるキャッシュ・フロー」は，原則として，主要な取引ごとにキャッシュ・フローを総額表示する方法より表示しなければならない。ただし，継続適用を条件として，税金等調整前当期純利益に非資金損益項目，営業活動に係る資産及び負債の増減，「投資活動によるキャッシュ・フロー」及び「財務活動によるキャッシュ・フロー」の区分に含まれる損益項目を加減して表示する方法によることも認められる。

2 「投資活動によるキャッシュ・フロー」及び「財務活動によるキャッシュ・フロー」の表示方法

Q16 「投資活動によるキャッシュ・フロー」及び「財務活動によるキャッシュ・フロー」は，原則として，主要な取引ごとにキャッシュ・フローを総額表示しなければならない。

A14 ○（第二・四）

A15 ×（第三・一）

「営業活動によるキャッシュ・フロー」は，次のいずれ
かの方法により表示しなければならない。
① 主要な取引ごとにキャッシュ・フローを総額表示す
る方法（以下，「直接法」という。）
② 税金等調整前当期純利益に非資金損益項目，営業
活動に係る資産及び負債の増減，「投資活動による
キャッシュ・フロー」及び「財務活動によるキャッ
シュ・フロー」の区分に含まれる損益項目を加減して
表示する方法（以下，「間接法」という。）

A16 ○（第三・二）

Q17 「投資活動によるキャッシュ・フロー」及び「財務活動によるキャッシュ・フロー」において，期間が短く，かつ，回転が速い項目に係るキャッシュ・フローについては，純額で表示しなければならない。

3 現金及び現金同等物に係る換算差額の表示方法

Q18 現金及び現金同等物に係る換算差額は，他と区別して表示する。

3−4 注記事項

Q19 連結キャッシュ・フロー計算書には，資金の範囲に含めた現金及び現金同等物の内容並びにその期末残高の連結貸借対照表科目別の内訳を注記しなければならない。

A17	× (注8)
	期間が短く，かつ，回転が速い項目に係るキャッシュ・フローについては，<u>純額で表示することができる。</u>

A18	○ (第三・三)

A19	○ (第四)

| Q20 | 連結キャッシュ・フロー計算書には，重要な非資金取引について注記する必要はない。 |

A20 ×（第四）

連結キャッシュ・フロー計算書には，次の事項を注記しなければならない。

1 資金の範囲に含めた現金及び現金同等物の内容並びにその期末残高の連結貸借対照表科目別の内訳

(中略)

3(1) 株式の取得又は売却により新たに連結子会社となった会社の資産・負債又は連結子会社でなくなった会社の資産・負債に重要性がある場合には，当該資産・負債の主な内訳

(2) 営業の譲受け又は譲渡により増減した資産・負債に重要性がある場合には，当該資産・負債の主な内訳

4 <u>重要な非資金取引</u>

(後略)

なお，連結キャッシュ・フロー計算書に注記すべき重要な非資金取引には，社債の償還と引換えによる新株予約権付社債に付された新株予約権の行使や，株式の発行による資産の取得又は合併のようなものがある。

「研究開発費等に係る会計基準」等
（「研究開発費等に係る会計基準」,
企業会計基準第23号
「『研究開発費等に係る会計基準』
の一部改正」）

§ 4

4-1 定 義

1 研究及び開発

Q01 研究とは，新しい知識の発見を目的とした計画的な調査及び探究をいう。

Q02 開発とは，新しい製品・サービス・生産方法（以下，「製品等」という。）についての計画若しくは設計又は既存の製品等を著しく改良するための計画若しくは設計として，研究の成果その他の知識を具体化することをいう。

2 ソフトウェア

Q03 ソフトウェアとは，コンピュータを機能させるように指令を組み合わせて表現したプログラム等をいう。

4-2 研究開発費を構成する原価要素

Q04 研究開発費には，原材料費，固定資産の減価償却費及び間接費の配賦額等の研究開発のために費消された原価が含まれるが，人件費は含めてはならない。

Q05 特定の研究開発目的にのみ使用され，他の目的に使用できない機械装置や特許権等を取得した場合には，その減価償却費を研究開発費とする。

A01	○ （一1）
A02	○ （一1）
A03	○ （一2）
A04	× （二） 研究開発費には，人件費，原材料費，固定資産の減価償却費及び間接費の配賦額等，研究開発のために費消されたすべての原価が含まれる。
A05	× （注1） 特定の研究開発目的にのみ使用され，他の目的に使用できない機械装置や特許権等を取得した場合の原価は，取得時の研究開発費とする。

4-3 研究開発費に係る会計処理

Q06 研究開発費は，すべて発生時に費用として処理しなければならない。ただし，ソフトウェア制作費のうち，研究開発に該当する部分については，研究開発費として発生時に費用処理してはならない。

Q07 研究開発費を費用として処理する方法としては，一般管理費として処理する方法のみが認められる。

Q08 市場販売目的のソフトウェアについては，最初に製品化された製品マスターの完成までの費用のみが研究開発費に該当する。

4-4 研究開発費に該当しない ソフトウェア制作費に係る会計処理

1 受注制作のソフトウェアに係る会計処理

Q09 受注制作のソフトウェアの制作費は，請負工事の会計処理に準じて処理する。

A06	×（三） 研究開発費は，すべて発生時に費用として処理しなければならない。 ソフトウェア制作費のうち，研究開発に該当する部分も研究開発費として費用処理する。
A07	×（注2） 研究開発費を費用として処理する方法には，一般管理費として処理する方法と当期製造費用として処理する方法がある。
A08	×（注3） 市場販売目的のソフトウェアについては，最初に製品化された製品マスターの完成までの費用及び製品マスター又は購入したソフトウェアに対する著しい改良に要した費用が研究開発費に該当する。
A09	○（四1）

2 市場販売目的のソフトウェアに係る会計処理

Q10 市場販売目的のソフトウェアである製品マスターの制作費は，研究開発費に該当する部分を除き，すべて資産として計上しなければならない。

3 自社利用のソフトウェアに係る会計処理

Q11 ソフトウェアを用いて外部へ業務処理等のサービスを提供する契約等が締結されている場合のように，その提供により将来の収益獲得が確実であると認められる場合には，適正な原価を集計した上，当該ソフトウェアの制作費を資産として計上しなければならない。

Q12 社内利用のソフトウェアについては，当該ソフトウェアの取得に要した費用をすべて資産として計上しなければならない。

Q13 機械装置等に組み込まれているソフトウェアについては，機械装置等とソフトウェアを区分して処理しなければならない。

A10　× (四2)

市場販売目的のソフトウェアである製品マスターの制作費は，研究開発費に該当する部分を除き，資産として計上しなければならない。ただし，<u>製品マスターの機能維持に要した費用は，資産として計上してはならない。</u>

A11　○ (四3)

A12　× (四3)

社内利用のソフトウェアについては，完成品を購入した場合のように，<u>その利用により将来の収益獲得又は費用削減が確実であると認められる場合</u>には，当該ソフトウェアの取得に要した費用を資産として計上しなければならない。

A13　× (四3)

機械装置等に組み込まれているソフトウェアについては，<u>当該機械装置等に含めて処理する。</u>

4 ソフトウェアの計上区分

Q14 市場販売目的のソフトウェアを資産として計上する場合には棚卸資産の区分に，自社利用のソフトウェアを資産として計上する場合には無形固定資産の区分に計上しなければならない。

Q15 制作途中のソフトウェアの制作費については，無形固定資産の仮勘定として計上することとする。

5 ソフトウェアの減価償却方法

Q16 無形固定資産として計上したソフトウェアの取得原価は，当該ソフトウェアの性格に応じて，見込販売数量に基づく償却方法その他合理的な方法により償却しなければならない。

Q17 いずれの減価償却方法による場合にも，毎期見込販売数量等の見直しを行い，減少が見込まれる販売数量等に相当する取得原価は，費用又は損失として処理しなければならない。

4-5 財務諸表の注記

Q18 一般管理費及び当期製造費用に含まれる研究開発費の総額は，財務諸表に注記しなければならない。ただし，ソフトウェアに係る研究開発費については，当該研究開発費の総額に含めてはならない。

A14	× （四4）
	市場販売目的のソフトウェア及び自社利用のソフトウェアを資産として計上する場合には，無形固定資産の区分に計上しなければならない。
A15	○ （注4）
A16	○ （四5）
	ただし，毎期の償却額は，残存有効期間に基づく均等配分額を下回ってはならない。
A17	○ （注5）
A18	× （五，注6）
	一般管理費及び当期製造費用に含まれる研究開発費の総額は，財務諸表に注記しなければならない。
	ソフトウェアに係る研究開発費については，研究開発費の総額に含めて財務諸表に注記することとする。

4−6 適用範囲

1 委託・受託研究

Q19 「研究開発費等に係る会計基準」は，他の企業のために行う研究開発については適用するが，一定の契約のもとに，他の企業に行わせる研究開発については適用しない。

2 資源の開発

Q20 「研究開発費等に係る会計基準」は，探査，掘削等の鉱業における資源の開発に特有の活動についても適用する。

3 企業結合により被取得企業から受け入れた資産

Q21 「研究開発費等に係る会計基準」は，企業結合により被取得企業から受け入れた資産（受注制作，市場販売目的及び自社利用のソフトウェアを除く。）についても適用する。

A19 | × （六1）
「研究開発費等に係る会計基準」は，一定の契約のもとに，他の企業に行わせる研究開発については適用するが，他の企業のために行う研究開発については適用しない。

A20 | × （六2）
「研究開発費等に係る会計基準」は，探査，掘削等の鉱業における資源の開発に特有の活動については適用しない。

A21 | × （「『研究開発費等に係る会計基準』の一部改正」2）
「研究開発費等に係る会計基準」は，企業結合により被取得企業から受け入れた資産（受注制作，市場販売目的及び自社利用のソフトウェアを除く。）については適用しない。

「税効果会計に係る 会計基準」等

（「税効果会計に係る会計基準」，
企業会計基準第28号
「『税効果会計に係る会計基準』
の一部改正」）

§ 5

5-1 税効果会計の目的

Q01 税効果会計は，企業会計上の資産又は負債の額と課税所得計算上の資産又は負債の額に相違がある場合において，法人税その他利益に関連する金額を課税標準とする税金の額を適切に期間配分することにより，法人税等を控除する前の当期純利益と法人税等を合理的に対応させることを目的とする手続である。

Q02 法人税等には，法人税のほか，都道府県民税，市町村民税が含まれる。ただし，利益に関連する金額を課税標準とする事業税を含めてはならない。

5-2 税効果会計に係る会計基準

1 一時差異等の認識

Q03 法人税等については，一時差異に係る税金の額を適切な会計期間に配分し，計上しなければならない。

Q04 一時差異とは，損益計算書及び連結損益計算書に計上されている収益及び費用の金額と課税所得計算上の益金及び損金の金額との差額をいう。

| A01 | ○ (第一) |
| | なお，法人税その他利益に関連する金額を課税標準とする税金を「法人税等」という。 |

| A02 | × (注1) |
| | 法人税等には，法人税のほか，都道府県民税，市町村民税及び利益に関連する金額を課税標準とする事業税が含まれる。 |

| A03 | ○ (第二・一1) |

| A04 | × (第二・一2) |
| | 一時差異とは，貸借対照表及び連結貸借対照表に計上されている資産及び負債の金額と課税所得計算上の資産及び負債の金額との差額をいう。 |

Q05　個別財務諸表上の一時差異は，収益又は費用の帰属年度が相違する場合にのみ生じる。

Q06　連結財務諸表固有の一時差異は，資本連結に際し，子会社の資産及び負債の時価評価により評価差額が生じた場合，連結会社相互間の取引から生ずる未実現損益を消去した場合，連結会社相互間の債権と債務の相殺消去により貸倒引当金を減額修正した場合等に生じる。

Q07　将来減算一時差異とは，当該一時差異が解消するときにその期の課税所得を増額する効果を持つものをいう。他方，将来加算一時差異とは，当該一時差異が解消するときにその期の課税所得を減額する効果を持つものをいう。

Q08　将来減算一時差異は，例えば，株主総会決議により租税特別措置法上の諸準備金等を積立金計上した場合のほか，連結会社相互間の債権と債務の消去により貸倒引当金を減額した場合に生ずる。

Q09　将来加算一時差異は，例えば，貸倒引当金等の引当金の損金算入限度超過額，減価償却費の損金算入限度超過額等がある場合のほか，連結会社相互間の取引から生ずる未実現利益を消去した場合に生ずる。

A05	× (第二・一2(1)) 財務諸表上の一時差異は，例えば，①収益又は費用の帰属年度が相違する場合，②資産の評価替えにより生じた評価差額が直接純資産の部に計上され，かつ，課税所得の計算に含まれていない場合に生じる。
A06	○ (第二・一2(2))
A07	× (第二・一3) 一時差異には，当該一時差異が解消するときにその期の課税所得を減額する効果を持つもの（将来減算一時差異）と，当該一時差異が解消するときにその期の課税所得を増額する効果を持つもの（将来加算一時差異）とがある。
A08	× (注2) 将来減算一時差異は，例えば，貸倒引当金等の引当金の損金算入限度超過額，減価償却費の損金算入限度超過額等がある場合のほか，連結会社相互間の取引から生ずる未実現利益を消去した場合に生ずる。
A09	× (注3) 将来加算一時差異は，例えば，株主総会決議により租税特別措置法上の諸準備金等を積立金計上した場合のほか，連結会社相互間の債権と債務の消去により貸倒引当金を減額した場合に生ずる。

| Q10 | 将来の課税所得と相殺可能な繰越欠損金等については，一時差異と同様に取り扱うものとする。 |

2 繰延税金資産及び繰延税金負債の計上方法

| Q11 | 一時差異等に係る税金の額は，将来の会計期間において回収又は支払が見込まれない税金の額を含め，繰延税金資産又は繰延税金負債として計上しなければならない。 |

| Q12 | 繰延税金資産の将来の回収の見込みについては，重要な変化が生じない限り，見直しを行わない。 |

| Q13 | 重要性が乏しい一時差異等については，繰延税金資産及び繰延税金負債を計上してはならない。 |

| Q14 | 繰延税金資産は，将来減算一時差異が解消されるときに課税所得を減少させ，税金負担額を軽減することができると認められる範囲内で計上するものとし，その範囲を超える額については控除しなければならない。 |

| Q15 | 繰延税金資産又は繰延税金負債の金額は，一時差異が発生した期の税率に基づいて計算するものとする。 |

A10	○（第二・一4）
	一時差異及び繰越欠損金等を総称して「一時差異等」という。

A11	×（第二・二1）
	一時差異等に係る税金の額は，将来の会計期間において回収又は支払が見込まれない税金の額を除き，繰延税金資産又は繰延税金負債として計上しなければならない。

A12	×（第二・二1）
	繰延税金資産については，将来の回収の見込みについて毎期見直しを行わなければならない。

A13	×（注4）
	重要性が乏しい一時差異等については，繰延税金資産及び繰延税金負債を計上しないことができる。

A14	○（注5）

A15	×（第二・二2）
	繰延税金資産又は繰延税金負債の金額は，回収又は支払が行われると見込まれる期の税率に基づいて計算するものとする。

Q16 法人税等について税率の変更があった場合であっても，過年度に計上された繰延税金資産及び繰延税金負債を新たな税率に基づき再計算する必要はない。

Q17 繰延税金資産と繰延税金負債の差額を期首と期末で比較した増減額は，原則として，当期に納付すべき法人税等の調整額として計上しなければならない。

Q18 資産の評価替えにより生じた評価差額が直接純資産の部に計上される場合には，当該評価差額に係る繰延税金資産又は繰延税金負債を当該評価差額から控除して計上するものとする。

Q19 資本連結に際し，子会社の資産及び負債の時価評価により生じた評価差額がある場合には，当該評価差額に係る時価評価時点の繰延税金資産又は繰延税金負債を当該評価差額から控除した額をもって，親会社の投資額と相殺の対象となる子会社の資本とするものとする。

A16	× (注6)
	法人税等について税率の変更があった場合には，過年度に計上された繰延税金資産及び繰延税金負債を新たな税率に基づき再計算するものとする。

A17	○ (第二・二3)

A18	○ (第二・二3)

A19	○ (第二・二3)

Q20 法人税等について税率の変更があったこと等により繰延税金資産及び繰延税金負債の金額を修正した場合には，すべての修正差額を法人税等調整額に加減して処理しなければならない。

Q21 連結財務諸表の作成上，子会社の留保利益について，親会社に対して配当される可能性が高くその金額を合理的に見積もることができる場合には，将来，親会社が子会社からの受取配当金について負担することになる税金の額を見積計上し，これに対応する金額を繰延税金負債として計上することができる。

A20	×（注7） 法人税等について税率の変更があったこと等により繰延税金資産及び繰延税金負債（資本連結に際し，子会社の資産及び負債の時価評価により生じた評価差額に係るものを含む。）の金額を修正した場合には，修正差額を法人税等調整額に加減して処理するものとする。 ただし，資産の評価替えにより生じた評価差額が直接純資産の部に計上される場合において，当該評価差額に係る繰延税金資産及び繰延税金負債の金額を修正したときは，修正差額を評価差額に加減して処理するものとする。
A21	×（第二・二4） 連結財務諸表の作成上，子会社の留保利益について，親会社に対して配当される可能性が高くその金額を合理的に見積もることができる場合には，将来，親会社が子会社からの受取配当金について負担することになる税金の額を見積計上し，これに対応する金額を繰延税金負債として計上しなければならない。

5-3　繰延税金資産及び繰延税金負債等の表示方法

Q22 繰延税金資産及び繰延税金負債は，一年基準に基づいて，繰延税金資産については流動資産又は投資その他の資産として，繰延税金負債については流動負債又は固定負債として表示しなければならない。

Q23 同一納税主体の繰延税金資産と繰延税金負債は、双方を相殺して表示する。

Q24 異なる納税主体の繰延税金資産と繰延税金負債は，原則として相殺して表示する。

Q25 当期の法人税等として納付すべき額及び法人税等調整額は，法人税等を控除する前の当期純利益から控除する形式により，一括して表示しなければならない。

A22	× （「『税効果会計に係る会計基準』の一部改正」2） 繰延税金資産は投資その他の資産の区分に表示し、繰延税金負債は固定負債の区分に表示する。
A23	○ （「『税効果会計に係る会計基準』の一部改正」2）
A24	× （「『税効果会計に係る会計基準』の一部改正」2） 異なる納税主体の繰延税金資産と繰延税金負債は、双方を相殺せずに表示する。
A25	× （第三3） 当期の法人税等として納付すべき額及び法人税等調整額は，法人税等を控除する前の当期純利益から控除する形式により，それぞれ区分して表示しなければならない。

5-4 注記事項

Q26 財務諸表及び連結財務諸表については，繰延税金資産及び繰延税金負債の発生原因別の主な内訳を注記しなければならない。繰延税金資産の発生原因別の主な内訳を注記するにあたっては，繰延税金資産から控除された額（評価性引当額）（注5に係るもの）を併せて記載する。繰延税金資産の発生原因別の主な内訳として税務上の繰越欠損金を記載している場合であって，当該税務上の繰越欠損金の額が重要であるときは，繰延税金資産から控除された額（評価性引当額）は，税務上の繰越欠損金に係る評価性引当額と将来減算一時差異等の合計に係る評価性引当額に区分して記載する。なお，将来減算一時差異等の合計に係る評価性引当額の区分には，繰越外国税額控除や繰越可能な租税特別措置法上の法人税額の特別控除等を含めない。

| A26 | × (第四, 注8, 「『税効果会計に係る会計基準』の一部改正」3, 4) |

財務諸表及び連結財務諸表については, 繰延税金資産及び繰延税金負債の発生原因別の主な内訳を注記しなければならない。繰延税金資産の発生原因別の主な内訳を注記するにあたっては, 繰延税金資産から控除された額（評価性引当額）（注5に係るもの）を併せて記載する。繰延税金資産の発生原因別の主な内訳として税務上の繰越欠損金を記載している場合であって, 当該税務上の繰越欠損金の額が重要であるときは, 繰延税金資産から控除された額（評価性引当額）は, 税務上の繰越欠損金に係る評価性引当額と将来減算一時差異等の合計に係る評価性引当額に区分して記載する。なお, 将来減算一時差異等の合計に係る評価性引当額の区分には, 繰越外国税額控除や繰越可能な租税特別措置法上の法人税額の特別控除等を含める。

また, 繰延税金資産から控除された額（評価性引当額）に重要な変動が生じている場合, 当該変動の主な内容を記載する。なお, 連結財務諸表を作成している場合, 個別財務諸表において記載することを要しない。

Q27	財務諸表及び連結財務諸表については，繰延税金資産及び繰延税金負債の発生原因別の主な内訳を注記しなければならない。繰延税金資産の発生原因別の主な内訳として税務上の繰越欠損金を記載している場合であって，当該税務上の繰越欠損金の額が重要であるときは，①税務上の繰越欠損金の額に納税主体ごとの法定実効税率を乗じた額，②税務上の繰越欠損金に係る繰延税金資産から控除された額（評価性引当額），③税務上の繰越欠損金に係る繰延税金資産の額を記載する。なお，連結財務諸表を作成している場合，個別財務諸表において記載することを要しない。
Q28	税引前当期純利益又は税金等調整前当期純利益に対する法人税等（法人税等調整額を含む。）の比率と法定実効税率との間に重要な差異があるときは，当該差異の原因となった主要な項目別の内訳を注記しなければならない。
Q29	税率の変更により繰延税金資産及び繰延税金負債の金額が修正されたときは，その旨及び修正額を注記しなければならない。
Q30	決算日後に税率の変更があった場合には，その内容及びその影響を注記する必要はない。

A27	○（第四，注9，「『税効果会計に係る会計基準』の一部改正」5） なお，税務上の繰越欠損金に係る重要な繰延税金資産を計上している場合，当該繰延税金資産を回収可能と判断した主な理由を記載する。
A28	○（第四）
A29	○（第四）
A30	×（第四） 決算日後に税率の変更があった場合には，その内容及びその影響を<u>注記しなければならない</u>。

「固定資産の減損に係る
会計基準」

§6

6-1　対象資産

Q01　「固定資産の減損に係る会計基準」は，固定資産を対象に適用する。

Q02　回収可能価額とは，資産又は資産グループの正味売却価額と使用価値のいずれか低い方の金額をいう。

Q03　正味売却価額とは，資産又は資産グループの時価から処分費用見込額を控除して算定される金額をいう。

Q04　時価とは，公正な評価額をいう。通常，それは観察可能な市場価格をいい，市場価格が観察できない場合には合理的に算定された価額をいう。

Q05　使用価値とは，資産又は資産グループの継続的使用によって生ずると見込まれる将来キャッシュ・フローの現在価値をいう。

Q06　共用資産とは，複数の資産又は資産グループの将来キャッシュ・フローの生成に寄与する資産をいい，のれんを含む。

A01　○（一）

ただし，他の基準に減損処理に関する定めがある資産，例えば，「金融商品に関する会計基準」における金融資産や「税効果会計に係る会計基準」における繰延税金資産については，対象資産から除くこととする。

A02　×（注1・1）

回収可能価額とは，資産又は資産グループの正味売却価額と使用価値のいずれか高い方の金額をいう。

A03　○（注1・2）

A04　○（注1・3）

A05　×（注1・4）

使用価値とは，資産又は資産グループの継続的使用と使用後の処分によって生ずると見込まれる将来キャッシュ・フローの現在価値をいう。

A06　×（注1・5）

共用資産とは，複数の資産又は資産グループの将来キャッシュ・フローの生成に寄与する資産をいい，のれんを除く。

6-2 減損損失の認識と測定

1 減損の兆候

Q07 減損の兆候とは，資産又は資産グループに減損が生じている可能性を示す事象をいう。

Q08 資産又は資産グループに減損の兆候がある場合には，当該資産又は資産グループについて，減損損失を認識する。

Q09 資産又は資産グループが使用されている営業活動から生ずる損益又はキャッシュ・フローが継続してマイナスとなっていることは，減損の兆候に該当するが，当該損益又はキャッシュ・フローが継続してマイナスとなる見込みであることは，減損の兆候に該当しない。

Q10 資産又は資産グループが使用されている範囲又は方法について，当該資産又は資産グループの回収可能価額を著しく低下させる変化が生じたか，あるいは，生ずる見込みであることは，減損の兆候に該当する。

A07	○ (ニ1)

A08	× (ニ1)

資産又は資産グループに減損の兆候がある場合には，当該資産又は資産グループについて，減損損失を認識するかどうかの判定を行う。

A09	× (ニ1①)

減損の兆候としては，例えば，次の事象が考えられる。

① 資産又は資産グループが使用されている営業活動から生ずる損益又はキャッシュ・フローが，継続してマイナスとなっているか，あるいは，継続してマイナスとなる見込みであること

A10	○ (ニ1②)

なお，資産又は資産グループが使用される範囲又は方法について生ずる当該資産又は資産グループの回収可能価額を著しく低下させる変化とは，資産又は資産グループが使用されている事業を廃止又は再編成すること，当初の予定よりも著しく早期に資産又は資産グループを処分すること，資産又は資産グループを当初の予定と異なる用途に転用すること，資産又は資産グループが遊休状態になったこと等をいう（注2）。

| Q11 | 資産又は資産グループが使用されている事業に関連して，経営環境が著しく悪化したか，あるいは，悪化する見込みであることは，減損の兆候に該当する。 |

| Q12 | 資産又は資産グループの市場価格が著しく下落したことは，減損の兆候に該当しない。 |

2　減損損失の認識

| Q13 | 減損の兆候がある資産又は資産グループについての減損損失を認識するかどうかの判定は，資産又は資産グループから得られる割引後将来キャッシュ・フローの総額と帳簿価額を比較することによって行い，資産又は資産グループから得られる割引後将来キャッシュ・フローの総額が帳簿価額を下回る場合には，減損損失を認識する。 |

| Q14 | 減損損失を認識するかどうかを判定するために割引前将来キャッシュ・フローを見積る期間は，資産の経済的残存使用年数又は資産グループ中の主要な資産の経済的残存使用年数と20年のいずれか長い方とする。 |

A11	○（ニ1③）

A12	×（ニ1④）

減損の兆候としては，例えば，次の事象が考えられる。
④　資産又は資産グループの市場価格が著しく下落したこと

A13	×（ニ2(1)）

減損の兆候がある資産又は資産グループについての減損損失を認識するかどうかの判定は，資産又は資産グループから得られる割引前将来キャッシュ・フローの総額と帳簿価額を比較することによって行い，資産又は資産グループから得られる割引前将来キャッシュ・フローの総額が帳簿価額を下回る場合には，減損損失を認識する。

A14	×（ニ2(2)）

減損損失を認識するかどうかを判定するために割引前将来キャッシュ・フローを見積る期間は，資産の経済的残存使用年数又は資産グループ中の主要な資産の経済的残存使用年数と20年のいずれか短い方とする。
なお，主要な資産とは，資産グループの将来キャッシュ・フロー生成能力にとって最も重要な構成資産をいう（注3）。

| Q15 | 資産又は資産グループ中の主要な資産の経済的残存使用年数が20年を超える場合には，20年経過時点の回収可能価額を算定し，20年目までの割引前将来キャッシュ・フローに加算する。 |

3 減損損失の測定

| Q16 | 減損損失を認識すべきであると判定された資産又は資産グループについては，帳簿価額を正味売却価額まで減額し，当該減少額を減損損失として当期の損失とする。 |

4 将来キャッシュ・フロー

| Q17 | 減損損失を認識するかどうかの判定に際して見積られる将来キャッシュ・フロー及び使用価値の算定において見積られる将来キャッシュ・フローは，企業に固有の事情を反映した合理的で説明可能な仮定及び予測に基づいて見積る。 |

| Q18 | 将来キャッシュ・フローの見積りに際しては，資産又は資産グループの現在の使用状況を考慮するが，使用計画は考慮してはならない。 |

A15	○ （注4）

A16	× （二3）

減損損失を認識すべきであると判定された資産又は資産グループについては，帳簿価額を回収可能価額まで減額し，当該減少額を減損損失として当期の損失とする。

A17	○ （二4(1)）

A18	× （二4(2)）

将来キャッシュ・フローの見積りに際しては，資産又は資産グループの現在の使用状況及び合理的な使用計画等を考慮する。

なお，計画されていない将来の設備の増強や事業の再編の結果として生ずる将来キャッシュ・フローは，見積りに含めない。また，将来の用途が定まっていない遊休資産については，現在の状況に基づき将来キャッシュ・フローを見積る（注5）。

Q19	将来キャッシュ・フローの見積金額は，生起しうる複数の将来キャッシュ・フローをそれぞれの確率で加重平均した金額としなければならない。
Q20	将来キャッシュ・フローが見積値から乖離するリスクについては，将来キャッシュ・フローの見積りと割引率のいずれかに反映させる。減損損失を認識するかどうかを判定する際に見積られる割引前将来キャッシュ・フローの算定においても，このリスクを反映させる。
Q21	資産又は資産グループに関連して間接的に生ずる支出は，当該資産又は資産グループの将来キャッシュ・フローの見積りに際し控除してはならない。
Q22	将来キャッシュ・フローには，利息の支払額並びに法人税等の支払額及び還付額を含める。

5 使用価値の算定に際して用いられる割引率

Q23	使用価値の算定に際して用いられる割引率は，貨幣の時間価値を反映した税引後の利率とする。

A19	×（二4(3)）

将来キャッシュ・フローの見積金額は，生起する可能性の最も高い単一の金額又は生起しうる複数の将来キャッシュ・フローをそれぞれの確率で加重平均した金額とする。

A20	×（注6）

将来キャッシュ・フローが見積値から乖離するリスクについては，将来キャッシュ・フローの見積りと割引率のいずれかに反映させる。ただし，減損損失を認識するかどうかを判定する際に見積られる割引前将来キャッシュ・フローの算定においては，このリスクを反映させない。

A21	×（二4(4)）

資産又は資産グループに関連して間接的に生ずる支出は，関連する資産又は資産グループに合理的な方法により配分し，当該資産又は資産グループの将来キャッシュ・フローの見積りに際し控除する。

A22	×（二4(5)）

将来キャッシュ・フローには，利息の支払額並びに法人税等の支払額及び還付額を含めない。

A23	×（二5）

使用価値の算定に際して用いられる割引率は，貨幣の時間価値を反映した税引前の利率とする。

| Q24 | 資産又は資産グループに係る将来キャッシュ・フローがその見積値から乖離するリスクは，将来キャッシュ・フローの見積りに反映させなければならない。 |

6　資産のグルーピング

| Q25 | 減損損失を認識するかどうかの判定と減損損失の測定において行われる資産のグルーピングは，他の資産又は資産グループのキャッシュ・フローから概ね独立したキャッシュ・フローを生み出す最大の単位で行う。 |

| Q26 | 資産グループについて認識された減損損失は，帳簿価額に基づく比例配分等の合理的な方法により，当該資産グループの各構成資産に配分する。 |

7　共用資産の取扱い

| Q27 | 共用資産に減損の兆候がある場合に，減損損失を認識するかどうかの判定は，共用資産の帳簿価額を各資産又は資産グループに配分したうえで行う。ただし，共用資産が関連する複数の資産又は資産グループに共用資産を加えた，より大きな単位で判定することもできる。 |

A24	×（二5）
	資産又は資産グループに係る将来キャッシュ・フローが その見積値から乖離するリスクが，将来キャッシュ・フ ローの見積りに反映されていない場合には，割引率に反 映させる。

A25	×（二6(1)）
	減損損失を認識するかどうかの判定と減損損失の測定に おいて行われる資産のグルーピングは，他の資産又は 資産グループのキャッシュ・フローから概ね独立した キャッシュ・フローを生み出す最小の単位で行う。

A26	○（二6(2)）

A27	×（二7）
	共用資産に減損の兆候がある場合に，減損損失を認識す るかどうかの判定は，共用資産が関連する複数の資産又 は資産グループに共用資産を加えた，より大きな単位で 行う。ただし，共用資産の帳簿価額を当該共用資産に関 連する資産又は資産グループに合理的な基準で配分する ことができる場合には，共用資産の帳簿価額を各資産又 は資産グループに配分したうえで減損損失を認識するか どうかを判定することができる。

Q28 共用資産又はのれんに係る資産のグルーピングを，共用資産又はのれんが関連する複数の資産又は資産グループに共用資産又はのれんを加えた，より大きな単位で行う場合，減損の兆候の把握，減損損失を認識するかどうかの判定及び減損損失の測定は，先ず，より大きな単位で行い，その後，資産又は資産グループごとに行う。

Q29 共用資産を含む，より大きな単位について減損損失を認識するかどうかを判定するに際しては，共用資産を含まない各資産又は資産グループにおいて算定された減損損失控除後の帳簿価額に共用資産の帳簿価額を加えた金額と，割引前将来キャッシュ・フローの総額とを比較する。この場合に，共用資産を加えることによって算定される減損損失の増加額は，原則として，共用資産に配分する。

Q30 共用資産に配分される減損損失が，共用資産の帳簿価額を超過することが明らかな場合には，当該超過額を合理的な基準により各資産又は資産グループに配分する。

A28	× (注7)
	共用資産又はのれんに係る資産のグルーピングを，共用資産又はのれんが関連する複数の資産又は資産グループに共用資産又はのれんを加えた，より大きな単位で行う場合，減損の兆候の把握，減損損失を認識するかどうかの判定及び減損損失の測定は，先ず，資産又は資産グループごとに行い，その後，より大きな単位で行う。

A29	× (二7)
	共用資産を含む，より大きな単位について減損損失を認識するかどうかを判定するに際しては，共用資産を含まない各資産又は資産グループにおいて算定された減損損失控除前の帳簿価額に共用資産の帳簿価額を加えた金額と，割引前将来キャッシュ・フローの総額とを比較する。この場合に，共用資産を加えることによって算定される減損損失の増加額は，原則として，共用資産に配分する。

A30	× (注8)
	共用資産に配分される減損損失が，共用資産の帳簿価額と正味売却価額の差額を超過することが明らかな場合には，当該超過額を合理的な基準により各資産又は資産グループに配分する。

Q31 共用資産の帳簿価額を当該共用資産に関連する資産又は資産グループに合理的な基準で配分することができる場合には，共用資産の帳簿価額を各資産又は資産グループに配分したうえで減損損失を認識するかどうかを判定しなければならない。この場合に，資産グループについて認識された減損損失は，帳簿価額に基づく比例配分等の合理的な方法により，共用資産の配分額を含む当該資産グループの各構成資産に配分する。

8 のれんの取扱い

Q32 のれんを認識した取引において取得された事業の単位が複数である場合であっても，のれんの帳簿価額を分割することは認められない。

A31	× （二7）

共用資産の帳簿価額を当該共用資産に関連する資産又は資産グループに合理的な基準で配分することができる場合には，共用資産の帳簿価額を各資産又は資産グループに配分したうえで減損損失を認識するかどうかを判定することができる。この場合に，資産グループについて認識された減損損失は，帳簿価額に基づく比例配分等の合理的な方法により，共用資産の配分額を含む当該資産グループの各構成資産に配分する。

A32	× （二8）

のれんを認識した取引において取得された事業の単位が複数である場合には，のれんの帳簿価額を合理的な基準に基づき分割する。
なお，のれんの帳簿価額を分割し帰属させる事業の単位は，取得の対価が概ね独立して決定され，かつ，取得後も内部管理上独立した業績報告が行われる単位とする（注9）。また，のれんの帳簿価額の分割は，のれんが認識された取引において取得された事業の取得時における時価の比率に基づいて行う方法その他合理的な方法による（注10）。

Q.33
分割されたそれぞれののれんに減損の兆候がある場合に，減損損失を認識するかどうかの判定は，のれんの帳簿価額を各資産グループに配分したうえで行う。ただし，のれんが帰属する事業に関連する複数の資産グループにのれんを加えた，より大きな単位で判定することもできる。

Q.34
のれんを含む，より大きな単位について減損損失を認識するかどうかを判定するに際しては，のれんを含まない各資産グループにおいて算定された減損損失控除後の帳簿価額にのれんの帳簿価額を加えた金額と，割引前将来キャッシュ・フローの総額とを比較する。この場合に，のれんを加えることによって算定される減損損失の増加額は，原則として，のれんに配分する。

Q.35
のれんの帳簿価額を当該のれんが帰属する事業に関連する資産グループに合理的な基準で配分することができる場合には，のれんの帳簿価額を各資産グループに配分したうえで減損損失を認識するかどうかを判定することができる。この場合に，各資産グループについて認識された減損損失は，のれんに優先的に配分し，残額は，帳簿価額に基づく比例配分等の合理的な方法により，当該資産グループの各構成資産に配分する。

A33	× （ニ8）

分割されたそれぞれののれんに減損の兆候がある場合に，減損損失を認識するかどうかの判定は，のれんが帰属する事業に関連する複数の資産グループにのれんを加えた，より大きな単位で行う。ただし，のれんの帳簿価額を当該のれんが帰属する事業に関連する資産グループに合理的な基準で配分することができる場合には，のれんの帳簿価額を各資産グループに配分したうえで減損損失を認識するかどうかを判定することができる。

A34	× （ニ8）

のれんを含む，より大きな単位について減損損失を認識するかどうかを判定するに際しては，のれんを含まない各資産グループにおいて算定された減損損失控除前の帳簿価額にのれんの帳簿価額を加えた金額と，割引前将来キャッシュ・フローの総額とを比較する。この場合に，のれんを加えることによって算定される減損損失の増加額は，原則として，のれんに配分する。

A35	〇 （ニ8）

Q36 のれんに配分された減損損失が, のれんの帳簿価額と正味売却価額の差額を超過する場合には, 当該超過額を合理的な基準により各資産グループに配分する。

6-3 減損処理後の会計処理

1 減価償却

Q37 減損処理を行った資産については, 減価償却を行う必要はない。

2 減損損失の戻入れ

Q38 減損損失は, 収益性が回復する可能性があると認められる場合には, 戻入れなければならない。

A36	× (注11)
	のれんに配分された減損損失が，のれんの帳簿価額を超過する場合には，当該超過額を合理的な基準により各資産グループに配分する。

A37	× (三1)
	減損処理を行った資産については，減損損失を控除した帳簿価額に基づき減価償却を行う。

A38	× (三2)
	減損損失の戻入れは，行わない。

6-4 財務諸表における開示

1 貸借対照表における開示

Q39 減損処理を行った資産の貸借対照表における表示は, 減損処理前の取得原価から減損損失を直接控除し, 控除後の金額をその後の取得原価とする形式で行わなければならない。

2 損益計算書における開示

Q40 減損損失は, 原則として, 営業外費用とする。

3 注記事項

Q41 重要な減損損失を認識した場合には, 減損損失を認識した資産, 減損損失の認識に至った経緯, 減損損失の金額, 資産のグルーピングの方法, 回収可能価額の算定方法等の事項について注記する。

A39 × (四1)

減損処理を行った資産の貸借対照表における表示は，原則として，減損処理前の取得原価から減損損失を直接控除し，控除後の金額をその後の取得原価とする形式で行う。ただし，当該資産に対する減損損失累計額を，取得原価から間接控除する形式で表示することもできる。この場合，減損損失累計額を減価償却累計額に合算して表示することができる。

A40 × (四2)

減損損失は，原則として，特別損失とする。

A41 ○ (四3)

企業会計基準第1号
「自己株式及び準備金の額の
減少等に関する会計基準」

§ 7

7-1 用語の定義

Q01 「自己株式処分差額」とは，自己株式の処分の対価から自己株式の帳簿価額を控除した額をいう。「自己株式処分差益」とは，自己株式処分差額が負の値の場合における当該差額をいう。

7-2 自己株式の会計処理及び表示

1 自己株式の取得及び保有

Q02 取得した自己株式は，取得原価をもって純資産の部の株主資本から控除する。

Q03 期末に保有する自己株式は，純資産の部の株主資本を構成する各項目の帳簿価額に基づいて比例的に配分し，当該各項目から控除する形式で表示する。

2 自己株式の処分

Q04 自己株式処分差益は，その他利益剰余金に計上する。また，自己株式処分差損は，その他利益剰余金から減額する。

A01 | × (4～6)

「自己株式処分差額」とは，自己株式の処分の対価から自己株式の帳簿価額を控除した額をいう。

「自己株式処分差益」とは，自己株式処分差額が<u>正の値</u>の場合における当該差額をいう。

なお，「自己株式処分差損」とは，自己株式処分差額が負の値の場合における当該差額をいう。

A02 | ○ (7)

A03 | × (8)

期末に保有する自己株式は，<u>純資産の部の株主資本の末尾に自己株式として一括して</u>控除する形式で表示する。

A04 | × (9～10)

自己株式処分差益は，<u>その他資本剰余金</u>に計上する。また，自己株式処分差損は，<u>その他資本剰余金</u>から減額する。

3 自己株式の消却

| Q05 | 自己株式を消却した場合には，消却手続が完了したときに，消却の対象となった自己株式の帳簿価額をその他利益剰余金から減額する。 |

4 その他資本剰余金の残高が負の値になった場合の取扱い

| Q06 | 自己株式の処分及び消却の会計処理の結果，その他資本剰余金の残高が負の値となった場合には，その都度，その他資本剰余金を零とし，当該負の値をその他利益剰余金（繰越利益剰余金）から減額する。 |

5 自己株式の処分及び消却時の帳簿価額の算定

| Q07 | 自己株式の処分及び消却時の帳簿価額は，会社の定めた計算方法に従って，株式の種類ごとに算定する。 |

6 自己株式の取得，処分及び消却に関する付随費用

| Q08 | 自己株式の取得，処分及び消却に関する付随費用は，自己株式の取得原価又は自己株式処分差額に含める。 |

A05 ✕ (11)

自己株式を消却した場合には，消却手続が完了したとき
に，消却の対象となった自己株式の帳簿価額を<u>その他資
本剰余金</u>から減額する。

A06 ✕ (12)

自己株式の処分及び消却の会計処理の結果，その他資本
剰余金の残高が負の値となった場合には，会計期間末に
おいて，その他資本剰余金を零とし，当該負の値をその
他利益剰余金（繰越利益剰余金）から減額する。

A07 ○ (13)

A08 ✕ (14)

自己株式の取得，処分及び消却に関する付随費用は，<u>損
益計算書の営業外費用に計上する。</u>

7 連結財務諸表における子会社及び関連会社が保有する親会社株式等の取扱い

Q09 連結子会社が保有する親会社株式は，親会社が保有している自己株式と区別して，純資産の部の株主資本に対する控除項目として表示する。

Q10 連結子会社における親会社株式の売却損益（内部取引によるものを除いた親会社持分相当額）の会計処理は，親会社における自己株式処分差額の会計処理と同様とする。非支配株主持分相当額は非支配株主に帰属する当期純利益に加減する。

Q11 持分法の適用対象となっている子会社及び関連会社が親会社株式等（子会社においては親会社株式，関連会社においては当該会社に対して持分法を適用する投資会社の株式）を保有する場合は，親会社等（子会社においては親会社，関連会社においては当該会社に対して持分法を適用する投資会社）の持分相当額を自己株式として純資産の部の株主資本から控除し，当該会社に対する投資勘定を同額減額する。

A09	× (15)
	連結子会社が保有する親会社株式は，親会社が保有している自己株式と合わせ，純資産の部の株主資本に対する控除項目として表示する。
	なお，株主資本から控除する金額は親会社株式の親会社持分相当額とし，非支配株主持分から控除する金額は非支配株主持分相当額とする。

A10	○ (16)

A11	○ (17)

| Q12 | 持分法の適用対象となっている子会社及び関連会社における親会社株式等の売却損益（内部取引によるものを除いた親会社等の持分相当額）は，親会社における自己株式処分差額の会計処理と同様とし，また，当該会社に対する投資勘定を同額加減する。 |

7-3　資本金及び準備金の額の減少の会計処理

1　資本剰余金と利益剰余金の混同の禁止

| Q13 | 資本剰余金の各項目は，利益剰余金の各項目と混同してはならない。したがって，資本剰余金の利益剰余金への振替は一切認められない。 |

2　資本金及び資本準備金の額の減少によって生ずる剰余金

| Q14 | 資本金及び資本準備金の額の減少によって生ずる剰余金は，減少の法的効力が発生したとき（会社法（平成17年法律第86号）第447条から第449条）に，その他資本剰余金に計上する。 |

A12 ○ (18)

A13 × (19)

資本剰余金の各項目は，利益剰余金の各項目と混同して
はならない。したがって，資本剰余金の利益剰余金への
振替は原則として認められない。

なお，欠損填補等の場合には，例外的に，資本剰余金の
利益剰余金への振替が認められる。

A14 ○ (20)

なお，利益準備金の額の減少によって生ずる剰余金は，
減少の法的効力が発生したとき（会社法第448条及び第
449条）に，その他利益剰余金（繰越利益剰余金）に計
上する (21)。

企業会計基準第2号
「1株当たり当期純利益に
関する会計基準」

§ 8

8-1　目　的

Q01　「1株当たり当期純利益に関する会計基準」は，1株当たり当期純利益の算定方法のみを定めることを目的とする。

Q02　「1株当たり当期純利益に関する会計基準」は，開示項目としての1株当たり当期純利益及び潜在株式調整後1株当たり当期純利益の算定方法を定めたものであり，損益計算書における当期純利益の算定等，会計処理にも影響を与えるものではない。

Q03　1株当たり当期純利益及び潜在株式調整後1株当たり当期純利益の算定及び開示の目的は，普通株主に関する一会計期間における企業の成果を示し，投資家の的確な投資判断に資する情報を提供することにある。

8-2　範　囲

Q04　「1株当たり当期純利益に関する会計基準」は，財務諸表において，1株当たり当期純利益又は潜在株式調整後1株当たり当期純利益を開示するすべての場合に適用する。

A01 × (1)

「1株当たり当期純利益に関する会計基準」は，1株当たり当期純利益及び潜在株式調整後1株当たり当期純利益の算定方法を定めることを目的とする。

A02 ○ (2)

このため分子となる当期純利益の調整は，分母となる株式数の調整等に伴って必要とされるものに限定されることに留意する必要がある。

A03 ○ (3)

A04 ○ (4)

なお，財務諸表以外の箇所において，1株当たり当期純利益又は潜在株式調整後1株当たり当期純利益を開示する場合にも，その算定方法については，「1株当たり当期純利益に関する会計基準」を適用することが望ましい。

8-3 用語の定義

Q05 「普通株式」とは，株主としての権利内容に制限のない，標準となる株式をいう。

Q06 「普通株主」とは，普通株式を有する者をいう。

Q07 「配当優先株式」とは，普通株式よりも配当請求権（剰余金の配当を受ける権利）が優先的に認められる株式をいう。

Q08 「優先配当」とは，配当優先株式における優先的な剰余金の配当であって，「1株当たり当期純利益に関する会計基準」では払込資本及び留保利益から行われるものをいう。

Q09 「潜在株式」とは，その保有者が普通株式を取得することができる権利若しくは普通株式への転換請求権又はこれらに準じる権利が付された証券又は契約をいい，例えば，ワラントや転換証券が含まれる。

Q10 「ワラント」とは，その保有者が普通株式を取得することのできる権利又はこれに準じる権利をいう。ただし，新株予約権はこれに含まれない。

A05	○ (5)
A06	○ (6)
A07	○ (7)
A08	× (8)
	「優先配当」とは，配当優先株式における優先的な剰余金の配当であって，「1株当たり当期純利益に関する会計基準」では留保利益から行われるものをいう。
A09	○ (9)
A10	× (10)
	「ワラント」とは，その保有者が普通株式を取得することのできる権利又はこれに準じる権利をいい，例えば，新株予約権が含まれる。

| Q11 | 「転換証券」とは，普通株式への転換請求権若しくはこれに準じる権利が付された金融負債（以下「転換負債」という。）又は普通株式以外の株式（以下「転換株式」という。）をいい，例えば，一括法で処理されている新株予約権付社債や一定の取得請求権付株式が含まれる。 |

8-4　1株当たり当期純利益

1　1株当たり当期純利益の算定

| Q12 | 1株当たり当期純利益は，普通株式に係る当期純利益を普通株式の期中平均株式数で除して算定する。 |

| Q13 | 損益計算書上，当期純損失の場合には，1株当たり当期純損失を算定しない。 |

| Q14 | 普通株式と同等の株式が存在する場合には，1株当たり当期純利益を算定にあたり，これらの株式数を含めてはならない。 |

A11	◯ (11)

A12	◯ (12)

1株当たり当期純利益

$$=\frac{普通株式に係る当期純利益}{普通株式の期中平均株式数}$$

A13	× (12)

損益計算書上,当期純損失の場合にも,当期純利益の場合と同様に,1株当たり当期純損失を算定する。

なお,「1株当たり当期純利益に関する会計基準」においては,1株当たり当期純利益に1株当たり当期純損失を含むものとされる。

また,「1株当たり当期純利益に関する会計基準」においては,損益計算書上の当期純利益,当期純損失は,連結財務諸表においては,それぞれ親会社株主に帰属する当期純利益,親会社株主に帰属する当期純損失とされる。

A14	× (13)

普通株式と同等の株式が存在する場合には,これらの株式数を含めて1株当たり当期純利益を算定する。

2 普通株式に係る当期純利益

Q15　普通株式に係る当期純利益は，損益計算書上の当期純利益から，剰余金の配当に関連する項目で普通株主に帰属しない金額（以下「普通株主に帰属しない金額」という。）を控除して算定する。

Q16　普通株主に帰属しない金額には，優先配当額などが含まれる。

Q17　普通株主に帰属しない金額に含まれる優先配当額は，累積型配当優先株式の場合には，1株当たり当期純利益の算定対象となる会計期間に基準日が属する剰余金の配当を基礎として算定した額とし，非累積型配当優先株式の場合には，1株当たり当期純利益の算定対象となる会計期間に係る要支払額とする。

3 普通株式の期中平均株式数

Q18　普通株式の期中平均株式数は，普通株式の期中平均発行済株式数から期中平均自己株式数を控除して算定する。

A15　○ (14)

A16　○ (15)

A17　× (16)

普通株主に帰属しない金額に含まれる優先配当額は以下による。

(1)　累積型配当優先株式の場合

　　1株当たり当期純利益の算定対象となる会計期間に係る要支払額

(2)　非累積型配当優先株式の場合

　　1株当たり当期純利益の算定対象となる会計期間に基準日が属する剰余金の配当を基礎として算定した額

A18　○ (17)

1株当たり当期純利益

$$= \frac{普通株式に係る当期純利益}{普通株式の期中平均株式数}$$

$$= \frac{損益計算書上の当期純利益 - 普通株主に帰属しない金額}{普通株式の期中平均発行済株式数 - 普通株式の期中平均自己株式数}$$

Q19	連結財務諸表において1株当たり当期純利益を算定する際は，自己株式数に，子会社及び関連会社が保有する親会社等（子会社においては親会社，関連会社においては当該会社に対して持分法を適用する投資会社）の発行する普通株式数のうち，親会社等の持分に相当する株式数を含めてはならない。
Q20	潜在株式は，実際に権利が行使されたときに，普通株式数に含める。

8-5　潜在株式調整後1株当たり当期純利益

1　希薄化効果

Q21	潜在株式に係る権利の行使を仮定することにより算定した1株当たり当期純利益（以下「潜在株式調整後1株当たり当期純利益」という。）が，1株当たり当期純利益を上回る場合に，当該潜在株式は希薄化効果を有するものとする。

A19	× (17)
	連結財務諸表において1株当たり当期純利益を算定する際には,「1株当たり当期純利益に関する会計基準」にいう自己株式数は,子会社及び関連会社が保有する親会社等(子会社においては親会社,関連会社においては当該会社に対して持分法を適用する投資会社)の発行する普通株式数のうち,親会社等の持分に相当する株式数を含めるものとする。

A20	○ (18)

A21	× (20)
	潜在株式に係る権利の行使を仮定することにより算定した1株当たり当期純利益(以下「潜在株式調整後1株当たり当期純利益」という。)が,1株当たり当期純利益を下回る場合に,当該潜在株式は希薄化効果を有するものとする。

2 潜在株式調整後1株当たり当期純利益の算定

Q22 潜在株式が希薄化効果を有する場合，潜在株式調整後1株当たり当期純利益は，普通株式に係る当期純利益に希薄化効果を有する各々の潜在株式に係る当期純利益調整額（以下「当期純利益調整額」という。）を加えた合計金額を，普通株式の期中平均株式数に希薄化効果を有する各々の潜在株式に係る権利の行使を仮定したことによる普通株式の増加数（以下「普通株式増加数」という。）を加えた合計株式数で除して算定する。

Q23 「1株当たり当期純利益に関する会計基準」では，潜在株式の代表的な例としてワラントと転換証券が存在する場合の当期純利益調整額及び普通株式増加数の算定について定めている。

Q24 潜在株式が複数存在する場合は，最小希薄化効果を反映した潜在株式調整後1株当たり当期純利益を算定する。

Q25 潜在株式調整後1株当たり当期純利益の開示を行わないのは、潜在株式が存在しない場合のみとする。

A22 ○ (21)

潜在株式調整後1株当たり当期純利益

$$=\frac{普通株式に係る当期純利益＋当期純利益調整額}{普通株式の期中平均株式数＋普通株式増加数}$$

A23 ○ (21)

A24 × (22)

潜在株式が複数存在する場合は，最大希薄化効果を反映した潜在株式調整後1株当たり当期純利益を算定する。

A25 × (23)

以下の場合は，その旨を開示し，潜在株式調整後1株当たり当期純利益の開示は行わない。
(1) 潜在株式が存在しない場合
(2) 潜在株式が存在しても希薄化効果を有しない場合
(3) 1株当たり当期純損失の場合

3 ワラントが存在する場合

Q26 普通株式の期中平均株価がワラントの行使価格を上回る
場合に，当該ワラントがすべて行使されたと仮定するこ
とにより算定した潜在株式調整後1株当たり当期純利益
は1株当たり当期純利益を下回るため，当該ワラントは
希薄化効果を有しないこととなる。

Q27 各々のワラントが希薄化効果を有する場合，潜在株式調
整後1株当たり当期純利益の算定にあたっては，普通株
式の期中平均株式数に普通株式増加数を加える。

Q28 各々のワラントが希薄化効果を有する場合，潜在株式調
整後1株当たり当期純利益の算定にあたり普通株式の期
中平均株式数に加える普通株式増加数は，希薄化効果を
有するワラントが期首又は発行時においてすべて行使さ
れたと仮定した場合に発行される普通株式数から，期中
平均株価にて普通株式を買い受けたと仮定した普通株式
数を差し引いて算定する。

A26	× (24)
	普通株式の期中平均株価がワラントの行使価格を上回る場合に，当該ワラントがすべて行使されたと仮定することにより算定した潜在株式調整後1株当たり当期純利益は1株当たり当期純利益を下回るため，当該ワラントは<u>希薄化効果を有する</u>こととなる。
A27	○ (25)
A28	○ (26)
	なお，ワラントが期中に消滅，消却又は行使された部分については，期首又は発行時から当該消滅時，消却時又は行使時までの期間に応じた普通株式数を算定する。 また，期中平均株価にて普通株式を買い受けたと仮定した普通株式数は，ワラントの行使により払い込まれると仮定された場合の入金額を用いて，当期にワラントが存在する期間の平均株価にて普通株式を買い受けたと仮定して算定する。

4　転換証券が存在する場合

Q29　1株当たり当期純利益が，転換証券に関する当期純利益調整額を普通株式増加数で除して算定した増加普通株式1株当たりの当期純利益調整額を上回る場合に，当該転換証券がすべて転換されたと仮定することにより算定した潜在株式調整後1株当たり当期純利益は，1株当たり当期純利益を上回るため，当該転換証券は希薄化効果を有することとなる。

Q30　各々の転換証券が希薄化効果を有する場合，潜在株式調整後1株当たり当期純利益の算定にあたっては，普通株式に係る当期純利益に当期純利益調整額を加え，普通株式の期中平均株式数に普通株式増加数を加える。

A29 × (27)

1株当たり当期純利益が，転換証券に関する当期純利益調整額を普通株式増加数で除して算定した増加普通株式1株当たりの当期純利益調整額を上回る場合に，当該転換証券がすべて転換されたと仮定することにより算定した潜在株式調整後1株当たり当期純利益は，1株当たり当期純利益を下回るため，当該転換証券は希薄化効果を有することとなる。

A30 ○ (28)

なお，ここにいう当期純利益調整額は，以下の金額とする (29)。

(1) 転換負債に係る当期の支払利息の金額，社債金額よりも低い価額又は高い価額で発行した場合における当該差額に係る当期償却額及び利払いに係る事務手数料等の費用の合計額から，当該金額に課税されたと仮定した場合の税額相当額を控除した金額

(2) 転換株式について，1株当たり当期純利益を算定する際に当期純利益から控除された当該株式に関連する普通株主に帰属しない金額

Q31 | 各々の転換証券が希薄化効果を有する場合，潜在株式調整後1株当たり当期純利益の算定にあたり普通株式の期中平均株式数に加える普通株式増加数は，希薄化効果を有する転換証券が期首にすべて転換されたと仮定した場合に発行される普通株式数とする。

A31	× (30)

各々の転換証券が希薄化効果を有する場合，潜在株式調整後1株当たり当期純利益の算定にあたり普通株式の期中平均株式数に加える普通株式増加数は，下記の(1)及び(2)によって算定された普通株式数の合計とする。

(1) 希薄化効果を有する転換証券が期首に存在する場合，期首においてすべて転換されたと仮定した場合に発行される普通株式数（なお，転換証券のうち転換請求期間が期中に満了した部分又は期中に償還した部分については，期首から当該満了時又は償還時までの期間に応じた普通株式数を算定する。また，期中に転換された部分については，期首から当該転換時までの期間に応じた普通株式数を算定する。）

(2) 希薄化効果を有する転換証券が期中に発行された場合は，発行時においてすべて転換されたと仮定し算定した当該発行時から期末までの期間に応じた普通株式数（なお，上記(1)の括弧書きは，転換証券が期中に発行された場合にも準用する。）

8-6　株式併合又は株式分割が行われた場合

Q32　当期に株式併合又は株式分割（発行済普通株式のみ変化する場合であり，同一種類の株式が交付される株式無償割当て等，株式分割と同様の効果を有する事象の他，時価より低い払込金額にて株主への割当てが行われた場合に含まれる株式分割相当部分を含む。以下同じ。）が行われた場合，1株当たり当期純利益の算定上，普通株式の期中平均株式数は，表示する財務諸表のうち，最も新しい期間の期首に当該株式併合又は株式分割が行われたと仮定する。

Q33　当期に株式併合又は株式分割が行われた場合，潜在株式調整後1株当たり当期純利益の算定上，普通株式増加数は，表示する財務諸表のうち，最も古い期間の期末に当該株式併合又は株式分割が行われたと仮定する。

A32	× (30-2) 当期に株式併合又は株式分割（発行済普通株式のみ変化する場合であり，同一種類の株式が交付される株式無償割当て等，株式分割と同様の効果を有する事象の他，時価より低い払込金額にて株主への割当てが行われた場合に含まれる株式分割相当部分を含む。以下同じ。）が行われた場合，１株当たり当期純利益の算定上，普通株式の期中平均株式数は，表示する財務諸表のうち，最も古い期間の期首に当該株式併合又は株式分割が行われたと仮定する。 また，当期の貸借対照表日後に株式併合又は株式分割が行われた場合も，同様に仮定して算定する。
A33	× (30-3) 当期に株式併合又は株式分割が行われた場合，潜在株式調整後１株当たり当期純利益の算定上，普通株式増加数は，表示する財務諸表のうち，最も古い期間の期首に当該株式併合又は株式分割が行われたと仮定する。 また，当期の貸借対照表日後に株式併合又は株式分割が行われた場合も，同様に仮定して算定する。

8−7 会計方針の変更又は過去の誤謬の訂正が行われた場合

Q34　「会計方針の開示，会計上の変更及び誤謬の訂正に関する会計基準」に従い，会計方針の変更又は過去の誤謬の訂正により財務諸表に遡及適用又は修正再表示が行われた場合であっても，表示期間の1株当たり当期純利益及び潜在株式調整後1株当たり当期純利益は，遡及適用前又は修正再表示前の金額により算定する。

Q35　過去の期間の財務諸表に注記された潜在株式調整後1株当たり当期純利益は，その後の期間の転換証券の普通株式への転換又は普通株式の株価の変動などにより，潜在株式に係る権利の行使の際に仮定した事項が変化した場合には，遡及的に修正する。

8−8 暫定的な会計処理の確定が行われた場合

Q36　「企業結合に関する会計基準」に従い，企業結合年度の翌年度の財務諸表と併せて表示する企業結合年度の財務諸表に暫定的な会計処理の確定による取得原価の配分額の見直しが反映されている場合，当該企業結合年度の翌年度の財務諸表と併せて表示する企業結合年度の財務諸表の1株当たり当期純利益及び潜在株式調整後1株当たり当期純利益は，当該見直しが反映される前の金額により算定する。

A34　× (30−4)

「会計方針の開示，会計上の変更及び誤謬の訂正に関する会計基準」に従い，会計方針の変更又は過去の誤謬の訂正により財務諸表に遡及適用又は修正再表示が行われた場合は，表示期間の1株当たり当期純利益及び潜在株式調整後1株当たり当期純利益を，<u>遡及適用後又は修正再表示後</u>の金額により算定する。

A35　× (30−5)

過去の期間の財務諸表に注記された潜在株式調整後1株当たり当期純利益は，その後の期間の転換証券の普通株式への転換又は普通株式の株価の変動などにより，潜在株式に係る権利の行使の際に仮定した事項が変化した場合であっても，<u>遡及的に修正しない</u>。

A36　× (30−6)

「企業結合に関する会計基準」に従い，企業結合年度の翌年度の財務諸表と併せて表示する企業結合年度の財務諸表に暫定的な会計処理の確定による取得原価の配分額の見直しが反映されている場合，当該企業結合年度の翌年度の財務諸表と併せて表示する企業結合年度の財務諸表の1株当たり当期純利益及び潜在株式調整後1株当たり当期純利益は，当該見直しが<u>反映された後の金額</u>により算定する。

8-9 開 示

Q37　当期に株式併合又は株式分割が行われた場合には，その旨及び表示する財務諸表のうち最も古い期間の期首に当該株式併合又は株式分割が行われたと仮定した普通株式の期中平均株式数に従い表示期間の1株当たり当期純利益及び潜在株式調整後1株当たり当期純利益を算定している旨を注記する。また，当期の貸借対照表日後に株式併合又は株式分割が行われた場合も，同様の注記を行う。

Q38　財務諸表において，1株当たり当期純利益を開示する場合には，当該金額の算定上の基礎の注記を要しないが，潜在株式調整後1株当たり当期純利益を開示する場合には，当該金額の算定上の基礎を注記する。

A37 ○ (31)

A38 × (33)

財務諸表において, 1株当たり当期純利益又は潜在株式調整後1株当たり当期純利益を開示する場合には, 当該金額の算定上の基礎も注記する。

企業会計基準第4号
「役員賞与に関する
会計基準」

§9

9-1 目 的

001 「役員賞与に関する会計基準」は，取締役，会計参与，
監査役及び執行役（以下合わせて「役員」という。）に
対する賞与（以下「役員賞与」という。）の会計処理を
定めることを目的とする。

9-2 範 囲

002 「役員賞与に関する会計基準」は，すべての会社におけ
る役員賞与の会計処理に適用する。役員に対する金銭以
外による支給や退職慰労金についても「役員賞与に関す
る会計基準」の適用範囲となる。

9-3 会計処理

003 役員賞与は，これを支出した会計期間の費用として処理
する。

A01 ○ (1)

なお，役員賞与の会計処理について，既存の会計基準において「役員賞与に関する会計基準」と異なる取扱いを定めている場合でも，「役員賞与に関する会計基準」の取扱いが優先することとなる。

A02 × (2)

「役員賞与に関する会計基準」は，すべての会社における役員賞与の会計処理に適用する。

なお，役員に対する金銭以外による支給や退職慰労金については取り扱わない。

A03 × (3)

役員賞与は，発生した会計期間の費用として処理する。

企業会計基準第5号
「貸借対照表の純資産の部の
表示に関する会計基準」

§ 10

10-1 純資産の部の表示

Q01 貸借対照表は，資産の部，負債の部及び純資産の部に区分し，純資産の部は，株主資本と株主資本以外の各項目に区分する。

Q02 株主資本は，資本金，剰余金に区分する。

Q03 個別貸借対照表上，剰余金は，準備金及び準備金以外の剰余金に区分し，さらに，準備金は資本準備金及び利益準備金に，準備金以外の剰余金は資本剰余金及び利益剰余金に区分する。

Q04 個別貸借対照表上，株主資本以外の各項目は，評価・換算差額等，株式引受権，新株予約権及び非支配株主持分に区分する。

A01 ○ (4)

A02 × (5)

株主資本は，資本金，資本剰余金及び利益剰余金に区分する。

A03 × (6)

個別貸借対照表上，資本剰余金及び利益剰余金は，さらに次のとおり区分する。

(1) 資本剰余金は，資本準備金及び資本準備金以外の資本剰余金（以下「その他資本剰余金」という。）に区分する。

(2) 利益剰余金は，利益準備金及び利益準備金以外の利益剰余金（以下「その他利益剰余金」という。）に区分し，その他利益剰余金のうち，任意積立金のように，株主総会又は取締役会の決議に基づき設定される項目については，その内容を示す科目をもって表示し，それ以外については繰越利益剰余金にて表示する。

A04 × (7)

株主資本以外の各項目は，次の区分とする。

(1) 個別貸借対照表上，評価・換算差額等，株式引受権及び新株予約権に区分する。

(2) 連結貸借対照表上，評価・換算差額等，株式引受権，新株予約権及び非支配株主持分に区分する。

Q05	連結貸借対照表において，連結子会社の個別貸借対照表上，純資産の部に計上されている評価・換算差額等は，非支配株主持分に含めて記載する。
Q06	評価・換算差額等には，その他有価証券評価差額金や繰延ヘッジ損益のように，資産又は負債は時価をもって貸借対照表価額としているが当該資産又は負債に係る評価差額を当期の損益としていない場合の当該評価差額や，為替換算調整勘定，退職給付に係る調整累計額等が含まれる。当該評価・換算差額等は，その他有価証券評価差額金，繰延ヘッジ損益，退職給付に係る調整累計額等その内容を示す科目をもって表示する。
Q07	評価・換算差額等については，これらに係る繰延税金資産又は繰延税金負債の額を控除する前の金額を記載する。

A05	× (7)

連結貸借対照表において，連結子会社の個別貸借対照表上，純資産の部に計上されている評価・換算差額等は，持分比率に基づき親会社持分割合と非支配株主持分割合とに按分し，親会社持分割合は当該区分において記載し，非支配株主持分割合は非支配株主持分に含めて記載する。

A06	○ (8)

A07	× (8)

評価・換算差額等については，これらに係る繰延税金資産又は繰延税金負債の額を控除した金額を記載することとなる。

企業会計基準第6号
「株主資本等変動計算書に
関する会計基準」

§ 11

11-1　目　的

Q01　株主資本等変動計算書は，貸借対照表の純資産の部の一
会計期間における変動額のうち，主として，株主（連結
上は親会社株主）に帰属する部分である株主資本の各項
目の変動事由を報告するために作成するものである。

11-2　表示区分

Q02　株主資本等変動計算書の表示区分は，「貸借対照表の純
資産の部の表示に関する会計基準」に定める貸借対照表
の純資産の部の表示区分に従う。

11-3　表示方法

Q03　株主資本等変動計算書に表示される各項目の当期末残高
は，当期の貸借対照表の純資産の部における各項目の期
末残高と整合したものでなければならない。ただし，株
主資本等変動計算書に表示される各項目の当期首残高
は，前期の貸借対照表の純資産の部における各項目の期
末残高と異なることが認められる。

D01

A01 ◯ (1)

O05

A02 ◯ (4)

O06

A03 × (5)

株主資本等変動計算書に表示される各項目の当期首残高
及び当期末残高は，前期及び当期の貸借対照表の純資産
の部における各項目の期末残高と整合したものでなけれ
ばならない。

Q04	「会計方針の開示，会計上の変更及び誤謬の訂正に関する会計基準」に従って遡及処理を行った場合には，表示期間のうち最も古い期間の株主資本等変動計算書の期首残高に対する，表示期間より前の期間の累積的影響額は記載せず，遡及処理後の期首残高のみを記載する。
Q05	会計基準等における特定の経過的な取扱いとして，会計方針の変更による影響額を適用初年度の期首残高に加減することが定められている場合には，遡及処理を行った場合に準じて，期首残高に対する影響額を区分表示するとともに，当該影響額の反映後の期首残高を記載する。
Q06	「企業結合に関する会計基準」に従って暫定的な会計処理の確定が企業結合年度の翌年度に行われ，当該年度の株主資本等変動計算書のみの表示が行われる場合には，遡及処理を行った場合に準じた期首残高に対する影響額の区分表示及び当該影響額の反映後の期首残高の記載を行う必要はない。

11-4 株主資本の各項目

Q07	貸借対照表の純資産の部における株主資本の各項目は，当期首残高，当期変動額及び当期末残高に区分し，当期変動額は変動事由ごとにその金額を表示する。

A04	× (5)
	「会計方針の開示, 会計上の変更及び誤謬の訂正に関する会計基準」に従って遡及処理を行った場合には, 表示期間のうち最も古い期間の株主資本等変動計算書の期首残高に対する, 表示期間より前の期間の累積的影響額を区分表示するとともに, 遡及処理後の期首残高を記載する。

A05	○ (5-2)

A06	× (5-3)
	「企業結合に関する会計基準」に従って暫定的な会計処理の確定が企業結合年度の翌年度に行われ, 当該年度の株主資本等変動計算書のみの表示が行われる場合には, 第5項なお書き (遡及処理を行った場合) に準じて, 期首残高に対する影響額を区分表示するとともに, 当該影響額の反映後の期首残高を記載する。

A07	○ (6)

Q08 | 個別損益計算書の当期純利益又は連結損益計算書の親会社株主に帰属する当期純利益は，個別株主資本等変動計算書又は連結株主資本等変動計算書において，その他利益剰余金又はその内訳科目である繰越利益剰余金の変動事由として表示する。

11-5 株主資本以外の各項目

Q09 | 貸借対照表の純資産の部における株主資本以外の各項目は，当期首残高，当期変動額及び当期末残高に区分し，当期変動額は純額で表示する。当期変動額については主な変動事由ごとにその金額を表示しなければならない。

A08	×　(7)
	連結損益計算書の親会社株主に帰属する当期純利益（又は親会社株主に帰属する当期純損失）は，連結株主資本等変動計算書において利益剰余金の変動事由として表示する。また，個別損益計算書の当期純利益（又は当期純損失）は，個別株主資本等変動計算書においてその他利益剰余金又はその内訳科目である繰越利益剰余金の変動事由として表示する。

A09	×　(8)
	貸借対照表の純資産の部における株主資本以外の各項目は，当期首残高，当期変動額及び当期末残高に区分し，当期変動額は純額で表示する。ただし，当期変動額について主な変動事由ごとにその金額を表示（注記による開示を含む。）することができる。

11-6 注記事項

Q10　連結財務諸表を作成する会社は，個別株主資本等変動計算書に，①発行済株式の種類及び総数に関する事項，②自己株式の種類及び株式数に関する事項，③新株予約権及び自己新株予約権に関する事項，④配当に関する事項を注記しなければならない。

A10 × (9)

株主資本等変動計算書には，次に掲げる事項を注記する。

(1) 連結株主資本等変動計算書の注記事項

　① 発行済株式の種類及び総数に関する事項

　② 自己株式の種類及び株式数に関する事項

　③ 新株予約権及び自己新株予約権に関する事項

　④ 配当に関する事項

(2) 個別株主資本等変動計算書の注記事項

　自己株式の種類及び株式数に関する事項

なお，個別株主資本等変動計算書には，上記の事項に加え，(1)①，③及び④に準ずる事項を注記することを妨げない。

また，連結財務諸表を作成しない会社においては，(2)の事項に代えて，(1)に準ずる事項を個別株主資本等変動計算書に注記する。

企業会計基準第7号
「事業分離等に関する会計基準」

12-1 用語の定義

Q01 「事業」とは，企業活動を行うために組織化され，有機的一体として機能する経営資源をいう。

Q02 「事業分離」とは，ある企業を構成する事業を他の企業（新設される企業を含む。）に移転することをいう。なお，複数の取引が1つの事業分離を構成している場合には，それらを区分して取り扱う。

Q03 「分離元企業」とは，事業分離において，分離先企業からその事業を受入れる企業（新設される企業を含む。）をいう。他方，「分離先企業」とは，事業分離において，当該企業を構成する事業を移転する企業をいう。

Q04 「結合当事企業」とは，企業結合に係る企業をいい，このうち，他の企業又は他の企業を構成する事業を受け入れて対価（現金等の財産や自社の株式）を支払う企業を「被結合企業」，当該他の企業を「結合企業」という。また，企業結合によって統合された1つの報告単位となる企業を「結合後企業」という。

A01 ○ (3)

A02 × (4)

「事業分離」とは，ある企業を構成する事業を他の企業（新設される企業を含む。）に移転することをいう。なお，複数の取引が１つの事業分離を構成している場合には，それらを一体として取り扱う。

A03 × (5, 6)

「分離元企業」とは，事業分離において，当該企業を構成する事業を移転する企業をいう。

「分離先企業」とは，事業分離において，分離元企業からその事業を受入れる企業（新設される企業を含む。）をいう。

A04 × (7)

「結合当事企業」とは，企業結合に係る企業をいい，このうち，他の企業又は他の企業を構成する事業を受入れて対価（現金等の財産や自社の株式）を支払う企業を「結合企業」，当該他の企業を「被結合企業」という。また，企業結合によって統合された１つの報告単位となる企業を「結合後企業」という。

Q05 「事業分離日」とは，分離元企業の事業が分離先企業に
移転されるべき日をいい，通常，事業分離を定める契約
書等に記載され，会社分割の場合は分割期日，事業譲渡
の場合は譲渡期日となる。

12-2 分離元企業の会計処理

Q06 移転した事業に関する投資が清算されたとみる場合に
は，その事業を分離先企業に移転したことにより受け
取った対価となる財の時価と，移転した事業に係る株主
資本相当額（移転した事業に係る資産及び負債の移転直
前の適正な帳簿価額による差額から，当該事業に係る評
価・換算差額等及び新株予約権を控除した額をいう。以
下同じ。）との差額を移転損益として認識するとともに，
改めて当該受取対価の時価にて投資を行ったものとす
る。

Q07 現金など，移転した事業と明らかに異なる資産を対価と
して受け取る場合には，投資が継続しているとみなされ
る。

A05	○ (8)
	なお，事業分離の属する事業年度を「事業分離年度」という。

A06	○ (10(1))

A07	× (10(1))
	現金など，移転した事業と明らかに異なる資産を対価として受け取る場合には，投資が清算されたとみなされる。

Q08 現金など，移転した事業と明らかに異なる資産を対価として受け取るときには，事業分離後においても，分離元企業の継続的関与があり，それが重要であることによって，移転した事業に係る成果の変動性を従来と同様に負っている場合であっても，投資が清算されたとみなされ，移転損益が認識される。

Q09 移転した事業に関する投資がそのまま継続しているとみる場合，移転損益を認識せず，その事業を分離先企業に移転したことにより受け取る資産の取得原価は，その時価に基づいて算定するものとする。

Q10 子会社株式や関連会社株式となる分離先企業の株式のみを対価として受け取る場合には，当該株式を通じて，移転した事業に関する事業投資を引き続き行っていると考えられることから，当該事業に関する投資が継続しているとみなされる。

A08	× (10(1))
	現金など，移転した事業と明らかに異なる資産を対価として受け取る場合には，投資が清算されたとみなされる。ただし，事業分離後においても，分離元企業の継続的関与（分離元企業が，移転した事業又は分離先企業に対して，事業分離後も引き続き関与すること）があり，それが重要であることによって，移転した事業に係る成果の変動性を従来と同様に負っている場合には，投資が清算されたとみなされず，移転損益は認識されない。

A09	× (10(2))
	移転した事業に関する投資がそのまま継続しているとみる場合，移転損益を認識せず，その事業を分離先企業に移転したことにより受け取る資産の取得原価は，移転した事業に係る株主資本相当額に基づいて算定するものとする。

A10	○ (10(2))

Q11 移転した事業に関する投資が清算されたとみる場合においても、そのまま継続しているとみる場合においても、分離元企業において、事業分離により移転した事業に係る資産及び負債の帳簿価額は、事業分離の合意公表日の前日において一般に公正妥当と認められる企業会計の基準に準拠した適正な帳簿価額のうち、移転する事業に係る金額を合理的に区分して算定する。

Q12 事業分離に要した支出額は、発生時の事業年度の費用として処理する。

Q13 移転損益を認識する場合の受取対価となる財の時価は、受取対価が現金以外の資産等の場合には、受取対価となる財の時価と移転した事業の時価のうち、より高い時価で算定する。

Q14 市場価格のある分離先企業の株式が受取対価とされる場合には、受取対価となる財の時価は、事業分離の合意公表日前の合理的な期間における株価を基礎にして算定する。

A11	× (10(2))
	いずれの場合においても，分離元企業において，事業分離により移転した事業に係る資産及び負債の帳簿価額は，事業分離日の前日において一般に公正妥当と認められる企業会計の基準に準拠した適正な帳簿価額のうち，移転する事業に係る金額を合理的に区分して算定する。

A12	○ (11)

A13	× (12)
	移転損益を認識する場合の受取対価となる財の時価は，受取対価が現金以外の資産等の場合には，受取対価となる財の時価と移転した事業の時価のうち，より高い信頼性をもって測定可能な時価で算定する。

A14	× (13)
	市場価格のある分離先企業の株式が受取対価とされる場合には，受取対価となる財の時価は，事業分離日の株価を基礎にして算定する。

12−3 受取対価が現金等の財産のみである場合の分離元企業の会計処理

1 子会社を分離先企業として行われた事業分離の場合

Q15　個別財務諸表上，共通支配下の取引として，分離元企業が受け取った現金等の財産は，移転前に付された適正な帳簿価額により計上する。この結果，共通支配下の取引において，移転損益が認識されることはない。

Q16　連結財務諸表上，移転損益は，消去してはならない。

A15 │ ×　(14(1))

個別財務諸表上，共通支配下の取引として，分離元企業
が受け取った現金等の財産は，移転前に付された適正な
帳簿価額により計上する。この結果，当該価額と移転し
た事業に係る株主資本相当額との差額は，原則として，
移転損益として認識する。

A16 │ ×　(14(2))

連結財務諸表上，移転損益は，「連結財務諸表に関する
会計基準」における未実現損益の消去に準じて処理す
る。

2　関連会社を分離先企業として行われた事業分離の場合

Q17　現金等の財産のみを受取対価とする事業分離において，関連会社へ事業分離する場合，分離元企業は，個別財務諸表上，分離元企業が受け取った現金等の財産を，原則として，移転前に付された適正な帳簿価額により計上する。

3　子会社や関連会社以外を分離先企業として行われた事業分離の場合

Q18　現金等の財産のみを受取対価とする事業分離において，子会社や関連会社以外へ事業分離する場合，分離元企業が受け取った現金等の財産は，原則として，時価により計上し，移転した事業に係る株主資本相当額との差額は，原則として，移転損益として認識する。

A17 ✕ (15)

現金等の財産のみを受取対価とする事業分離において，関連会社へ事業分離する場合，分離元企業は次の処理を行う。

(1) 個別財務諸表上，分離元企業が受け取った現金等の財産は，原則として，時価により計上する。この結果，当該時価と移転した事業に係る株主資本相当額との差額は，原則として，移転損益として認識する。

(2) 連結財務諸表上，移転損益は，「持分法に関する会計基準」における未実現損益の消去に準じて処理する。

A18 ◯ (16)

12-4 受取対価が分離先企業の株式のみである場合の分離元企業の会計処理

1 分離先企業が子会社となる場合

Q19

事業分離前に分離元企業は分離先企業の株式を有していないが，事業分離により分離先企業が新たに分離元企業の子会社となる場合，分離元企業（親会社）の個別財務諸表上，原則として，移転損益が認識される。また，分離先企業の株式の取得原価は，移転した事業に係る時価又は当該分離先企業の株式の時価のうち，より高い信頼性をもって測定可能な時価に基づいて算定される。

Q20

事業分離前に分離元企業は分離先企業の株式を有していないが，事業分離により分離先企業が新たに分離元企業の子会社となる場合，分離元企業（親会社）の連結財務諸表上，分離元企業（親会社）の事業が移転されたとみなされる額と，移転した事業に係る分離元企業（親会社）の持分の減少額との間に生じる差額については，支配獲得後における子会社の時価発行増資等に伴い生じる親会社持分の増減額（持分変動差額）として取り扱う。

A19 × (17(1))

事業分離前に分離元企業は分離先企業の株式を有していないが，事業分離により分離先企業が新たに分離元企業の子会社となる場合，分離元企業（親会社）の個別財務諸表上，移転損益は認識せず，当該分離元企業が受け取った分離先企業の株式（子会社株式）の取得原価は，移転した事業に係る株主資本相当額に基づいて算定する。

A20 × (17(2))

事業分離前に分離元企業は分離先企業の株式を有していないが，事業分離により分離先企業が新たに分離元企業の子会社となる場合，分離元企業（親会社）の連結財務諸表上，分離元企業（親会社）の事業が移転されたとみなされる額と，移転した事業に係る分離元企業（親会社）の持分の減少額との間に生じる差額については，資本剰余金とする。

なお，分離元企業は，分離先企業を取得することとなるため，分離元企業の連結財務諸表上，パーチェス法を適用する。

Q21　事業分離前に分離元企業は分離先企業の株式を有しその他有価証券（売買目的有価証券の場合を含む。以下同じ。）又は関連会社株式としており，事業分離により分離先企業が新たに分離元企業の子会社となる場合，分離元企業（親会社）の個別財務諸表上，原則として，移転損益が認識される。また，分離先企業の株式の取得原価は，移転した事業に係る時価又は当該分離先企業の株式の時価のうち，より高い信頼性をもって測定可能な時価に基づいて算定される。

Q22　事業分離前に分離元企業は分離先企業の株式を有しその他有価証券（売買目的有価証券の場合を含む。以下同じ。）又は関連会社株式としており，事業分離により分離先企業が新たに分離元企業の子会社となる場合，分離元企業（親会社）の連結財務諸表上，移転損益は，「連結財務諸表に関する会計基準」における未実現損益の消去に準じて処理する。

A21	× (18(1))

事業分離前に分離元企業は分離先企業の株式を有しその
他有価証券（売買目的有価証券の場合を含む。以下同
じ。）又は関連会社株式としており，事業分離により分
離先企業が新たに分離元企業の子会社となる場合，分離
元企業（親会社）は次の処理を行う。

(1) 個別財務諸表上，前項(1)と同様に，移転損益は認識
せず，当該分離元企業が追加的に受け取った分離先企
業の株式の取得原価は，移転した事業に係る株主資本
相当額に基づいて算定する。

A22	× (18(2))

(2) 連結財務諸表上，分離元企業（親会社）の事業が移
転されたとみなされる額と，移転した事業に係る分離
元企業（親会社）の持分の減少額との間に生じる差額
については，資本剰余金とする。

なお，分離元企業の連結財務諸表上，分離先企業を被
取得企業としてパーチェス法を適用する際，分離先企
業に対して投資したとみなされる額は，分離元企業が
追加的に受け取った分離先企業の株式の取得原価（(1)
参照）と事業分離前に有していた分離先企業の株式の
支配獲得時（事業分離日）の時価との合計額とし，当
該時価と，その適正な帳簿価額との差額（その他有価
証券としていた場合）又はその持分法評価額との差額
（関連会社株式としていた場合）は，当期の段階取得
に係る損益として処理する。また，当該投資したとみ
なされる額と，これに対応する分離先企業の事業分離
直前の資本との差額をのれん（又は負ののれん）とす
る。

Q23 事業分離前に分離元企業は分離先企業の株式を有し子会社株式としており，事業分離により分離先企業の株式（子会社株式）を追加取得した場合，分離元企業（親会社）の個別財務諸表上，移転損益は認識せず，当該分離元企業が追加取得した分離先企業の株式（子会社株式）の取得原価は，移転した事業に係る株主資本相当額に基づいて算定する。

Q24 事業分離前に分離元企業は分離先企業の株式を有し子会社株式としており，事業分離により分離先企業の株式（子会社株式）を追加取得した場合，分離元企業（親会社）の連結財務諸表上，追加取得により，子会社に係る分離元企業（親会社）の持分の増加額（追加取得持分）と，移転した事業に係る分離元企業（親会社）の持分の減少額との間に生じる差額は，資本剰余金とする。

2 分離先企業が関連会社となる場合

Q25 事業分離前に分離元企業は分離先企業の株式を有していないが，事業分離により分離先企業が新たに分離元企業の関連会社となる場合（共同支配企業の形成の場合は含まれない。），分離元企業の個別財務諸表上，原則として，移転損益が認識される。また，分離先企業の株式の取得原価は，移転した事業に係る時価又は当該分離先企業の株式の時価のうち，より高い信頼性をもって測定可能な時価に基づいて算定される。

A23	○ (19(1))

A24	○ (19(2))

A25	× (20(1))

事業分離前に分離元企業は分離先企業の株式を有してい
ないが，事業分離により分離先企業が新たに分離元企業
の関連会社となる場合（共同支配企業の形成の場合は含
まれない。次項及び第22項において同じ。），分離元企
業は次の処理を行う。

(1) 個別財務諸表上，移転損益は認識せず，当該分離元
企業が受け取った分離先企業の株式（関連会社株式）
の取得原価は，移転した事業に係る株主資本相当額に
基づいて算定する。

Q26	事業分離前に分離元企業は分離先企業の株式を有していないが，事業分離により分離先企業が新たに分離元企業の関連会社となる場合（共同支配企業の形成の場合は含まれない。），分離元企業の連結財務諸表上，移転損益は，「持分法に関する会計基準」における未実現損益の消去に準じて処理する。
Q27	事業分離前に分離元企業は分離先企業の株式を有しその他有価証券としており，事業分離により分離先企業が新たに分離元企業の関連会社となる場合（共同支配企業の形成の場合は含まれない。），分離元企業の個別財務諸表上，原則として，移転損益が認識される。また，分離先企業の株式の取得原価は，移転した事業に係る時価又は当該分離先企業の株式の時価のうち，より高い信頼性をもって測定可能な時価に基づいて算定される。

A26	× (20(2))

(2) 連結財務諸表上，持分法適用において，関連会社に係る分離元企業の持分の増加額と，移転した事業に係る分離元企業の持分の減少額との間に生じる差額は，次のように処理する。

① 分離先企業に対して投資したとみなされる額と，これに対応する分離先企業の事業分離直前の資本（関連会社に係る分離元企業の持分の増加額）との間に生じる差額については，のれん（又は負ののれん）として処理する。

② 分離元企業の事業が移転されたとみなされる額と，移転した事業に係る分離元企業の持分の減少額との間に生じる差額については，持分変動差額として取り扱う。

ただし，①と②のいずれかの金額に重要性が乏しいと考えられる場合には，重要性のある他の金額に含めて処理することができる。

A27	× (21(1))

事業分離前に分離元企業は分離先企業の株式を有しその他有価証券としており，事業分離により分離先企業が新たに分離元企業の関連会社となる場合，分離元企業は次の処理を行う。

(1) 個別財務諸表上，前項(1)と同様に，移転損益は認識せず，当該分離元企業が追加取得した分離先企業の株式（関連会社株式）の取得原価は，移転した事業に係る株主資本相当額に基づいて算定する。

Q28	事業分離前に分離元企業は分離先企業の株式を有しその他有価証券としており，事業分離により分離先企業が新たに分離元企業の関連会社となる場合（共同支配企業の形成の場合は含まれない。），分離元企業の連結財務諸表上，移転損益は，「持分法に関する会計基準」における未実現損益の消去に準じて処理する。
Q29	事業分離前に分離元企業は分離先企業の株式を有し関連会社株式としており，事業分離により分離先企業の株式（関連会社株式）を追加取得した場合（共同支配企業の形成の場合は含まれない。），分離元企業の個別財務諸表上，原則として，移転損益が認識される。また，分離先企業の株式の取得原価は，移転した事業に係る時価又は当該分離先企業の株式の時価のうち，より高い信頼性をもって測定可能な時価に基づいて算定される。

A28	× (21(2))

(2)　連結財務諸表上，持分法適用において，次のように
のれん（又は負ののれん）と持分変動差額を処理する。
① 分離先企業の株式を受け取った取引ごとに分離先
企業に対して投資したとみなされる額の合計と，そ
の取引ごとに対応する分離先企業の資本の合計との
間に生じる差額については，のれん（又は負ののれ
ん）として処理する。
② 分離元企業の事業が移転されたとみなされる額
と，移転した事業に係る分離元企業の持分の減少額
との間に生じる差額については，持分変動差額とし
て取り扱う。
ただし，①と②のいずれかの金額に重要性が乏しいと
考えられる場合には，重要性のある他の金額に含めて
処理することができる。

A29	× (22(1))

事業分離前に分離元企業は分離先企業の株式を有し関連
会社株式としており，事業分離により分離先企業の株式
（関連会社株式）を追加取得した場合，分離元企業は次
の処理を行う。
(1)　個別財務諸表上，第20項(1)と同様に，移転損益は
認識せず，当該分離元企業が追加取得した分離先企業
の株式（関連会社株式）の取得原価は，移転した事業
に係る株主資本相当額に基づいて算定する。

| Q30 | 事業分離前に分離元企業は分離先企業の株式を有し関連会社株式としており，事業分離により分離先企業の株式（関連会社株式）を追加取得した場合（共同支配企業の形成の場合は含まれない。），分離元企業の連結財務諸表上，移転損益は，「持分法に関する会計基準」における未実現損益の消去に準じて処理する。 |

3 分離先企業が子会社や関連会社以外となる場合

| Q31 | 分離先企業の株式のみを受取対価とする事業分離により分離先企業が子会社や関連会社以外となる場合（共同支配企業の形成の場合を除く。），分離元企業の個別財務諸表上，原則として，移転損益が認識される。また，分離先企業の株式の取得原価は，移転した事業に係る時価又は当該分離先企業の株式の時価のうち，より高い信頼性をもって測定可能な時価に基づいて算定される。 |

A30	× (22(2))

(2) 連結財務諸表上，持分法適用において，追加取得により，関連会社に係る分離元企業の持分の増加額（追加取得持分）と，移転した事業に係る分離元企業の持分の減少額との間に生じる差額は，次のように処理する。

① 分離先企業に対して追加投資したとみなされる額と，これに対応する分離先企業の事業分離直前の資本（追加取得持分）との間に生じる差額については，のれん（又は負ののれん）として処理する。

② 分離元企業の事業が移転されたとみなされる額と，移転した事業に係る分離元企業の持分の減少額との間に生じる差額については，持分変動差額として取り扱う。

ただし，①と②のいずれかの金額に重要性が乏しいと考えられる場合には，重要性のある他の金額に含めて処理することができる。

A31	○ (23)

12−5 受取対価が現金等の財産と分離先企業の株式である場合の分離元企業の会計処理

1 分離先企業が子会社となる場合

Q32 現金等の財産と分離先企業の株式を受取対価とする事業分離において，分離先企業が子会社となる場合や子会社へ事業分離する場合，分離元企業の個別財務諸表上，共通支配下の取引又はこれに準ずる取引として，分離元企業が受け取った現金等の財産は，移転前に付された適正な帳簿価額により計上する。この結果，当該価額が移転した事業に係る株主資本相当額を下回る場合には，原則として，当該差額を移転利益として認識（受け取った分離先企業の株式の取得原価はゼロとする。）し，上回る場合には，当該差額を受け取った分離先企業の株式の取得原価とする。

Q33 現金等の財産と分離先企業の株式を受取対価とする事業分離において，分離先企業が子会社となる場合や子会社へ事業分離する場合，分離元企業の連結財務諸表上，移転利益は，「連結財務諸表に関する会計基準」における未実現損益の消去に準じて処理する。また，子会社に係る分離元企業の持分の増加額と，移転した事業に係る分離元企業の持分の減少額との間に生じる差額は，資本剰余金とする。

A32	×　(24(1))
	現金等の財産と分離先企業の株式を受取対価とする事業分離において，分離先企業が子会社となる場合や子会社へ事業分離する場合，分離元企業の個別財務諸表上，共通支配下の取引又はこれに準ずる取引として，分離元企業が受け取った現金等の財産は，移転前に付された適正な帳簿価額により計上する。この結果，当該価額が移転した事業に係る株主資本相当額を<u>上回る場合</u>には，原則として，当該差額を移転利益として認識（受け取った分離先企業の株式の取得原価はゼロとする。）し，<u>下回る場合</u>には，当該差額を受け取った分離先企業の株式の取得原価とする。

A33	○　(24(2))

2　分離先企業が関連会社となる場合

Q34　現金等の財産と分離先企業の株式を受取対価とする事業分離において，分離先企業が関連会社となる場合や関連会社へ事業分離する場合，分離元企業の個別財務諸表上，分離元企業で受け取った現金等の財産は，原則として，時価により計上する。この結果，当該時価が移転した事業に係る株主資本相当額を下回る場合には，原則として，当該差額を移転利益として認識（受け取った分離先企業の株式の取得原価はゼロとする。）し，上回る場合には，当該差額を受け取った分離先企業の株式の取得原価とする。

Q35　現金等の財産と分離先企業の株式を受取対価とする事業分離において，分離先企業が関連会社となる場合や関連会社へ事業分離する場合，分離元企業の連結財務諸表上，移転利益は，「持分法に関する会計基準」における未実現損益の消去に準じて処理する。また，関連会社に係る分離元企業の持分の増加額と，移転した事業に係る分離元企業の持分の減少額との間に生じる差額は，原則として，のれん（又は負ののれん）と持分変動差額に区分して処理する。

3　分離先企業が子会社や関連会社以外となる場合

Q36　現金等の財産と分離先企業の株式を受取対価とする事業分離により，分離先企業が子会社や関連会社以外となる場合には，分離先企業の株式のみを受取対価とする場合における分離元企業の会計処理に準じて行う。

A34	× (25(1))

現金等の財産と分離先企業の株式を受取対価とする事業
分離において，分離先企業が関連会社となる場合や関
連会社へ事業分離する場合，分離元企業の個別財務諸表
上，分離元企業で受け取った現金等の財産は，原則とし
て，時価により計上する。この結果，当該時価が移転し
た事業に係る株主資本相当額を上回る場合には，原則と
して，当該差額を移転利益として認識（受け取った分離
先企業の株式の取得原価はゼロとする。）し，下回る場
合には，当該差額を受け取った分離先企業の株式の取得
原価とする。

A35	○ (25(2))

A36	○ (26)

12-6　開　示

Q37　移転損益は，原則として，営業外損益に計上する。

Q38　分離元企業は，貸借対照表日後に完了した事業分離が重要な後発事象に該当する場合には，当該事業分離の概要等を注記しなければならない。ただし，貸借対照表日後に主要条件が合意された事業分離が重要な後発事象に該当する場合には，当該注記は必要ない。

12-7　資産の現物出資等における移転元の企業の会計処理

Q39　資産を移転し移転先の企業の株式を受け取る場合（事業分離に該当する場合を除く。）において，移転元の企業の会計処理は，事業分離における分離元企業の会計処理に準じて行う。

A37 × (27)

移転損益は，原則として，特別損益に計上する。

A38 × (30)

分離元企業は，貸借対照表日後に完了した事業分離や貸借対照表日後に主要条件が合意された事業分離が，重要な後発事象に該当する場合には，第28項（ただし，貸借対照表日後に主要条件が合意された事業分離にあっては，(1)及び(3)に限る。）に準じて注記を行う。

また，当事業年度中に事業分離の主要条件が合意されたが，貸借対照表日までに事業分離が完了していない場合（ただし，重要な後発事象に該当する場合を除く。）についても，第28項(1)及び(3)に準じて注記を行う。

A39 ○ (31)

12-8 被結合企業の株主に係る会計処理

Q40 被結合企業に関する投資が清算されたとみる場合には，被結合企業の株式と引き換えに受け取った対価となる財の時価と，被結合企業の株式に係る企業結合直前の適正な帳簿価額との差額を交換損益として認識するとともに，改めて当該受取対価の時価にて投資を行ったものとする。

Q41 現金など，被結合企業の株式と明らかに異なる資産を対価として受け取る場合には，被結合企業の株主の継続的関与がある場合であっても，常に投資が清算されたとみなされる。

Q42 被結合企業に関する投資がそのまま継続しているとみる場合，交換損益を認識せず，被結合企業の株式と引き換えに受け取る資産の取得原価は，被結合企業の株式に係る適正な帳簿価額に基づいて算定するものとする。

A40　○（32(1)）

A41　×（32(1)）

現金など，被結合企業の株式と明らかに異なる資産を対価として受け取る場合には，投資が清算されたとみなされる（第35項から第37項及び第41項参照）。ただし，企業結合後においても，被結合企業の株主の継続的関与（被結合企業の株主が，結合後企業に対して，企業結合後も引き続き関与すること）があり，それが重要であることによって，交換した株式に係る成果の変動性を従来と同様に負っている場合には，投資が清算されたとみなされず，交換損益は認識されない。

A42　○（32(2)）

Q43 被結合企業が子会社や関連会社の場合において，当該被結合企業の株主が，子会社株式や関連会社株式となる結合企業の株式のみを対価として受け取る場合には，当該被結合企業に関する投資が清算されたとみなされる。

Q44 交換損益を認識する場合の受取対価となる財の時価は，受取対価が現金以外の資産等の場合には，受取対価となる財の時価と引き換えた被結合企業の株式の時価のうち，より高い時価で算定する。

Q45 市場価格のある結合企業の株式が受取対価とされる場合には，受取対価となる財の時価は企業結合の合意公表日前の合理的な期間における株価を基礎にして算定する。

A43	× (32(2))
	被結合企業が子会社や関連会社の場合において，当該被結合企業の株主が，子会社株式や関連会社株式となる結合企業の株式のみを対価として受け取る場合には，当該引き換えられた結合企業の株式を通じて，被結合企業（子会社や関連会社）に関する事業投資を引き続き行っていると考えられることから，当該被結合企業に関する投資が継続しているとみなされる（第38項から第40項及び第42項から第44項参照）。
A44	× (33)
	交換損益を認識する場合の受取対価となる財の時価は，受取対価が現金以外の資産等の場合には，受取対価となる財の時価と引き換えた被結合企業の株式の時価のうち，より高い信頼性をもって測定可能な時価で算定する。
A45	× (34)
	市場価格のある結合企業の株式が受取対価とされる場合には，受取対価となる財の時価は，企業結合日の株価を基礎にして算定する。

12-9 受取対価が現金等の財産のみである場合の被結合企業の株主に係る会計処理

1 子会社を被結合企業とした企業結合の場合

Q46 子会社を被結合企業とする企業結合により，子会社株式である被結合企業の株式が現金等の財産のみと引き換えられた場合，当該被結合企業の株主（親会社）に係る会計処理は，事業分離における分離元企業の会計処理に準じて行う。

2 関連会社を被結合企業とした企業結合の場合

Q47 関連会社を被結合企業とする企業結合により，関連会社株式である被結合企業の株式が現金等の財産のみと引き換えられた場合，被結合企業の株主の個別財務諸表上，被結合企業の株主が受け取った現金等の財産は，原則として，被結合企業の株式の適正な帳簿価額により計上する。この結果，原則として，交換損益は認識しない。

A46 ○ (35)

A47 × (36)

関連会社を被結合企業とする企業結合により，関連会社
株式である被結合企業の株式が現金等の財産のみと引き
換えられた場合，被結合企業の株主は次の処理を行う。

(1) 個別財務諸表上，被結合企業の株主が受け取った現
金等の財産は，原則として，時価により計上する。こ
の結果，当該時価と引き換えられた被結合企業の株式
の適正な帳簿価額との差額は，原則として，交換損益
として認識する。

(2) 被結合企業の株主の子会社又は他の関連会社を結合
企業とする場合，連結財務諸表上，交換損益は，「連
結財務諸表に関する会計基準」及び「持分法に関する
会計基準」における未実現損益の消去に準じて処理す
る。

3 子会社や関連会社以外の投資先を被結合企業とした企業結合の場合

Q48 子会社や関連会社以外の投資先を被結合企業とする企業結合により，子会社株式や関連会社株式以外の被結合企業の株式が，現金等の財産のみと引き換えられた場合，被結合企業の株主の個別財務諸表上，被結合企業の株主が受け取った現金等の財産は，原則として，被結合企業の株式の適正な帳簿価額により計上する。この結果，原則として，交換損益は認識しない。

Q49 子会社や関連会社以外の投資先を被結合企業とする企業結合により，子会社株式や関連会社株式以外の被結合企業の株式が，現金等の財産のみと引き換えられた場合において，被結合企業の株主の子会社又は関連会社を結合企業とする場合，被結合企業の株主の連結財務諸表上，交換損益は，「連結財務諸表に関する会計基準」及び「持分法に関する会計基準」における未実現損益の消去に準じて処理する。

12-10 受取対価が株式のみである場合の
①被結合企業の株主に係る会計処理

A48 × (37(1))

子会社や関連会社以外の投資先を被結合企業とする企業結合により，子会社株式や関連会社株式以外の被結合企業の株式が，現金等の財産のみと引き換えられた場合，被結合企業の株主の個別財務諸表上，被結合企業の株主が受け取った現金等の財産は，原則として，時価により計上する。この結果，当該時価と引き換えられた被結合企業の株式の適正な帳簿価額との差額は，原則として，交換損益として認識する。

A49 ○ (37(2))

12-10 受取対価が結合企業の株式のみである場合の被結合企業の株主に係る会計処理

1 子会社を被結合企業とした企業結合の場合

Q50　子会社を被結合企業とする企業結合により，子会社株式である被結合企業の株式が結合企業の株式のみと引き換えられ，当該被結合企業の株主（親会社）の持分比率が減少する場合，当該被結合企業の株主（親会社）に係る会計処理は，事業分離における分離元企業の会計処理に準じて行う。

Q51　子会社を被結合企業とする企業結合により，子会社株式である被結合企業の株式が結合企業の株式のみと引き換えられ，企業結合前に，被結合企業の株主が被結合企業の株式（子会社株式）に加え結合企業の株式（子会社株式）も有していることから，当該被結合企業の株主としての持分比率が増加（結合企業の株主としての持分比率は減少）する場合，当該被結合企業の株主としての持分の増加については，追加取得に準じて処理し，当該結合企業の株主としての持分の減少については，受取対価が分離先企業の株式のみであり分離先企業が子会社となる場合の分離元企業の会計処理に準じて行う。

A50 ○ (38)

A51 ○ (39)

2 関連会社を被結合企業とした企業結合の場合

Q52　関連会社を被結合企業とする企業結合により，関連会社株式である被結合企業の株式が結合企業の株式のみと引き換えられ，当該被結合企業の株主の持分比率は減少するが，結合後企業が引き続き当該被結合企業の株主の関連会社である場合（関連会社株式から関連会社株式），被結合企業の株主の個別財務諸表上，結合後企業の株式（関連会社株式）の取得原価は，その時価に基づいて算定する。この結果，当該時価と引き換えられた被結合企業の株式（関連会社株式）の適正な帳簿価額との差額は，原則として，交換損益として認識する。

Q53　関連会社を被結合企業とする企業結合により，関連会社株式である被結合企業の株式が結合企業の株式のみと引き換えられ，当該被結合企業の株主の持分比率は減少するが，結合後企業が引き続き当該被結合企業の株主の関連会社である場合（関連会社株式から関連会社株式），被結合企業の株主の連結財務諸表上，交換損益は，「持分法に関する会計基準」における未実現損益の消去に準じて処理する。

A52	×　(40(1))

関連会社を被結合企業とする企業結合により，関連会社
株式である被結合企業の株式が結合企業の株式のみと引
き換えられ，当該被結合企業の株主の持分比率は減少す
るが，結合後企業が引き続き当該被結合企業の株主の関
連会社である場合（関連会社株式から関連会社株式），
被結合企業の株主は次の処理を行う。

(1)　個別財務諸表上，交換損益は認識せず，結合後企業
　　の株式（関連会社株式）の取得原価は，引き換えられ
　　た被結合企業の株式（関連会社株式）に係る企業結合
　　直前の適正な帳簿価額に基づいて算定する。

A53	×　(40(2))

(2)　連結財務諸表上，持分法適用において，関連会社と
　　なる結合後企業に係る被結合企業の株主の持分の増加
　　額と従来の被結合企業に係る被結合企業の株主の持分
　　の減少額との間に生ずる差額は，次のように処理する。

①　被結合企業に対する持分が交換されたとみなされ
　　る額と，これに対応する企業結合直前の結合企業の
　　資本（関連会社となる結合後企業に係る被結合企業
　　の株主の持分の増加額）との間に生じる差額は，の
　　れん（又は負ののれん）として処理する。

②　被結合企業の株式が交換されたとみなされる額
　　と，従来の被結合企業に係る被結合企業の株主の持
　　分の減少額との間に生じる差額については，持分変
　　動差額として取り扱う。

ただし，①と②のいずれかの金額に重要性が乏しいと
考えられる場合には，重要性のある他の金額に含めて
処理することができる。

Q54

関連会社を被結合企業とする企業結合により，関連会社株式である被結合企業の株式が結合企業の株式のみと引き換えられ，当該被結合企業の株主の持分比率が減少し，結合後企業が当該被結合企業の株主の関連会社に該当しないこととなる場合（関連会社株式からその他有価証券），被結合企業の株主の個別財務諸表上，原則として，交換損益を認識する。結合後企業の株式の取得原価は，当該結合後企業の株式の時価又は被結合企業の株式の時価のうち，より高い信頼性をもって測定可能な時価に基づいて算定される。

Q55

関連会社を被結合企業とする企業結合により，関連会社株式である被結合企業の株式が結合企業の株式のみと引き換えられ，当該被結合企業の株主の持分比率が減少し，結合後企業が当該被結合企業の株主の関連会社に該当しないこととなる場合（関連会社株式からその他有価証券），被結合企業の株主の連結財務諸表上，これまで関連会社としていた被結合企業の株式は，当該結合後企業の株式の時価又は被結合企業の株式の時価のうち，より高い信頼性をもって測定可能な時価で評価する。

A54	○ (41(1))

A55	× (41(2))

関連会社を被結合企業とする企業結合により，関連会社
株式である被結合企業の株式が結合企業の株式のみと
引き換えられ，当該被結合企業の株主の持分比率が減少
し，結合後企業が当該被結合企業の株主の関連会社に該
当しないこととなる場合（関連会社株式からその他有価
証券），被結合企業の株主の連結財務諸表上，これまで
関連会社としていた被結合企業の株式は，個別貸借対照
表上の帳簿価額をもって評価する。

| Q56 | 関連会社を被結合企業とする企業結合により、関連会社株式である被結合企業の株式が結合企業の株式のみと引き換えられ、企業結合前に、被結合企業の株主が被結合企業の株式（関連会社株式）に加え結合企業の株式（子会社株式又は関連会社株式）も有していることから、当該被結合企業の株主としての持分比率が増加（結合企業の株主としての持分比率は減少）する場合、当該被結合企業の株主としての持分の増加については、追加取得に準じて処理する。 |

3 子会社や関連会社以外の投資先を被結合企業とした企業結合の場合

| Q57 | 子会社や関連会社以外の投資先を被結合企業とする企業結合により、子会社株式や関連会社株式以外の被結合企業の株式が結合企業の株式のみと引き換えられ、結合後企業が引き続き、当該株主の子会社や関連会社に該当しない場合（その他有価証券からその他有価証券）、被結合企業の株主の個別財務諸表上、結合後企業の株式（その他有価証券）の取得原価は、その時価に基づいて算定する。この結果、当該時価と引き換えられた被結合企業の株式（その他有価証券）の適正な帳簿価額との差額は、原則として、交換損益として認識する。 |

A56　○ (42)

なお，当該結合企業の株主としての持分の減少について
は，結合後企業が子会社となる場合には，受取対価が分
離先企業の株式のみであり分離先企業が子会社となる場
合における分離元企業の会計処理に準じて行い，結合後
企業が関連会社となる場合には，関連会社の時価発行増
資等における投資会社の会計処理に準じて行う。

A57　× (43)

子会社や関連会社以外の投資先を被結合企業とする企業
結合により，子会社株式や関連会社株式以外の被結合
企業の株式が結合企業の株式のみと引き換えられ，結合
後企業が引き続き，当該株主の子会社や関連会社に該当
しない場合（その他有価証券からその他有価証券），被
結合企業の株主の個別財務諸表上，交換損益は認識され
ず，結合後企業の株式の取得原価は，引き換えられた被
結合企業の株式に係る企業結合直前の適正な帳簿価額に
基づいて算定する。

Q58 子会社や関連会社以外の投資先を被結合企業とする企業結合により，子会社株式や関連会社株式以外の被結合企業の株式が結合企業の株式のみと引き換えられ，企業結合前に，被結合企業の株主が被結合企業の株式に加え結合企業の株式（子会社株式又は関連会社株式）も有していることから，当該被結合企業の株主としての持分比率が増加（結合企業の株主としての持分比率は減少）し，結合後企業は当該株主の子会社又は関連会社となる場合（その他有価証券から子会社株式又は関連会社株式），当該被結合企業の株主としての持分の増加については，段階取得に準じて処理する。

12−11 受取対価が現金等の財産と 結合企業の株式である場合の 被結合企業の株主に係る会計処理

1 子会社を被結合企業とした企業結合の場合

Q59 子会社を被結合企業とする企業結合により，子会社株式である被結合企業の株式が，現金等の財産と結合企業の株式とに引き換えられ，当該被結合企業の株主（親会社）の持分比率が減少する場合，当該被結合企業の株主（親会社）に係る会計処理は，事業分離における分離元企業の会計処理に準じて行う。

A58　○ (44)

なお，当該結合企業の株主としての持分の減少について
は，結合後企業が子会社となる場合には，受取対価が分
離先企業の株式のみであり分離先企業が子会社となる場
合における分離元企業の会計処理に準じて行い，結合後
企業が関連会社となる場合には，関連会社の時価発行増
資等における投資会社の会計処理に準じて行う。

A59　○ (45)

なお，企業結合前に，被結合企業の株主が被結合企業の
株式（子会社株式）に加え結合企業の株式（子会社株式)
も有していることから，当該被結合企業の株主としての
持分比率が増加（結合企業の株主としての持分比率は減
少）する場合，第39項に準じて処理する。また，連結
財務諸表上，交換利益は，「連結財務諸表に関する会計
基準」における未実現損益の消去に準じて処理する。

2　関連会社を被結合企業とした企業結合の場合

Q60　関連会社を被結合企業とする企業結合により，関連会社株式である被結合企業の株式が，現金等の財産と結合企業の株式とに引き換えられ，当該被結合企業の株主の持分比率は減少するが，結合後企業が引き続き当該被結合企業の株主の関連会社である場合（関連会社株式から関連会社株式），被結合企業の株主の個別財務諸表上，被結合企業の株主が受け取った現金等の財産は，原則として，時価により計上する。この結果，当該時価が引き換えられた被結合企業の株式に係る適正な帳簿価額を下回る場合には，原則として，当該差額を交換利益として認識（受け取った結合企業の株式の取得原価はゼロとする。）し，上回る場合には，当該差額を受け取った結合企業の株式の取得原価とする。

Q61　関連会社を被結合企業とする企業結合により，関連会社株式である被結合企業の株式が，現金等の財産と結合企業の株式とに引き換えられ，当該被結合企業の株主の持分比率は減少するが，結合後企業が引き続き当該被結合企業の株主の関連会社である場合（関連会社株式から関連会社株式），被結合企業の株主の連結財務諸表上，持分法適用において，交換利益は，「持分法に関する会計基準」における未実現損益の消去に準じて処理する。また，関連会社となる結合後企業に係る被結合企業の株主の持分の増加額と，従来の被結合企業に係る被結合企業の株主の持分の減少額との間に生じる差額は，原則として，のれん（又は負ののれん）と持分変動差額に区分して処理する。

A60　× (46(1))

関連会社を被結合企業とする企業結合により，関連会社株式である被結合企業の株式が，現金等の財産と結合企業の株式とに引き換えられ，当該被結合企業の株主の持分比率は減少するが，結合後企業が引き続き当該被結合企業の株主の関連会社である場合（関連会社株式から関連会社株式），被結合企業の株主の個別財務諸表上，被結合企業の株主が受け取った現金等の財産は，原則として，時価により計上する。この結果，当該時価が引き換えられた被結合企業の株式に係る適正な帳簿価額を<u>上回る場合</u>には，原則として，当該差額を交換利益として認識（受け取った結合企業の株式の取得原価はゼロとする。）し，<u>下回る場合</u>には，当該差額を受け取った結合企業の株式の取得原価とする。

A61　○ (46(2))

なお，企業結合前に，被結合企業の株主が被結合企業の株式（関連会社株式）に加え結合企業の株式（子会社株式又は関連会社株式）も有していることから，当該被結合企業の株主としての持分比率が増加（結合企業の株主としての持分比率は減少）する場合，第42項に準じて処理する。

また，結合後企業が子会社や関連会社に該当しないこととなる場合には，第36項及び第41項に準じて処理する。

3 子会社や関連会社以外の投資先を被結合企業とした企業結合の場合

Q62 子会社や関連会社以外の投資先を被結合企業とする企業結合により，子会社株式や関連会社株式以外の被結合企業の株式が，現金等の財産と結合企業の株式とに引き換えられた場合，被結合企業の株主は，「金融商品に関する会計基準」に準じて処理する。

A62 　**○ (47)**

なお，企業結合前に，被結合企業の株主が被結合企業の
株式に加え結合企業の株式（子会社株式又は関連会社株
式）も有していることから，当該被結合企業の株主とし
ての持分比率が増加（結合企業の株主としての持分比率
は減少）し，結合後企業は当該株主の子会社又は関連会
社となる場合（その他有価証券から子会社株式又は関連
会社株式），第44項に準じて処理する。また，連結財務
諸表上，交換損益は，「連結財務諸表に関する会計基準」
及び「持分法に関する会計基準」における未実現損益の
消去に準じて処理する。

12−12 分割型の会社分割における分割会社の
株主に係る会計処理

1 受取対価が新設会社又は承継会社の株式のみである場合の分割会社の株主に係る会計処理

Q63 分割型の会社分割により分割会社の株主が新設会社又は承継会社の株式のみを受け取った場合，当該分割会社の株主は，これまで保有していた分割会社の株式の全部又は一部と実質的に引き換えられたものとみなして，被結合企業の株主に係る会計処理に準じて処理する。

2 受取対価が現金等の財産と新設会社又は承継会社の株式である場合の分割会社の株主に係る会計処理

Q64 分割型の会社分割により分割会社の株主が現金等の財産と新設会社又は承継会社の株式を受け取った場合，当該分割会社の株主は，これまで保有していた分割会社の株式の全部又は一部と実質的に引き換えられたものとみなして，被結合企業の株主に係る会計処理に準じて処理する。

A63 | ○ (49)
なお，第49項（第51項の場合を含む。）を適用するにあたっては，被結合企業の株主に係る会計処理における被結合企業の株式に係る企業結合直前の適正な帳簿価額に代えて，分割した部分に係る分割会社の株式の適正な帳簿価額を用いる。これは，分割直前の分割会社の株式の適正な帳簿価額のうち，引き換えられたものとみなされる部分を合理的な方法によって按分し算定する (50)。

A64 | ○ (51)

12-13 現金以外の財産の分配を受けた場合の株主に係る会計処理

Q65 株主が現金以外の財産の分配を受けた場合，企業結合に該当しないが，当該株主は，原則として，これまで保有していた株式と実質的に引き換えられたものとみなして，被結合企業の株主に係る会計処理に準じて処理する。

12-14 開 示

Q66 交換損益は，原則として，営業外損益に計上する。

Q67 子会社を結合当事企業とする株主（親会社）は，貸借対照表日後に完了した企業結合が重要な後発事象に該当する場合には，当該企業結合の概要等を注記しなければならない。ただし，貸借対照表日後に主要条件が合意された企業結合が重要な後発事象に該当する場合には，当該注記は必要ない。

A65 　○ (52)

この際，これまで保有していた株式のうち実質的に引き換えられたものとみなされる額は，分配を受ける直前の当該株式の適正な帳簿価額を合理的な方法によって按分し算定する。

A66 　× (53)

交換損益は，原則として，特別損益に計上する。

A67 　× (56)

子会社を結合当事企業とする株主（親会社）は，貸借対照表日後に完了した企業結合や貸借対照表日後に主要条件が合意された企業結合が，重要な後発事象に該当する場合には，第54項（ただし，貸借対照表日後に主要条件が合意された企業結合にあっては，(1)及び(3)に限る。）に準じて注記を行う。

また，当事業年度中に企業結合の主要条件が合意されたが，貸借対照表日までに企業結合が完了していない場合（ただし，重要な後発事象に該当する場合を除く。）についても，第54項(1)及び(3)に準じて注記を行う。

企業会計基準第8号 「ストック・オプション等 に関する会計基準」

§ 13

13-1　用語の定義

001　「自社株式オプション」とは，自社の株式（財務諸表を報告する企業の株式）を原資産とするプット・オプション（一定の金額の支払により，原資産である自社の株式を売却する権利）をいう。新株予約権はこれに該当する。

002　「ストック・オプション」とは，自社株式オプションのうち，特に企業がその従業員等に，報酬として付与するものをいう。

003　「従業員等」とは，企業と雇用関係にある使用人のほか，企業の取締役，会計参与，監査役及び執行役並びにこれに準ずる者をいう。

004　「報酬」とは，企業が従業員等から受けた労働や業務執行等のサービスの対価として，従業員等に給付されるものをいう。

A01 ×（2(1)）

「自社株式オプション」とは，自社の株式（財務諸表を報告する企業の株式）を原資産とするコール・オプション（一定の金額の支払により，原資産である自社の株式を取得する権利）をいう。新株予約権はこれに該当する。なお，「ストック・オプション等に関する会計基準」においては，企業が，財貨又はサービスを取得する対価として自社株式オプションを取引の相手方に付与し，その結果，自社株式オプション保有者の権利行使に応じて自社の株式を交付する義務を負う場合を取り扱っている。

A02 ○（2(2)）

なお，ストック・オプションには，権利行使により対象となる株式を取得することができるというストック・オプション本来の権利を獲得すること（以下「権利の確定」という。）につき条件が付されているものが多い。当該権利の確定についての条件（以下「権利確定条件」という。）には，勤務条件や業績条件がある。

A03 ○（2(3)）

A04 ○（2(4)）

Q05	「行使価格」とは，ストック・オプションの権利行使にあたり，払い込むべきものとして定められたストック・オプションの単位当たりの金額をいう。
Q06	「付与日」とは，ストック・オプションが付与された日をいう。
Q07	「権利確定日」とは，権利の確定した日をいう。権利確定日が明らかではない場合には，原則として，ストック・オプションを付与された従業員等がその権利を行使できる期間（以下「権利行使期間」という。）の開始日を権利確定日とみなす。
Q08	「権利行使日」とは，ストック・オプションを付与された者がその権利を行使したことにより，行使価格に基づく金額が払い込まれた日をいう。
Q09	「対象勤務期間」とは，ストック・オプションと報酬関係にあるサービスの提供期間であり，付与日から権利確定日までの期間をいう。
Q10	「勤務条件」とは，ストック・オプションのうち，条件付きのものにおいて，一定の業績（株価を含む。）の達成又は不達成に基づく条件をいう。

A05	○ (2(5))

A06	○ (2(6))

なお，会社法（平成17年法律第86号）にいう，募集新株予約権の割当日（会社法第238条第1項第4号）がこれにあたる。

A07	× (2(7))

「権利確定日」とは，権利の確定した日をいう。権利確定日が明らかではない場合には，原則として，ストック・オプションを付与された従業員等がその権利を行使できる期間（以下「権利行使期間」という。）の開始日の前日を権利確定日とみなす。

A08	○ (2(8))

A09	○ (2(9))

A10	× (2(10))

「勤務条件」とは，ストック・オプションのうち，条件付きのものにおいて，従業員等の一定期間の勤務や業務執行に基づく条件をいう。

Q11	「業績条件」とは，ストック・オプションのうち，条件付きのものにおいて，従業員等の一定期間の勤務や業務執行に基づく条件をいう。
Q12	「公正な評価額」とは，一般に，市場において形成されている取引価格，気配値又は指標その他の相場（以下「市場価格」という。）に基づく価額をいうが，市場価格がない場合でも，当該ストック・オプションの原資産である自社の株式の市場価格に基づき，合理的に算定された価額を入手できるときには，その合理的に算定された価額は公正な評価額と認められる。
Q13	「失効」とは，ストック・オプションが付与されたものの，権利行使されないことが確定することをいう。
Q14	「公開企業」とは，株式を証券取引所に上場している企業又はその株式が組織された店頭市場に登録されている企業をいう。「未公開企業」とは，公開企業以外の企業をいう。

A11	× (2(11)) 「業績条件」とは, ストック・オプションのうち, <u>条件付きのものにおいて, 一定の業績（株価を含む。）の達成又は不達成に基づく条件</u>をいう。
A12	○ (2(12)) なお, 単位当たりの公正な評価額を「公正な評価単価」という。
A13	○ (2(13)) なお, 失効には, 権利確定条件が達成されなかったことによる失効（以下「権利不確定による失効」という。）と, 権利行使期間中に行使されなかったことによる失効（以下「権利不行使による失効」という。）とがある。
A14	○ (2(14)) なお, ここにいう証券取引所及び店頭市場には海外の証券取引所及び店頭市場を含み, また, 組織された店頭市場とは, 株価を公表するシステムが存在する店頭市場をいう。

Q15 ストック・オプションに係る「条件変更」とは，付与し
たストック・オプションに係る条件を事後的に変更し，
ストック・オプションの公正な評価単価，ストック・オ
プション数又は合理的な費用の計上期間のいずれか2つ
以上を意図して変動させることをいう。

13-2 範　囲

Q16 「ストック・オプション等に関する会計基準」は，企業
がその従業員等に対しストック・オプションを付与する
取引のみに適用される。

A15	× (2(15))

ストック・オプションに係る「条件変更」とは，付与したストック・オプションに係る条件を事後的に変更し，ストック・オプションの公正な評価単価，ストック・オプション数又は合理的な費用の計上期間のいずれか1つ以上を意図して変動させることをいう。

A16	× (3)

「ストック・オプション等に関する会計基準」は，次の取引に対して適用される。

(1) 企業がその従業員等に対しストック・オプションを付与する取引

(2) 企業が財貨又はサービスの取得において，対価として自社株式オプションを付与する取引であって，(1)以外のもの

(3) 企業が財貨又はサービスの取得において，対価として自社の株式を交付する取引

なお，(2)又は(3)に該当する取引であっても，「企業結合に係る会計基準」等，他の会計基準の範囲に含まれる取引については，「ストック・オプション等に関する会計基準」は適用されない。

13-3 ストック・オプションに関する会計処理

1 権利確定日以前の会計処理

Q17 ストック・オプションを付与し，これに応じて企業が従業員等から取得するサービスは，その取得に応じて費用として計上し，対応する金額を，ストック・オプションの権利の行使又は失効が確定するまでの間，貸借対照表の負債の部に新株予約権として計上する。

Q18 各会計期間における費用計上額は，ストック・オプションの公正な評価額のうち，対象勤務期間を基礎とする方法その他の合理的な方法に基づき当期に発生したと認められる額である。ストック・オプションの公正な評価額は，公正な評価単価にストック・オプション数を乗じて算定する。

Q19 ストック・オプションの公正な評価単価は，付与日現在で算定し，その後，毎期末に見直しを行う。

A17 × (4)

ストック・オプションを付与し，これに応じて企業が従業員等から取得するサービスは，その取得に応じて費用として計上し，対応する金額を，ストック・オプションの権利の行使又は失効が確定するまでの間，貸借対照表の純資産の部に新株予約権として計上する。

A18 ○ (5)

A19 × (6(1))

ストック・オプションの公正な評価単価は，付与日現在で算定し，第10項(1)の条件変更の場合を除き，その後は見直さない。

Q20	ストック・オプションは，通常，市場価格を観察することができないため，ストック・オプションの公正な評価単価の算定には，株式オプションの合理的な価額の見積りに広く受け入れられている算定技法を利用することとなる。算定技法の利用にあたっては，付与するストック・オプションの特性や条件及び失効の見込み等を適切に反映するよう必要に応じて調整を加える。
Q21	ストック・オプション数は，付与されたストック・オプション数（以下「付与数」という。）から，権利不確定による失効の見積数を控除せずに算定する。
Q22	付与日から権利確定日の直前までの間に，権利不確定による失効の見積数に重要な変動が生じた場合であっても，これに応じてストック・オプション数を見直さない。
Q23	ストック・オプション数を見直した場合には，見直し後のストック・オプション数に基づくストック・オプションの公正な評価額に基づき，その期までに費用として計上すべき額と，これまでに計上した額との差額を，以後，合理的な方法に基づき，残存期間にわたって損益として計上する。

A20 × (6(2))

ストック・オプションは, 通常, 市場価格を観察することができないため, 株式オプションの合理的な価額の見積りに広く受け入れられている算定技法を利用することとなる。算定技法の利用にあたっては, 付与するストック・オプションの特性や条件等を適切に反映するよう必要に応じて調整を加える。ただし, 失効の見込みについてはストック・オプション数に反映させるため, 公正な評価単価の算定上は考慮しない。

A21 × (7(1))

ストック・オプション数は, 付与されたストック・オプション数(以下「付与数」という。)から, 権利不確定による失効の見積数を控除して算定する。

A22 × (7(2))

付与日から権利確定日の直前までの間に, 権利不確定による失効の見積数に重要な変動が生じた場合(ストック・オプション数を変動させる条件変更による場合を除く。)には, これに応じてストック・オプション数を見直す。

A23 × (7(2))

ストック・オプション数を見直した場合には, 見直し後のストック・オプション数に基づくストック・オプションの公正な評価額に基づき, その期までに費用として計上すべき額と, これまでに計上した額との差額を見直した期の損益として計上する。

Q24 権利確定日には，ストック・オプション数を権利の確定したストック・オプション数（以下「権利確定数」という。）と一致させる。これによりストック・オプション数を修正した場合には，修正後のストック・オプション数に基づくストック・オプションの公正な評価額に基づき，権利確定日までに費用として計上すべき額と，これまでに計上した額との差額を権利行使日の属する期の損益として計上する。

2 権利確定日後の会計処理

Q25 ストック・オプションが権利行使され，これに対して新株を発行した場合には，新株予約権として計上した額のうち，当該権利行使に対応する部分を留保利益に振り替える。

Q26 権利不行使による失効が生じた場合には，新株予約権として計上した額のうち，当該失効に対応する部分を利益として計上する。この会計処理は，当該失効が確定した期に行う。

A24	× (7(3))
	権利確定日には，ストック・オプション数を権利の確定したストック・オプション数（以下「権利確定数」という。）と一致させる。これによりストック・オプション数を修正した場合には，修正後のストック・オプション数に基づくストック・オプションの公正な評価額に基づき，権利確定日までに費用として計上すべき額と，これまでに計上した額との差額を権利確定日の属する期の損益として計上する。
A25	× (8)
	ストック・オプションが権利行使され，これに対して新株を発行した場合には，新株予約権として計上した額のうち，当該権利行使に対応する部分を払込資本に振り替える。 なお，新株予約権の行使に伴い，当該企業が自己株式を処分した場合には，自己株式の取得原価と，新株予約権の帳簿価額及び権利行使に伴う払込金額の合計額との差額は，自己株式処分差額であり，「自己株式及び準備金の額の減少等に関する会計基準」第9項，第10項及び第11項により会計処理を行う。
A26	○ (9)

13−4 ストック・オプションに係る条件変更の会計処理

1 ストック・オプションの公正な評価単価を変動させる条件変更

Q27

ストック・オプションにつき，行使価格を変更する等の条件変更により，公正な評価単価を変動させた場合であって，条件変更日（条件変更が行われた日のうち，特に条件変更以後をいう。）におけるストック・オプションの公正な評価単価が，付与日における公正な評価単価を上回る場合には，条件変更前から行われてきた，付与日におけるストック・オプションの公正な評価単価に基づく公正な評価額による費用計上を継続して行うことに加え，条件変更日におけるストック・オプションの公正な評価単価が付与日における公正な評価単価を上回る部分に見合う，ストック・オプションの公正な評価額の増加額につき，以後追加的に費用計上を行う。

A27 ○ (10(1))

Q28　ストック・オプションにつき，行使価格を変更する等の条件変更により，公正な評価単価を変動させた場合であって，条件変更日におけるストック・オプションの公正な評価単価が付与日における公正な評価単価以下となる場合には，条件変更日以後においても，条件変更前から行われてきた，ストック・オプションの付与日における公正な評価単価に基づく公正な評価額による費用計上を継続して行うことに加え，条件変更日におけるストック・オプションの公正な評価単価が付与日における公正な評価単価を下回る部分に見合う，ストック・オプションの公正な評価額の減少額につき，以後追加的に費用を減額する。

Q29　新たな条件のストック・オプションの付与と引換えに，当初付与したストック・オプションを取り消す場合には，ストック・オプションの条件変更とみなして会計処理を行わなければならない。

2　ストック・オプション数を変動させる条件変更

Q30　ストック・オプションにつき，権利確定条件を変更する等の条件変更により，ストック・オプション数を変動させた場合には，条件変更前から行われてきた費用計上を継続して行うことに加え，条件変更によるストック・オプション数の変動に見合う，ストック・オプションの公正な評価額の変動額を，条件変更を行った期に損益として計上する。

A28	× （10⑵）

⑵条件変更日におけるストック・オプションの公正な評価単価が付与日における公正な評価単価以下となる場合には，条件変更日以後においても，第5項の定めに基づき条件変更前から行われてきた，ストック・オプションの付与日における公正な評価単価に基づく公正な評価額による費用計上を継続する。

A29	× （10）

新たな条件のストック・オプションの付与と引換えに，当初付与したストック・オプションを取り消す場合には，実質的に当初付与したストック・オプションの条件変更と同じ経済実態を有すると考えられる限り，ストック・オプションの条件変更とみなして会計処理を行う。

A30	× （11）

ストック・オプションにつき，権利確定条件を変更する等の条件変更により，ストック・オプション数を変動させた場合には，条件変更前から行われてきた費用計上を継続して行うことに加え，条件変更によるストック・オプション数の変動に見合う，ストック・オプションの公正な評価額の変動額を，以後，合理的な方法に基づき，残存期間にわたって計上する。

3　費用の合理的な計上期間を変動させる条件変更

Q31　ストック・オプションにつき，対象勤務期間の延長又は短縮に結びつく勤務条件の変更等により，費用の合理的な計上期間を変動させた場合には，当該条件変更前の残存期間に計上すると見込んでいた金額を，以後，合理的な方法に基づき，新たな残存期間にわたって費用計上する。

13-5　未公開企業における取扱い

Q32　未公開企業については，ストック・オプションの公正な評価単価に代え，ストック・オプションの単位当たりの本源的価値の見積りに基づいて会計処理を行わなければならない。

Q33　ストック・オプションの単位当たりの本源的価値の見積りに基づいて会計処理を行う場合，付与日現在でストック・オプションの単位当たりの本源的価値を見積り，その後，毎期末に見直しを行う。

A31 ○ (12)

A32 × (13)

未公開企業については，ストック・オプションの公正な評価単価に代え，ストック・オプションの単位当たりの本源的価値の見積りに基づいて会計処理を行うことができる。

この場合，「ストック・オプション等に関する会計基準」の他の項で「公正な評価単価」を，「単位当たりの本源的価値」と読み替えてこれを適用する。

A33 × (13)

ストック・オプションの単位当たりの本源的価値の見積りに基づいて会計処理を行う場合，付与日現在でストック・オプションの単位当たりの本源的価値を見積り，その後は見直さない。

| Q.34 | 「単位当たりの本源的価値」とは，算定時点においてストック・オプションが権利行使されると仮定した場合の単位当たりの価値であり，当該時点におけるストック・オプションの原資産である自社の株式の評価額と行使価格との差額をいう。 |

13－6 財貨又はサービスの取得の対価として 自社株式オプションを付与する 取引の会計処理

| Q.35 | 企業が従業員等からサービスを取得する対価としてストック・オプションを用いる取引について定めた会計処理は，取引の相手方や取得する財貨又はサービスの内容にかかわらず，原則として，取得の対価として自社株式オプションを用いる取引一般に適用される。 |

A34	○ (13)

Q35 ｜ 財貨又はサービスの取得の対価として，
自社の株式を交付する（第8[1]）会計処理

Q36 ｜ 企業が財貨又はサービスを取得する対価として，
その取引の相手方にストック・オプションを付与する場合
の会計処理と，自社の新株予約権を付与する場合の会計処
理を比較し，いずれも同様のストック・オプション，財貨
又はサービスの取得が複数会計期間にわたり，履行される

A35	○ (14)

ただし，次の点に留意する必要がある。

(1) 取得した財貨又はサービスが，他の会計基準に基づ
き資産とされる場合には，当該他の会計基準に基づき
会計処理を行う。

(2) 取得した財貨又はサービスの取得価額は，対価と
して用いられた自社株式オプションの公正な評価額若
しくは取得した財貨又はサービスの公正な評価額のう
ち，いずれかより高い信頼性をもって測定可能な評価
額で算定する。

(3) 自社株式オプションの付与日における公正な評価単
価の算定につき，市場価格が観察できる場合には，当
該市場価格による。

13-7　財貨又はサービスの取得の対価として
自社の株式を交付する取引の会計処理

Q36　企業が財貨又はサービスの取得の対価として，自社の株式を用いる取引については，取得した財貨又はサービスを資産又は費用として計上し，対応額を負債として計上する。取得した財貨又はサービスの取得価額は，取得した財貨又はサービスの公正な評価額としなければならない。

A36	× (15)
	企業が財貨又はサービスの取得の対価として，自社の株式を用いる取引については，次のように会計処理を行う。
	(1)　取得した財貨又はサービスを資産又は費用として計上し，対応額を払込資本として計上する。
	(2)　取得した財貨又はサービスの取得価額は，対価として用いられた自社の株式の契約日における公正な評価額若しくは取得した財貨又はサービスの公正な評価額のうち，いずれかより高い信頼性をもって測定可能な評価額で算定する。

企業会計基準第9号
「棚卸資産の評価に関する会計基準」

14-1 範　囲

Q01　「棚卸資産の評価に関する会計基準」は，すべての企業における棚卸資産の評価方法，評価基準及び開示について適用する。

Q02　棚卸資産は，商品，製品，半製品，原材料，仕掛品等の資産であり，企業がその営業目的を達成するために所有し，かつ，売却を予定する資産をいう。販売活動及び一般管理活動において短期間に消費される事務用消耗品等は棚卸資産に含まれない。

Q03　売却には，棚卸資産の保有者が単に市場価格の変動により利益を得ることを目的とするトレーディングは含まれない。

A01 ○ (3)

A02 × (3)

棚卸資産は, 商品, 製品, 半製品, 原材料, 仕掛品等の資産であり, 企業がその営業目的を達成するために所有し, かつ, 売却を予定する資産のほか, 売却を予定しない資産であっても, 販売活動及び一般管理活動において短期間に消費される事務用消耗品等も含まれる。

A03 × (3)

売却には, 通常の販売のほか, 活発な市場が存在することを前提として, 棚卸資産の保有者が単に市場価格の変動により利益を得ることを目的とするトレーディングを含む。

14-2 用語の定義

004 「時価」とは，公正な評価額をいい，市場価格に基づく価額をいう。市場価格が観察できない場合には合理的に算定された価額を公正な評価額とする。ただし，トレーディング目的で保有する棚卸資産の「時価」の定義は，「時価の算定に関する会計基準」第5項に従い，算定日において市場参加者間で秩序ある取引が行われると想定した場合の，当該取引における資産の購入のために支払う価格とする。

005 「正味売却価額」とは，購買市場と売却市場とが区別される場合における購買市場の時価に，購入に付随する費用を加算したものをいう。

006 「再調達原価」とは，売価（購買市場と売却市場とが区別される場合における売却市場の時価）から見積追加製造原価及び見積販売直接経費を控除したものをいう。

A04 | × (4)

「時価」とは，公正な評価額をいい，市場価格に基づく価額をいう。市場価格が観察できない場合には合理的に算定された価額を公正な評価額とする。ただし，トレーディング目的で保有する棚卸資産の「時価」の定義は，「時価の算定に関する会計基準」第5項に従い，算定日において市場参加者間で秩序ある取引が行われると想定した場合の，当該取引における<u>資産の売却によって受け取る価格</u>とする。

A05 | × (5)

「正味売却価額」とは，売価（購買市場と売却市場とが区別される場合における売却市場の時価）から<u>見積追加製造原価及び見積販売直接経費を控除したもの</u>をいう。なお，「購買市場」とは当該資産を購入する場合に企業が参加する市場をいい，「売却市場」とは当該資産を売却する場合に企業が参加する市場をいう。

A06 | × (6)

「再調達原価」とは，購買市場と売却市場とが区別される場合における<u>購買市場の時価に，購入に付随する費用を加算したもの</u>をいう。

14−3 会計処理

1 棚卸資産の評価方法

Q07 | 棚卸資産については，原則として購入代価又は製造原価に引取費用等の付随費用を加算して取得原価とし，(1)個別法，(2)先入先出法，(3)後入先出法，(4)平均原価法，(5)売価還元法の中から選択した方法を適用して売上原価等の払出原価と期末棚卸資産の価額を算定するものとする。

A07 × (6－2)

棚卸資産については，原則として購入代価又は製造原価に引取費用等の付随費用を加算して取得原価とし，次の評価方法の中から選択した方法を適用して売上原価等の払出原価と期末棚卸資産の価額を算定するものとする。

(1) 個別法

取得原価の異なる棚卸資産を区別して記録し，その個々の実際原価によって期末棚卸資産の価額を算定する方法。個別法は，個別性が強い棚卸資産の評価に適した方法である。

(2) 先入先出法

最も古く取得されたものから順次払出しが行われ，期末棚卸資産は最も新しく取得されたものからなるとみなして期末棚卸資産の価額を算定する方法。

(3) 平均原価法

取得した棚卸資産の平均原価を算出し，この平均原価によって期末棚卸資産の価額を算定する方法。なお，平均原価は，総平均法又は移動平均法によって算出する。

(4) 売価還元法

値入率等の類似性に基づく棚卸資産のグループごとの期末の売価合計額に，原価率を乗じて求めた金額を期末棚卸資産の価額とする方法。売価還元法は，取扱品種の極めて多い小売業等の業種における棚卸資産の評価に適用される。

| Q08 | 棚卸資産の評価方法は，事業の種類，棚卸資産の種類，その性質及びその使用方法等を考慮した区分ごとに選択し，継続して適用しなければならない。 |

2 通常の販売目的で保有する棚卸資産の評価基準

| Q09 | 通常の販売目的（販売するための製造目的を含む。）で保有する棚卸資産は，取得原価をもって貸借対照表価額とし，期末における正味売却価額が取得原価よりも下落している場合には，当該正味売却価額をもって貸借対照表価額とすることができる。この場合において，取得原価と当該正味売却価額との差額は当期の費用として処理する。 |

| Q10 | 売却市場において市場価格が観察できないときには，合理的に算定された価額を売価とする。これには，期末前後での販売実績に基づく価額を用いる場合を含むが，契約により取り決められた一定の売価を用いる場合は含まれない。 |

| Q11 | 営業循環過程から外れた滞留又は処分見込等の棚卸資産について，合理的に算定された価額によることが困難な場合には，帳簿価額の切り下げを行う必要はない。 |

A08	○ (6－3)

A09	× (7)

通常の販売目的（販売するための製造目的を含む。）で保有する棚卸資産は，取得原価をもって貸借対照表価額とし，期末における正味売却価額が取得原価よりも下落している場合には，<u>当該正味売却価額をもって貸借対照表価額とする。この場合において，取得原価と当該正味売却価額との差額は当期の費用として処理する。</u>

A10	× (8)

売却市場において市場価格が観察できないときには，合理的に算定された価額を売価とする。<u>これには，期末前後での販売実績に基づく価額を用いる場合や，契約により取り決められた一定の売価を用いる場合を含む。</u>

A11	× (9)

営業循環過程から外れた滞留又は処分見込等の棚卸資産について，合理的に算定された価額によることが困難な場合には，<u>正味売却価額まで切り下げる方法に代えて，その状況に応じ，次のような方法により収益性の低下の事実を適切に反映するよう処理する。</u>
(1) 帳簿価額を処分見込価額（ゼロ又は備忘価額を含む。）まで切り下げる方法
(2) 一定の回転期間を超える場合，規則的に帳簿価額を切り下げる方法

Q12	製造業における原材料等のように再調達原価の方が把握しやすい場合には，継続して適用することを条件として，再調達原価（最終仕入原価を含む。以下同じ。）によることができる。
Q13	企業が複数の売却市場に参加し得る場合には，それぞれの市場の販売比率に基づいた加重平均売価を用いる。
Q14	収益性の低下の有無に係る判断及び簿価切下げは，原則として複数の棚卸資産を一括りとした単位で行う。ただし，個別品目ごとに行うことが適切と判断されるときには，継続して適用することを条件として，その方法による。

A12 × (10)

製造業における原材料等のように再調達原価の方が把握しやすく，正味売却価額が当該再調達原価に歩調を合わせて動くと想定される場合には，継続して適用することを条件として，再調達原価（最終仕入原価を含む。以下同じ。）によることができる。

A13 × (11)

企業が複数の売却市場に参加し得る場合には，実際に販売できると見込まれる売価を用いる。また，複数の売却市場が存在し売価が異なる場合であって，棚卸資産をそれぞれの市場向けに区分できないときには，それぞれの市場の販売比率に基づいた加重平均売価等による。

A14 × (12)

収益性の低下の有無に係る判断及び簿価切下げは，原則として個別品目ごとに行う。ただし，複数の棚卸資産を一括りとした単位で行うことが適切と判断されるときには，継続して適用することを条件として，その方法による。

Q15 | 売価還元法を採用している場合において，期末における正味売却価額が帳簿価額よりも下落している場合には，値下額及び値下取消額を除外した売価還元法の原価率により求められた期末棚卸資産の帳簿価額をもって貸借対照表価額とする。

Q16 | 前期に計上した簿価切下額の戻入れに関しては，当期に戻入れを行わない方法（切放し法）適用しなければならない。ただし，売価の下落要因を区分把握できる場合には，物理的劣化や経済的劣化，若しくは市場の需給変化の要因ごとに当期に戻入れを行う方法（洗替え法）と行わない方法（切放し法）のいずれかの方法を選択適用できる。この場合，いったん採用した方法は，原則として，継続して適用しなければならない。

A15	× (13)

売価還元法を採用している場合においても，期末における正味売却価額が帳簿価額よりも下落している場合には，当該正味売却価額をもって貸借対照表価額とする。ただし，値下額等が売価合計額に適切に反映されている場合には，次に示す値下額及び値下取消額を除外した売価還元法の原価率により求められた期末棚卸資産の帳簿価額は，収益性の低下に基づく簿価切下額を反映したものとみなすことができる。

【値下額及び値下取消額を除外した売価還元法の原価率】
(「企業会計原則と関係諸法令との調整に関する連続意見書 第四 棚卸資産の評価について」(以下「連続意見書第四」という。) に定める売価還元低価法の原価率)

$$\frac{\text{期首繰越商品原価＋当期受入原価総額}}{\text{期首繰越商品小売価額＋当期受入原価総額＋原始値入額＋値上額−値上取消額}}$$

A16	× (14)

前期に計上した簿価切下額の戻入れに関しては，当期に戻入れを行う方法（洗替え法）と行わない方法（切放し法）のいずれかの方法を棚卸資産の種類ごとに選択適用できる。

また，売価の下落要因を区分把握できる場合には，物理的劣化や経済的劣化，若しくは市場の需給変化の要因ごとに選択適用できる。この場合，いったん採用した方法は，原則として，継続して適用しなければならない。

3 トレーディング目的で保有する棚卸資産の評価基準

Q17 トレーディング目的で保有する棚卸資産については，時価をもって貸借対照表価額とし，帳簿価額との差額（評価差額）は，当期の損益として処理する。

14-4 開 示

1 通常の販売目的で保有する棚卸資産の収益性の低下に係る損益の表示

Q18 通常の販売目的で保有する棚卸資産について，収益性の低下による簿価切下額（前期に計上した簿価切下額を戻し入れる場合には，当該戻入額相殺後の額）は営業外費用として処理する。

Q19 収益性の低下に基づく簿価切下額が，臨時の事象に起因するときには，特別損失に計上する。

A17 ○ (15)

なお，トレーディング目的で保有する棚卸資産として分類するための留意点や保有目的の変更の処理は，「金融商品に関する会計基準」における売買目的有価証券に関する取扱いに準じる (16)。

A18 × (17)

通常の販売目的で保有する棚卸資産について，収益性の低下による簿価切下額（前期に計上した簿価切下額を戻し入れる場合には，当該戻入額相殺後の額）は売上原価とするが，棚卸資産の製造に関連し不可避的に発生すると認められるときには製造原価として処理する。

A19 × (17)

収益性の低下に基づく簿価切下額が，臨時の事象に起因し，かつ，多額であるときには，特別損失に計上する。臨時の事象とは，例えば次のような事象をいう。なお，この場合には，洗替え法を適用していても，当該簿価切下額の戻入れを行ってはならない。
(1) 重要な事業部門の廃止
(2) 災害損失の発生

2 通常の販売目的で保有する棚卸資産の収益性の低下に係る損益の注記

Q20　通常の販売目的で保有する棚卸資産について，収益性の低下による簿価切下額（前期に計上した簿価切下額を戻し入れる場合には，当該戻入額相殺後の額）は，当該金額の重要性が乏しい場合を除き，注記による方法又は売上原価等の内訳項目として独立掲記する方法により示さなければならない。

3 トレーディング目的で保有する棚卸資産に係る損益の表示

Q21　トレーディング目的で保有する棚卸資産に係る損益は，原則として，純額で営業外損益に表示する。

Q22　トレーディング目的で保有する棚卸資産については，売買目的有価証券に関する注記に準じて，「金融商品の時価のレベルごとの内訳等に関する事項」のうち，売買目的有価証券について注記される項目について注記する。ただし，重要性が乏しいものは注記を省略することができる。

A20 ○ (18)

ただし，当該金額の重要性が乏しい場合には，この限り
ではない。

A21 × (19)

トレーディング目的で保有する棚卸資産に係る損益は，
原則として，純額で売上高に表示する。

A22 ○ (19-2)

なお，連結財務諸表において注記している場合には，個
別財務諸表において記載することを要しない。

企業会計基準第10号
「金融商品に関する会計基準」

§ 15

15-1 金融資産及び金融負債の範囲等

1 金融資産及び金融負債の範囲

Q01　金融資産とは，現金預金，受取手形，売掛金及び貸付金等の金銭債権，株式その他の出資証券及び公社債等の有価証券をいい，先物取引，先渡取引，オプション取引，スワップ取引及びこれらに類似する取引（以下「デリバティブ取引」という。）により生じる正味の債権等は含まれない。

Q02　金融負債とは，支払手形，買掛金，借入金及び社債等の金銭債務をいい，デリバティブ取引により生じる正味の債務等は含まれない。

Q03　金融資産及び金融負債の範囲には，複数種類の金融資産又は金融負債が組み合わされている複合金融商品も含まれる。ただし，現物商品（コモディティ）に係るデリバティブ取引のうち，通常差金決済により取引されるものから生じる正味の債権又は債務については，「金融商品に関する会計基準」に従って処理してはならない。

A01　× (4)

金融資産とは，現金預金，受取手形，売掛金及び貸付金等の金銭債権，株式その他の出資証券及び公社債等の有価証券並びに先物取引，先渡取引，オプション取引，スワップ取引及びこれらに類似する取引（以下「デリバティブ取引」という。）により生じる正味の債権等をいう。

A02　× (5)

金融負債とは，支払手形，買掛金，借入金及び社債等の金銭債務並びにデリバティブ取引により生じる正味の債務等をいう。

A03　× (注1)

金融資産及び金融負債の範囲には，複数種類の金融資産又は金融負債が組み合わされている複合金融商品も含まれる。また，現物商品（コモディティ）に係るデリバティブ取引のうち，通常差金決済により取引されるものから生じる正味の債権又は債務についても，「金融商品に関する会計基準」に従って処理する。

| Q04 | 有価証券の範囲は，金融商品取引法に定義する有価証券に基づかなければならない。金融商品取引法に定義する有価証券以外のものは，たとえ金融商品取引法上の有価証券に類似するものであっても，企業会計上の有価証券として取り扱うことは認められない。 |

2　時　価

| Q05 | 金融資産及び金融負債の「時価」の定義は，「時価の算定に関する会計基準」第5項に従い，算定日において市場参加者間で秩序ある取引が行われると想定した場合の，当該取引における資産の売却によって受け取る価格又は資産の移転のために支払う価格とする。 |

| Q06 | 市場には，公設の取引所及びこれに類する市場が含まれるが，随時，売買・換金等を行うことができる取引システム等は含まれない。 |

| A04 | × (注1−2) |

有価証券の範囲は，原則として，金融商品取引法に定義する有価証券に基づくが，それ以外のもので，金融商品取引法上の有価証券に類似し企業会計上の有価証券として取り扱うことが適当と認められるものについても有価証券の範囲に含める。

なお，金融商品取引法上の有価証券であっても企業会計上の有価証券として取り扱うことが適当と認められないものについては，「金融商品に関する会計基準」上，有価証券としては取り扱わないこととする。

| A05 | × (6) |

金融資産及び金融負債の「時価」の定義は，「時価の算定に関する会計基準」第5項に従い，算定日において市場参加者間で秩序ある取引が行われると想定した場合の，当該取引における資産の売却によって受け取る価格又は負債の移転のために支払う価格とする。

| A06 | × (注2) |

市場には，公設の取引所及びこれに類する市場のほか，随時，売買・換金等を行うことができる取引システム等も含まれる。

15-2 金融資産及び金融負債の発生及び消滅の認識

1 金融資産及び金融負債の発生の認識

Q07　金融資産の契約上の権利又は金融負債の契約上の義務を生じさせる契約を締結したときは，原則として，当該金融資産又は金融負債の受渡しの完了時点で，その発生を認識しなければならない。

Q08　商品等の売買又は役務の提供の対価に係る金銭債権債務は，原則として，契約を締結したときにその発生を認識する。

2 金融資産及び金融負債の消滅の認識

Q09　金融資産の契約上の権利を行使したとき，権利を喪失したときは，当該金融資産の消滅を認識しなければならないが，権利に対する支配が他に移転したときには，当該金融資産の消滅を認識してはならない。

A07	× (7)

金融資産の契約上の権利又は金融負債の契約上の義務を生じさせる契約を締結したときは，原則として，当該金融資産又は金融負債の発生を認識しなければならない。

A08	× (注3)

商品等の売買又は役務の提供の対価に係る金銭債権債務は，原則として，当該商品等の受渡し又は役務提供の完了によりその発生を認識する。

A09	× (8)

金融資産の契約上の権利を行使したとき，権利を喪失したとき又は権利に対する支配が他に移転したときは，当該金融資産の消滅を認識しなければならない。

Q10 金融資産の契約上の権利に対する支配が他に移転するの
は，⑴譲渡された金融資産に対する譲受人の契約上の権
利が譲渡人及びその債権者から法的に保全されているこ
と，⑵譲受人が譲渡された金融資産の契約上の権利を直
接又は間接に通常の方法で享受できること，⑶譲渡人が
譲渡した金融資産を当該金融資産の満期日前に買戻す権
利及び義務を実質的に有していないこと，という要件が
一つでも充たされた場合とする。

Q11 金融資産の譲受人が一定の要件を充たす特別目的会社の
場合には，当該特別目的会社を当該金融資産の譲受人と
みなして「譲受人が譲渡された金融資産の契約上の権利
を直接又は間接に通常の方法で享受できること」の要件
を適用する。

Q12 金融負債の契約上の義務を履行したとき，義務が消滅し
たときは，当該金融負債の消滅を認識しなければならな
いが，第一次債務者の地位から免責されたときには，当
該金融負債の消滅を認識してはならない。

A10	× (9)

金融資産の契約上の権利に対する支配が他に移転するのは，次の要件がすべて充たされた場合とする。

(1) 譲渡された金融資産に対する譲受人の契約上の権利が譲渡人及びその債権者から法的に保全されていること

(2) 譲受人が譲渡された金融資産の契約上の権利を直接又は間接に通常の方法で享受できること

(3) 譲渡人が譲渡した金融資産を当該金融資産の満期日前に買戻す権利及び義務を実質的に有していないこと

A11	× (注4)

金融資産の譲受人が次の要件を充たす会社，信託又は組合等の特別目的会社の場合には，当該特別目的会社が発行する証券の保有者を当該金融資産の譲受人とみなして第9項(2)の要件を適用する。

(1) 特別目的会社が，適正な価額で譲り受けた金融資産から生じる収益を当該特別目的会社が発行する証券の保有者に享受させることを目的として設立されていること

(2) 特別目的会社の事業が，(1)の目的に従って適正に遂行されていると認められること

A12	× (10)

金融負債の契約上の義務を履行したとき，義務が消滅したとき又は第一次債務者の地位から免責されたときは，当該金融負債の消滅を認識しなければならない。

Q13 | 金融資産又は金融負債がその消滅の認識要件を充たした場合には，当該金融資産又は金融負債の消滅を認識するとともに，帳簿価額とその対価としての受払額との差額を当期の損益として処理する。

Q14 | 金融資産又は金融負債の一部がその消滅の認識要件を充たした場合には，当該部分の消滅を認識するとともに，消滅部分の帳簿価額とその対価としての受払額との差額を当期の損益として処理する。消滅部分の帳簿価額は，当該金融資産又は金融負債全体の帳簿価額に対する消滅部分と残存部分の帳簿価額の比率により，当該金融資産又は金融負債全体の帳簿価額を按分して計算する。

Q15 | 金融資産又は金融負債の消滅に伴って新たな金融資産又は金融負債が発生した場合には，当該金融資産又は金融負債は時価により計上する。

| A13 | ◯ (11) |

| A14 | × (12) |

金融資産又は金融負債の一部がその消滅の認識要件を充たした場合には，当該部分の消滅を認識するとともに，消滅部分の帳簿価額とその対価としての受払額との差額を当期の損益として処理する。消滅部分の帳簿価額は，当該金融資産又は金融負債全体の時価に対する消滅部分と残存部分の時価の比率により，当該金融資産又は金融負債全体の帳簿価額を按分して計算する。

| A15 | ◯ (13) |

15-3　金融資産及び金融負債の貸借対照表価額等

1　債　権

Q16　受取手形，売掛金，貸付金その他の債権の貸借対照表価額は，取得価額から貸倒見積高に基づいて算定された貸倒引当金を控除した金額とする。ただし，債権を債権金額より低い価額又は高い価額で取得した場合には，償却原価法に基づいて算定された価額から貸倒見積高に基づいて算定された貸倒引当金を控除した金額としなければならない。

Q17　償却原価法とは，金融資産又は金融負債を債権額又は債務額と異なる金額で計上した場合において，当該差額に相当する金額を弁済期又は償還期に至るまで毎期一定の方法で取得価額に加減する方法をいう。

2　有価証券

Q18　時価の変動により利益を得ることを目的として保有する有価証券（以下「売買目的有価証券」という。）は，時価をもって貸借対照表価額とし，評価差額は純資産の部に計上する。

A16 | × (14)

受取手形，売掛金，貸付金その他の債権の貸借対照表価額は，取得価額から貸倒見積高に基づいて算定された貸倒引当金を控除した金額とする。ただし，債権を債権金額より低い価額又は高い価額で取得した場合において，取得価額と債権金額との差額の性格が金利の調整と認められるときは，償却原価法に基づいて算定された価額から貸倒見積高に基づいて算定された貸倒引当金を控除した金額としなければならない。

A17 | ○ (注5)

なお，この場合，当該加減額を受取利息又は支払利息に含めて処理する。

A18 | × (15)

時価の変動により利益を得ることを目的として保有する有価証券（以下「売買目的有価証券」という。）は，時価をもって貸借対照表価額とし，評価差額は当期の損益として処理する。

Q19	満期まで所有する意図をもって保有する社債その他の債券（以下「満期保有目的の債券」という。）は，取得原価をもって貸借対照表価額とする。ただし，債券を債券金額より低い価額又は高い価額で取得した場合には，償却原価法に基づいて算定された価額をもって貸借対照表価額としなければならない。
Q20	満期保有目的の債券の保有目的を変更した場合，当該債券は変更後の保有目的に係る評価基準に従って処理する。
Q21	子会社株式及び関連会社株式は，時価をもって貸借対照表価額とし，評価差額は当期の損益として処理する。
Q22	売買目的有価証券，満期保有目的の債券，子会社株式及び関連会社株式以外の有価証券（以下「その他有価証券」という。）は，時価をもって貸借対照表価額とし，評価差額は洗い替え方式に基づき，次のいずれかの方法により処理する。 (1)　評価差額の合計額を純資産の部に計上する。 (2)　時価が取得原価を上回る銘柄に係る評価差額は純資産の部に計上し，時価が取得原価を下回る銘柄に係る評価差額は当期の損失として処理する。

A19	× (16)

満期まで所有する意図をもって保有する社債その他の債券（以下「満期保有目的の債券」という。）は，取得原価をもって貸借対照表価額とする。ただし，債券を債券金額より低い価額又は高い価額で取得した場合において，取得価額と債券金額との差額の性格が金利の調整と認められるときは，償却原価法に基づいて算定された価額をもって貸借対照表価額としなければならない。

A20	○ (注6)

A21	× (17)

子会社株式及び関連会社株式は，取得原価をもって貸借対照表価額とする。

A22	○ (18)

なお，純資産の部に計上されるその他有価証券の評価差額については，税効果会計を適用しなければならない。

Q23 市場価格のない株式は，取得原価をもって貸借対照表価額とする。市場価格のない株式とは，市場において取引されていない株式とする。

Q24 満期保有目的の債券，子会社株式及び関連会社株式並びにその他有価証券のうち，市場価格のない株式等以外のものについて時価が著しく下落したときは，回復する見込がないと認められる場合に限り，時価をもって貸借対照表価額とし，評価差額は当期の損失として処理しなければならない。

Q25 市場価格のない株式等については，発行会社の財政状態の悪化により実質価額が著しく低下したときは，相当の減額をなし，評価差額は当期の損失として処理しなければならない。

Q26 一年内に満期の到来する社債その他の債券は流動資産に属するものとし，それ以外の有価証券は投資その他の資産に属するものとする。

| A23 | ○ (19) |

なお，出資金など株式と同様に持分の請求権を生じさせるものは，同様の取扱いとする。これらを合わせて「市場価格のない株式等」という。

| A24 | × (20) |

満期保有目的の債券，子会社株式及び関連会社株式並びにその他有価証券のうち，市場価格のない株式等以外のものについて時価が著しく下落したときは，回復する見込があると認められる場合を除き，時価をもって貸借対照表価額とし，評価差額は当期の損失として処理しなければならない。

なお，この場合には，当該時価を翌期首の取得原価とする (22)。

| A25 | ○ (21) |

なお，この場合には，当該実質価額を翌期首の取得原価とする (22)。

| A26 | × (23) |

売買目的有価証券及び一年内に満期の到来する社債その他の債券は流動資産に属するものとし，それ以外の有価証券は投資その他の資産に属するものとする。

3　運用を目的とする金銭の信託

Q27　運用を目的とする金銭の信託（合同運用を除く。）は，当該信託財産の構成物である金融資産及び金融負債について，「金融商品に関する会計基準」により付されるべき評価額を合計した額をもって貸借対照表価額とし，評価差額は純資産の部に計上する。

Q28　運用目的の信託財産の構成物である有価証券は，満期保有目的の債券とみなしてその評価基準に従って処理する。

4　デリバティブ取引により生じる正味の債権及び債務

Q29　デリバティブ取引により生じる正味の債権及び債務は，時価をもって貸借対照表価額とし，評価差額は，原則として，当期の損益として処理する。

5　金銭債務

Q30　支払手形，買掛金，借入金，社債その他の債務は，時価をもって貸借対照表価額とする。ただし，社債を社債金額よりも低い価額又は高い価額で発行した場合など，収入に基づく金額と債務額とが異なる場合には，償却原価法に基づいて算定された価額をもって，貸借対照表価額としなければならない。

A27	× (24) 運用を目的とする金銭の信託（合同運用を除く。）は，当該信託財産の構成物である金融資産及び金融負債について，「金融商品に関する会計基準」により付されるべき評価額を合計した額をもって貸借対照表価額とし，<u>評価差額は当期の損益として処理する</u>。
A28	× (注8) 運用目的の信託財産の構成物である有価証券は，<u>売買目的有価証券</u>とみなしてその評価基準に従って処理する。
A29	○ (25)
A30	× (26) 支払手形，買掛金，借入金，社債その他の債務は，<u>債務額</u>をもって貸借対照表価額とする。ただし，社債を社債金額よりも低い価額又は高い価額で発行した場合など，収入に基づく金額と債務額とが異なる場合には，償却原価法に基づいて算定された価額をもって，貸借対照表価額としなければならない。

15-4 貸倒見積高の算定

1 債権の区分

Q31　貸倒見積高の算定にあたっては，債務者の財政状態及び経営成績等に応じて，債権を，(1)経営状態に重大な問題が生じていない債務者に対する債権（以下「一般債権」という。），(2)経営破綻又は実質的に経営破綻に陥っている債務者に対する債権（以下「貸倒懸念債権」という。），(3)経営破綻の状態には至っていないが，債務の弁済に重大な問題が生じているか又は生じる可能性の高い債務者に対する債権（以下「破産更生債権等」という。）に区分する。

2 貸倒見積高の算定方法

Q32　一般債権については，個々の債権ごとに，債権の状況に応じて求めた過去の貸倒実績率等合理的な基準により貸倒見積高を算定する。

A31　× (27)

貸倒見積高の算定にあたっては，債務者の財政状態及び
経営成績等に応じて，債権を，(1)経営状態に重大な問題
が生じていない債務者に対する債権（以下「一般債権」
という。），(2)経営破綻の状態には至っていないが，債
務の弁済に重大な問題が生じているか又は生じる可能性
の高い債務者に対する債権（以下「貸倒懸念債権」とい
う。），(3)経営破綻又は実質的に経営破綻に陥っている債
務者に対する債権（以下「破産更生債権等」という。）
に区分する。

A32　× (28(1))

一般債権については，債権全体又は同種・同類の債権ご
とに，債権の状況に応じて求めた過去の貸倒実績率等合
理的な基準により貸倒見積高を算定する。

Q33	貸倒懸念債権については，債権の状況に応じて，①債権額から担保の処分見込額及び保証による回収見込額を減額し，その残額について債務者の財政状態及び経営成績を考慮して貸倒見積高を算定する方法，②債権の元本の回収及び利息の受取りに係るキャッシュ・フローを合理的に見積ることができる債権については，債権の元本及び利息について元本の回収及び利息の受取りが見込まれるときから当期末までの期間にわたり改定後の約定利子率で割り引いた金額の総額と債権の帳簿価額との差額を貸倒見積高とする方法，のいずれかの方法により貸倒見積高を算定する。
Q34	破産更生債権等については，債権額から担保の処分見込額及び保証による回収見込額を減額し，その残額について債務者の財政状態及び経営成績を考慮して貸倒見積高を算定する。
Q35	債務者から契約上の利払日を相当期間経過しても利息の支払を受けていない債権及び破産更生債権等については，すでに計上されている未収利息を当期の損失として処理するとともに，それ以後の期間に係る利息を計上してはならない。

A33 × (28(2))

貸倒懸念債権については，債権の状況に応じて，①債権額から担保の処分見込額及び保証による回収見込額を減額し，その残額について債務者の財政状態及び経営成績を考慮して貸倒見積高を算定する方法，②債権の元本の回収及び利息の受取りに係るキャッシュ・フローを合理的に見積ることができる債権については，債権の元本及び利息について元本の回収及び利息の受取りが見込まれるときから当期末までの期間にわたり当初の約定利子率で割り引いた金額の総額と債権の帳簿価額との差額を貸倒見積高とする方法，のいずれかの方法により貸倒見積高を算定する。

なお，同一の債権については，債務者の財政状態及び経営成績の状況等が変化しない限り，同一の方法を継続して適用する。

A34 × (28(3))

破産更生債権等については，債権額から担保の処分見込額及び保証による回収見込額を減額し，その残額を貸倒見積高とする。

A35 ○ (注9)

| 0.36 | 破産更生債権等の貸倒見積高は，原則として，債権金額又は取得価額から直接減額する。ただし，貸倒引当金として処理することもできる。 |

15-5　ヘッジ会計

1　ヘッジ会計の意義

| 0.37 | ヘッジ会計とは，ヘッジ取引のうち一定の要件を充たすものについて，ヘッジ対象に係る損益とヘッジ手段に係る損益を同一の会計期間に認識し，ヘッジの効果を会計に反映させるための特殊な会計処理をいう。 |

| 0.38 | ヘッジ取引についてヘッジ会計が適用されるためには，ヘッジ対象が相場変動等による損失の可能性にさらされており，ヘッジ手段によりヘッジ対象のキャッシュ・フローが固定されその変動が回避される関係になければならない。 |

| 0.39 | ヘッジ対象が複数の資産又は負債から構成されている場合は，個々の資産又は負債が共通の相場変動等による損失の可能性にさらされており，かつ，その相場変動等に対して同様に反応することが予想されるものでなければならない。 |

A36	×（注10） 破産更生債権等の貸倒見積高は，原則として，貸倒引当金として処理する。ただし，債権金額又は取得価額から直接減額することもできる。

A37	○（29）

A38	×（注11） ヘッジ取引についてヘッジ会計が適用されるためには，ヘッジ対象が相場変動等による損失の可能性にさらされており，ヘッジ対象とヘッジ手段とのそれぞれに生じる損益が互いに相殺されるか又はヘッジ手段によりヘッジ対象のキャッシュ・フローが固定されその変動が回避される関係になければならない。

A39	○（注11）

2　ヘッジ対象

Q40　ヘッジ会計が適用されるヘッジ対象は，相場変動等による損失の可能性がある資産又は負債で，当該資産又は負債に係る相場変動等が評価に反映されていないもの，相場変動等が評価に反映されているが評価差額が損益として処理されないもの若しくは当該資産又は負債に係るキャッシュ・フローが固定されその変動が回避されるものである。

Q41　ヘッジ対象には，予定取引により発生が見込まれる資産又は負債は含まれない。

Q42　予定取引とは，未履行の確定契約に係る取引のみをいう。

A40	○ (30)
A41	× (30) ヘッジ対象には，予定取引により発生が見込まれる資産 又は負債も<u>含まれる</u>。
A42	× (注12) 予定取引とは，未履行の確定契約に係る取引<u>及び契約は 成立していないが</u>，取引予定時期，取引予定物件，取引 予定量，取引予定価格等の主要な取引条件が合理的に予 測可能であり，かつ，それが実行される可能性が極めて 高い取引</u>をいう。

3 ヘッジ会計の要件

Q43　ヘッジ取引にヘッジ会計が適用されるためには，ヘッジ取引時において，ヘッジ取引が企業のリスク管理方針に従ったものであることが，①当該取引が企業のリスク管理方針に従ったものであることが文書により確認できること，②企業のリスク管理方針に関して明確な内部規定及び内部統制組織が存在し当該取引がこれに従って処理されることが期待されること，の両方によって客観的に認められなければならない。

Q44　ヘッジ取引にヘッジ会計が適用されるためには，ヘッジ取引時以降において，ヘッジ対象とヘッジ手段の損益が高い程度で相殺される状態又はヘッジ対象のキャッシュ・フローが固定されその変動が回避される状態が引き続き認められることによって，ヘッジ手段の効果が定期的に確認されていることが必要である。

A43 × (31(1))

ヘッジ取引にヘッジ会計が適用されるのは，次の要件が
すべて充たされた場合とする。

(1) ヘッジ取引時において，ヘッジ取引が企業のリスク
管理方針に従ったものであることが，次のいずれかに
よって客観的に認められること

① 当該取引が企業のリスク管理方針に従ったもので
あることが，文書により確認できること

② 企業のリスク管理方針に関して明確な内部規定及
び内部統制組織が存在し，当該取引がこれに従って
処理されることが期待されること

A44 ○ (31(2))

4　ヘッジ会計の方法

Q45　ヘッジ会計は，原則として，ヘッジ対象である資産又は負債に係る相場変動等を損益に反映させることにより，その損益とヘッジ手段に係る損益とを同一の会計期間に認識する方法による。

ただし，時価評価されているヘッジ手段に係る損益又は評価差額を，ヘッジ対象に係る損益が認識されるまで純資産の部において繰り延べる方法によることも認められる。

Q46　純資産の部に計上されるヘッジ手段に係る損益又は評価差額については，税効果会計を適用してはならない。

Q47　複数の資産又は負債から構成されているヘッジ対象をヘッジしている場合には，ヘッジ手段に係る損益又は評価差額は，損益が認識された個々の資産又は負債に合理的な方法により配分する。

Q48　資産又は負債に係る金利の受払条件を変換することを目的として利用されている金利スワップが金利変換の対象となる資産又は負債とヘッジ会計の要件を充たしており，かつ，その想定元本，利息の受払条件（利率，利息の受払日等）及び契約期間が当該資産又は負債とほぼ同一である場合には，金利スワップを時価評価せず，その金銭の受払の純額等を当該資産又は負債に係る利息に加減して処理しなければならない。

A45 × (32)

ヘッジ会計は，原則として，時価評価されているヘッジ手段に係る損益又は評価差額を，ヘッジ対象に係る損益が認識されるまで純資産の部において繰り延べる方法による。

ただし，ヘッジ対象である資産又は負債に係る相場変動等を損益に反映させることにより，その損益とヘッジ手段に係る損益とを同一の会計期間に認識することもできる。

A46 × (32)

純資産の部に計上されるヘッジ手段に係る損益又は評価差額については，税効果会計を適用しなければならない。

A47 ○ (注13)

A48 × (注14)

資産又は負債に係る金利の受払条件を変換することを目的として利用されている金利スワップが金利変換の対象となる資産又は負債とヘッジ会計の要件を充たしており，かつ，その想定元本，利息の受払条件（利率，利息の受払日等）及び契約期間が当該資産又は負債とほぼ同一である場合には，金利スワップを時価評価せず，その金銭の受払の純額等を当該資産又は負債に係る利息に加減して処理することができる。

Q49	ヘッジ会計の要件が充たされなくなったときには，ヘッジ会計の要件が充たされていた間のヘッジ手段に係る損益又は評価差額は，当期の損益として処理しなければならない。

Q50	ヘッジ会計は，ヘッジ対象が消滅したときに終了し，繰り延べられているヘッジ手段に係る損益又は評価差額は当期の損益として処理しなければならない。

15-6　複合金融商品

1　払込資本を増加させる可能性のある部分を含む複合金融商品

Q51	転換社債型新株予約権付社債の発行者側において，転換社債型新株予約権付社債の発行に伴う払込金額は，社債の対価部分と新株予約権の対価部分とに区分せず普通社債の発行に準じて処理する方法により会計処理しなければならない。

A49	× (33)
	ヘッジ会計の要件が充たされなくなったときには，ヘッジ会計の要件が充たされていた間のヘッジ手段に係る損益又は評価差額は，ヘッジ対象に係る損益が認識されるまで引き続き繰り延べる。
	ただし，繰り延べられたヘッジ手段に係る損益又は評価差額について，ヘッジ対象に係る含み益が減少することによりヘッジ会計の終了時点で重要な損失が生じるおそれがあるときは，当該損失部分を見積り，当期の損失として処理しなければならない。

A50	○ (34)
	なお，ヘッジ対象である予定取引が実行されないことが明らかになったときにおいても同様に処理する。

A51	× (36)
	転換社債型新株予約権付社債の発行に伴う払込金額は，社債の対価部分と新株予約権の対価部分とに区分せず普通社債の発行に準じて処理する方法，又は転換社債型新株予約権付社債以外の新株予約権付社債に準じて処理する方法のいずれかにより会計処理する。

Q52　転換社債型新株予約権付社債の取得者側において，転換社債型新株予約権付社債の取得価額は，社債の対価部分と新株予約権の対価部分とに区分し，社債の対価部分は，普通社債の取得に準じて，新株予約権の対価部分は，有価証券の取得として処理する。

Q53　転換社債型新株予約権付社債以外の新株予約権付社債の発行者側において，当該新株予約権付社債の発行に伴う払込金額は，社債の対価部分と新株予約権の対価部分とに区分する。社債の対価部分は，普通社債の発行に準じて処理する。新株予約権の対価部分は，純資産の部に計上し，権利が行使され，新株を発行したときは資本金又は資本金及び資本準備金に振り替え，権利が行使されずに権利行使期間が満了したときは利益として処理する。

Q54　転換社債型新株予約権付社債以外の新株予約権付社債の取得者側において，当該新株予約権付社債の取得価額は，社債の対価部分と新株予約権の対価部分とに区分せず普通社債の取得に準じて処理し，権利を行使したときは株式に振り替える。

A52	× (37)

転換社債型新株予約権付社債の取得価額は，社債の対価部分と新株予約権の対価部分とに区分せず普通社債の取得に準じて処理し，権利を行使したときは株式に振り替える。

A53	○ (38)

A54	× (39)

転換社債型新株予約権付社債以外の新株予約権付社債の取得価額は，社債の対価部分と新株予約権の対価部分とに区分する。

(1) 社債の対価部分は，普通社債の取得に準じて処理する。

(2) 新株予約権の対価部分は，有価証券の取得として処理し，権利を行使したときは株式に振り替え，権利を行使せずに権利行使期間が満了したときは損失として処理する。

Q55　新株予約権付社債の発行者側において新株予約権付社債の発行に伴う払込金額を社債の対価部分と新株予約権の対価部分とに区分する場合，社債及び新株予約権の払込金額又はそれらの合理的な見積額の比率で配分する方法により区分しなければならない。

Q56　新株予約権付社債の取得者側において新株予約権付社債の取得価額を社債の対価部分と新株予約権の対価部分とに区分する場合，新株予約権付社債の取得価額を保有社債及び新株予約権の市場価格の比率により区分しなければならない。

2　その他の複合金融商品

Q57　契約の一方の当事者の払込資本を増加させる可能性のある部分を含まない複合金融商品は，原則として，それを構成する個々の金融資産又は金融負債とに区分して処理する。

A55	×（注15・1）

新株予約権の発行者側においては，<u>次のいずれかの方法により</u>，新株予約権付社債の発行に伴う払込金額を社債の対価部分と新株予約権の対価部分とに区分する。

(1) 社債及び新株予約権の払込金額又はそれらの合理的な見積額の比率で配分する方法

(2) 算定が容易な一方の対価を決定し，これを払込金額から差し引いて他方の対価を算定する方法

A56	×（注15・2）

新株予約権の取得者側においては，<u>注15・1の(1)又は(2)のいずれかの方法により</u>，新株予約権付社債の取得価額を社債の対価部分と新株予約権の対価部分とに区分する。ただし，<u>保有社債及び新株予約権に市場価格がある場合には，その比率により区分することもできる。</u>

A57	×（40）

契約の一方の当事者の払込資本を増加させる可能性のある部分を含まない複合金融商品は，原則として，それを構成する個々の金融資産又は金融負債とに<u>区分せず一体</u>として処理する。

15-7 注記事項

Q58　金融商品に係る(1)金融商品の状況に関する事項, (2)金融商品の時価等に関する事項, (3)金融商品の時価のレベルごとの内訳等に関する事項について注記する。ただし, 重要性が乏しいものは注記を省略することができる。なお, 金融商品に係る情報の重要性の観点から, 連結財務諸表において注記している場合であっても, 個別財務諸表において注記を省略することは認められない。

A58	× (40-2)

金融商品に係る次の事項について注記する。ただし，重要性が乏しいものは注記を省略することができる。なお，連結財務諸表において注記している場合には，個別財務諸表において記載することを要しない。

(1) 金融商品の状況に関する事項
   ① 金融商品に対する取組方針
   ② 金融商品の内容及びそのリスク
   ③ 金融商品に係るリスク管理体制
   ④ 金融商品の時価等に関する事項についての補足説明

(2) 金融商品の時価等に関する事項
   なお，市場価格のない株式等については時価を注記しないこととする。この場合，当該金融商品の概要及び貸借対照表計上額を注記する。

(3) 金融商品の時価のレベルごとの内訳等に関する事項

15-8 適用時期等

Q59　ローン・パーティシペーションは，我が国の商慣行上，債権譲渡に際して債務者の承諾を得ることが困難な場合，債権譲渡に代わる債権流動化の手法として広く利用されている。このような実情を考慮し，債権に対する支配が譲渡人から譲受人に移転している場合等一定の要件を充たすものに限り，当該債権の消滅を認識することを認めることとする。

Q60　デット・アサンプションは，「金融商品に関する会計基準」における金融負債の消滅の認識要件を充たさないこととなるが，デット・アサンプションは，我が国では社債の買入償還を行うための実務手続が煩雑であることから，法的には債務が存在している状態のまま，社債の買入償還と同等の財務上の効果を得るための手法として広く利用されている。したがって，このような手続上の実情を考慮し，取消不能の信託契約等により，社債の元利金の支払に充てることのみを目的として，当該元利金の金額が保全される資産を預け入れた場合等，社債の発行者に対し遡求請求が行われる可能性が極めて低い場合に限り，当該社債の消滅を認識することを認めることとする。

A59 × (42(1))

ローン・パーティシペーションは，我が国の商慣行上，債権譲渡に際して債務者の承諾を得ることが困難な場合，債権譲渡に代わる債権流動化の手法として広く利用されている。このような実情を考慮し，債権に係るリスクと経済的利益のほとんどすべてが譲渡人から譲受人に移転している場合等一定の要件を充たすものに限り，当該債権の消滅を認識することを認めることとする。

A60 ○ (42(2))

Q61 | ヘッジ会計の適用にあたり，決済時における円貨額を確定させることにより為替相場の変動による損失の可能性を減殺するため，為替予約，通貨先物，通貨スワップ及び権利行使が確実に見込まれる買建通貨オプションを外貨建金銭債権債務等のヘッジ手段として利用している場合において，ヘッジ会計の要件が充たされているときは，「外貨建取引等会計処理基準」における振当処理も，ヘッジの効果を財務諸表に反映させる一つの手法と考えられるため，当分の間，振当処理を採用することも認めることとする。

A61 〇 (43)

企業会計基準第11号「関連当事者の開示に関する会計基準」

§ 16

16-1 目 的

001 | 会社と関連当事者との取引は，会社と役員等の個人との取引を含め，対等な立場で行われているとは限らず，会社の財政状態や経営成績に影響を及ぼすことがある。また，直接の取引がない場合においても，関連当事者の存在自体が，会社の財政状態や経営成績に影響を及ぼすことがある。関連当事者の開示は，会社と関連当事者との取引や関連当事者の存在が財務諸表に与えている影響を財務諸表利用者が把握できるように，適切な情報を提供するものでなければならない。

16-2 範 囲

002 | 連結財務諸表で関連当事者の開示を行っている場合であっても，個別財務諸表において関連当事者の開示を行わなければならない。

A01 ○ (2)

A02 × (4)

連結財務諸表で関連当事者の開示を行っている場合は,
個別財務諸表での開示を要しないこととする。

16-3 用語の定義

Q03　「関連当事者との取引」とは，会社と関連当事者との取引をいい，対価の有無にかかわらず，資源若しくは債務の移転，又は役務の提供をいう。関連当事者が第三者のために会社との間で行う取引や，会社と第三者との間の取引で関連当事者が当該取引に関して会社に重要な影響を及ぼしているものは含まれない。

Q04　会社と関連当事者との取引における「会社」とは，連結財務諸表上は連結財務諸表作成会社をいい，個別財務諸表上は財務諸表作成会社をいう。

A03 × (5(1))

「関連当事者との取引」とは，会社と関連当事者との取引をいい，対価の有無にかかわらず，資源若しくは債務の移転，又は役務の提供をいう。また，<u>関連当事者が第三者のために会社との間で行う取引</u>や，<u>会社と第三者との間の取引で関連当事者が当該取引に関して会社に重要な影響を及ぼしているもの</u>を含む。

A04 × (5(2))

会社と関連当事者との取引における「会社」とは，連結財務諸表上は<u>連結会社（連結財務諸表作成会社及び連結子会社をいう。以下同じ。）</u>をいい，個別財務諸表上は財務諸表作成会社をいう。

| Q05 | 「関連当事者」とは，ある当事者が他の当事者を支配している か，又は，他の当事者の財務上及び業務上の意思決定に対して重要な影響力を有している場合の当事者等をいう。 |

| Q06 | 連結財務諸表上，連結子会社は，関連当事者に含まれる。 |

A05	○ (5(3))

「関連当事者」とは，ある当事者が他の当事者を支配しているか，又は，他の当事者の財務上及び業務上の意思決定に対して重要な影響力を有している場合の当事者等をいい，次に掲げる者をいう。

① 親会社
② 子会社
③ 財務諸表作成会社と同一の親会社をもつ会社
④ 財務諸表作成会社が他の会社の関連会社である場合における当該他の会社（以下「その他の関係会社」という。）並びに当該その他の関係会社の親会社及び子会社
⑤ 関連会社及び当該関連会社の子会社
⑥ 財務諸表作成会社の主要株主及びその近親者
⑦ 財務諸表作成会社の役員及びその近親者
⑧ 親会社の役員及びその近親者
⑨ 重要な子会社の役員及びその近親者
⑩ ⑥から⑨に掲げる者が議決権の過半数を自己の計算において所有している会社及びその子会社
⑪ 従業員のための企業年金（企業年金と会社の間で掛金の拠出以外の重要な取引を行う場合に限る。）

なお，①から⑤及び⑩に掲げる会社には，会社だけでなく，組合その他これらに準ずる事業体が含まれる。その場合，業務執行組合員が組合の財務及び営業又は事業の方針を決定しているときには，⑩の「議決権」は「業務執行を決定する権限」と読み替える(4)。

A06	× (5(3))

連結財務諸表上は，連結子会社を除く。

Q07	個別財務諸表上，重要な子会社の役員及びその近親者並びにこれらの者が議決権の過半数を自己の計算において所有している会社及びその子会社は，関連当事者に含まれる。
Q08	その他の関係会社には，「共同支配投資企業」（財務諸表作成会社を共同で支配する企業）が含まれる。また，関連会社には，「共同支配企業」（財務諸表作成会社（連結財務諸表上は連結子会社を含む。）と他の独立した企業により共同で支配されている企業）が含まれる。
Q09	「主要株主」とは，保有態様を勘案した上で，自己又は他人の名義をもって総株主の議決権の10％以上を保有している株主をいう。
Q10	「役員」とは，取締役，会計参与，監査役，執行役又はこれらに準ずる者をいう。
Q11	「近親者」とは，四親等以内の親族をいう。

A07	× (5(3))
	個別財務諸表上は，重要な子会社の役員及びその近親者並びにこれらの者が議決権の過半数を自己の計算において所有している会社及びその子会社を<u>除く</u>。
A08	○ (5(5))
A09	○ (5(6))
A10	○ (5(7))
A11	× (5(8))
	「近親者」とは，<u>二親等以内</u>の親族，すなわち，配偶者，父母，兄弟，姉妹，祖父母，子，孫及び配偶者の父母，兄弟，姉妹，祖父母並びに兄弟，姉妹，子，孫の配偶者をいう。

16-4　開示対象となる関連当事者との取引の範囲

Q12　会社と関連当事者との取引のうち，重要な取引を開示対象とする。連結財務諸表においては，連結会社と関連当事者との取引を開示対象とし，連結財務諸表を作成するにあたって相殺消去した取引も開示対象とする。

Q13　無償取引や低廉な価格での取引については，重要性が乏しいため，開示対象外とする。

Q14　形式的・名目的に第三者を経由した取引は，実質上の相手先が関連当事者であることが明確な場合であっても，開示対象外とする。

Q15　関連当事者との取引のうち，(1)一般競争入札による取引並びに預金利息及び配当の受取りその他取引の性質からみて取引条件が一般の取引と同様であることが明白な取引と，(2)役員に対する報酬，賞与及び退職慰労金の支払いについては，開示対象としなければならない。

A12 ✕ (6)

会社と関連当事者との取引のうち，重要な取引を開示対象とする。連結財務諸表においては，連結会社と関連当事者との取引を開示対象とし，連結財務諸表を作成するにあたって相殺消去した取引は開示対象外とする。

A13 ✕ (7)

無償取引や低廉な価格での取引については，<u>独立第三者間取引であったと仮定した場合の金額を見積った上で，重要性の判断を行い，開示対象とするかどうかを決定する。</u>

A14 ✕ (8)

形式的・名目的に第三者を経由した取引で，実質上の相手先が関連当事者であることが明確な場合には，<u>開示対象に含めるものとする。</u>

A15 ✕ (9)

関連当事者との取引のうち，<u>以下の取引は，開示対象外とする。</u>
(1) 一般競争入札による取引並びに預金利息及び配当の受取りその他取引の性質からみて取引条件が一般の取引と同様であることが明白な取引
(2) 役員に対する報酬，賞与及び退職慰労金の支払い

16-5 関連当事者との取引に関する開示

Q16 開示対象となる関連当事者との取引がある場合，原則と
してすべての関連当事者を一括して，関連当事者の概要
等を開示する。

A16 × (10)

開示対象となる関連当事者との取引がある場合，原則として個々の関連当事者ごとに，以下の項目を開示する。

(1) 関連当事者の概要

(2) 会社と関連当事者との関係

(3) 取引の内容。なお，形式的・名目的には第三者との取引である場合は，形式上の取引先名を記載した上で，実質的には関連当事者との取引である旨を記載する。

(4) 取引の種類ごとの取引金額

(5) 取引条件及び取引条件の決定方針

(6) 取引により発生した債権債務に係る主な科目別の期末残高

(7) 取引条件の変更があった場合は，その旨，変更内容及び当該変更が財務諸表に与えている影響の内容

(8) 関連当事者に対する貸倒懸念債権及び破産更生債権等に係る情報（貸倒引当金繰入額，貸倒損失等）。なお，第5項(3)に掲げられている関連当事者の種類ごとに合算して記載することができる。

16-6 関連当事者の存在に関する開示

Q17 | 親会社が存在する場合には，親会社の名称等を開示する。ただし，重要な関連会社が存在する場合においては，開示は要しない。

A17	× (11)
	親会社又は重要な関連会社が存在する場合には，以下の項目を開示する。
	(1) 親会社が存在する場合には，親会社の名称等
	(2) 重要な関連会社が存在する場合には，その名称及び当該関連会社の要約財務情報。なお，要約財務情報は，合算して記載することができる。

企業会計基準第12号「四半期財務諸表に関する会計基準」

§ 17

17-1 用語の定義

Q01 「四半期会計期間」とは，1連結会計年度又は1事業年度（以下「年度」という。）が6か月を超える場合に，当該年度の期間を6か月ごとに区分した期間をいう。

Q02 「期首からの累計期間」とは，年度の期首から四半期会計期間の末日までの期間をいう。

Q03 「四半期財務諸表」とは，四半期連結財務諸表及び四半期個別財務諸表をいう。

Q04 「四半期報告書」とは，四半期財務諸表を含んだ報告書をいう。

17-2 四半期財務諸表の範囲等

1 四半期連結財務諸表の範囲

Q05 四半期連結財務諸表の範囲は，「包括利益の表示に関する会計基準」に従って，1計算書方式による場合，四半期連結貸借対照表，四半期連結損益及び包括利益計算書，並びに四半期連結キャッシュ・フロー計算書とする。また，2計算書方式による場合，四半期連結貸借対照表，四半期連結損益計算書，四半期連結包括利益計算書及び四半期連結キャッシュ・フロー計算書とする。

A01 | ✕ (4(1))

「四半期会計期間」とは，1連結会計年度又は1事業年度（以下「年度」という。）が3か月を超える場合に，当該年度の期間を3か月ごとに区分した期間をいう。

A02 | ○ (4(2))

A03 | ○ (4(3))

A04 | ○ (4(4))

A05 | ○ (5)

| Q06 | 第1四半期会計期間及び第2四半期会計期間においては，四半期連結キャッシュ・フロー計算書の開示を省略することができる。 |

2 四半期個別財務諸表の範囲

| Q07 | 四半期個別財務諸表の範囲は，四半期個別貸借対照表，四半期個別損益計算書及び四半期個別キャッシュ・フロー計算書とする。 |

| Q08 | 四半期連結財務諸表を開示する場合であっても，四半期個別財務諸表をあわせて開示しなければならない。 |

| Q09 | 第2四半期会計期間及び第4四半期会計期間においては，四半期個別キャッシュ・フロー計算書の開示を省略することができる。 |

3 四半期財務諸表等の開示対象期間

| Q10 | 四半期報告書には，四半期会計期間の末日の四半期貸借対照表及び前年度の末日の要約貸借対照表を開示する。 |

A06	× (5-2)
	第5項にかかわらず，第1四半期会計期間及び第3四半期会計期間において，四半期連結キャッシュ・フロー計算書の開示を省略することができる。この場合には，第1四半期より行うものとする。

A07	○ (6)

A08	× (6)
	<u>四半期連結財務諸表を開示する場合には，四半期個別財務諸表の開示は要しない。</u>

A09	× (6-2)
	第6項にかかわらず，<u>第1四半期会計期間及び第3四半期会計期間</u>において，四半期個別キャッシュ・フロー計算書の開示を省略することができる。この場合には，第1四半期より行うものとする。

A10	○ (7(1))

Q11 四半期報告書には，四半期会計期間及び期首からの累計
期間の四半期損益及び包括利益計算書又は四半期損益計
算書及び四半期包括利益計算書，並びに前年度における
それぞれ対応する期間の四半期損益及び包括利益計算書
又は四半期損益計算書及び四半期包括利益計算書を開示
しなければならない。

Q12 四半期報告書には，四半期会計期間及び期首からの累計
期間の四半期キャッシュ・フロー計算書及び前年度にお
ける対応する期間の四半期キャッシュ・フロー計算書を
開示する。

A11 × (7(2))

四半期報告書に含まれる財務諸表の開示対象期間は次の
とおりとする。

(2) 期首からの累計期間の四半期損益及び包括利益計算
書又は四半期損益計算書及び四半期包括利益計算書,
並びに前年度における対応する期間の四半期損益及び
包括利益計算書又は四半期損益計算書及び四半期包括
利益計算書

ただし, 前項(2)にかかわらず, 四半期損益及び包括利益
計算書又は四半期損益計算書及び四半期包括利益計算書
の開示対象期間は, 期首からの累計期間及び四半期会計
期間並びに前年度におけるそれぞれ対応する期間とする
ことができる。(7-2) この場合には, 第1四半期より
行うものとする。(7-3)

A12 × (7(3))

四半期報告書に含まれる財務諸表の開示対象期間は次の
とおりとする。

(3) 期首からの累計期間の四半期キャッシュ・フロー計
算書及び前年度における対応する期間の四半期キャッ
シュ・フロー計算書

17-3　四半期連結財務諸表の作成基準

1　四半期個別財務諸表への準拠

Q13 四半期連結財務諸表は，企業集団に属する親会社及び子会社が一般に公正妥当と認められる企業会計の基準に準拠して作成した四半期個別財務諸表を基礎として作成しなければならない。

2　会計方針

Q14 四半期連結財務諸表の作成のために採用する会計方針は，原則として，四半期特有の会計処理としなければならない。ただし，当該四半期連結財務諸表の開示対象期間に係る企業集団の財政状態，経営成績及びキャッシュ・フローの状況に関する財務諸表利用者の判断を誤らせない限り，年度の連結財務諸表の作成にあたって採用する会計方針に準拠することができる。

3　会計方針の継続適用

Q15 前年度の連結財務諸表及び直前の四半期連結財務諸表を作成するために採用した会計方針は，これを継続して適用し，みだりに変更してはならない。

A13	○ (8)
A14	× (9)
	四半期連結財務諸表の作成のために採用する会計方針は、四半期特有の会計処理を除き、原則として年度の連結財務諸表の作成にあたって採用する会計方針に準拠しなければならない。ただし、当該四半期連結財務諸表の開示対象期間に係る企業集団の財政状態、経営成績及びキャッシュ・フローの状況に関する財務諸表利用者の判断を誤らせない限り、簡便的な会計処理によることができる。
A15	○ (10)

4　会計方針の変更

Q16　第2四半期会計期間以降に会計方針の変更を行う場合には，「会計方針の開示，会計上の変更及び誤謬の訂正に関する会計基準」に準じて過去の期間に新たな会計方針を遡及適用する必要はない。

5　企業結合に係る暫定的な会計処理の確定

Q17　企業結合に係る暫定的な会計処理の確定した四半期連結会計期間においては，「企業結合に関する会計基準」に準じて，企業結合日の属する四半期連結会計期間に遡って当該確定が行われたかのように会計処理を行う。

A16	× (10-2, 10-3)
	会計方針の変更を行う場合,「会計方針の開示, 会計上の変更及び誤謬の訂正に関する会計基準」第6項及び第7項に準じて, 過去の期間に新たな会計方針を遡及適用する。ただし, 会計基準等の改正に伴う会計方針の変更の場合で, 会計基準等に特定の経過的な取扱いが定められているときは, その経過的な取扱いに従う。
	なお, 前項の遡及適用の原則的な取扱いが実務上不可能な場合は,「会計方針の開示, 会計上の変更及び誤謬の訂正に関する会計基準」第9項に準じて取り扱う。
	ただし, 第2四半期会計期間以降に会計方針の変更を行う際に, 当年度の期首時点において, 過去の期間のすべてに新たな会計方針を遡及適用した場合の累積的影響額を算定することが実務上不可能なとき(「会計方針の開示, 会計上の変更及び誤謬の訂正に関する会計基準」第9項(2)) は, 当年度の期首以前の実行可能な最も古い日から将来にわたり新たな会計方針を適用する。
A17	○ (10-4)

6　四半期特有の会計処理

Q18　四半期連結財務諸表作成のための特有の会計処理は，原価差異の繰延処理，後入先出法における売上原価修正及び税金費用の計算とする。

Q19　標準原価計算等を採用している場合において，原価差異が操業度等の季節的な変動に起因して発生したものであるときには，継続適用を条件として，当該原価差異を流動資産又は流動負債として繰り延べることができる。

Q20　親会社及び連結子会社の法人税その他利益に関連する金額を課税標準とする税金（以下「法人税等」という。）については，四半期会計期間を含む年度の法人税等の計算に適用される税率に基づき，原則として年度の決算と同様の方法により計算し，繰延税金資産及び繰延税金負債については，回収可能性等を検討した上で，四半期貸借対照表に計上する。

ただし，税金費用については，四半期会計期間を含む年度の税引前当期純利益に対する税効果会計適用後の実効税率を合理的に見積り，税引前四半期純利益に当該見積実効税率を乗じて計算することができる。

A18	×（11）

四半期連結財務諸表作成のための特有の会計処理は，<u>原価差異の繰延処理及び税金費用の計算</u>とする。

A19	×（12）

標準原価計算等を採用している場合において，原価差異が操業度等の季節的な変動に起因して発生したものであり，かつ，原価計算期間末までにほぼ解消が見込まれる<u>とき</u>には，継続適用を条件として，当該原価差異を流動資産又は流動負債として繰り延べることができる。

A20	○（14）

この場合には，四半期貸借対照表計上額は未払法人税等その他適当な科目により，流動負債又は流動資産として表示し，前年度末の繰延税金資産及び繰延税金負債については，回収可能性等を検討した上で，四半期貸借対照表に計上することとする。

7 四半期連結決算日

Q21　四半期連結財務諸表を作成するにあたり、子会社の四半期決算日が四半期連結決算日と異なる場合には、たとえ子会社の四半期決算日と四半期連結決算日との差異が3か月を超えない場合であっても、子会社は、必ず、四半期連結決算日に「四半期財務諸表に関する会計基準」に準ずる合理的な手続により、四半期決算を行わなければならない。

8 子会社を取得又は売却した場合等のみなし取得日又はみなし売却日

Q22　四半期連結財務諸表を作成するにあたり、支配獲得日、株式の取得日又は売却日等が子会社の四半期決算日以外の日である場合には、当該日の前後いずれかの四半期決算日等に支配獲得、株式取得又は売却等が行われたものとみなして処理することができる。

A21 ×（15）

四半期連結財務諸表を作成するにあたり，子会社の四半
期決算日が四半期連結決算日と異なる場合には，子会社
は，四半期連結決算日に「四半期財務諸表に関する会計
基準」に準ずる合理的な手続により，四半期決算を行わ
なければならない。

なお，子会社の四半期決算日と四半期連結決算日との差
異が3か月を超えない場合には，子会社の四半期決算を
基礎として，四半期連結決算を行うことができる。ただ
し，この場合には，四半期決算日が異なることから生ず
る連結会社間の取引に係る会計記録の重要な不一致につ
いては，必要な整理を行うものとする。

A22 ○（16）

9　過去の誤謬の訂正

Q23　第2四半期会計期間以降に四半期連結財務諸表における
誤謬が発見された場合には，「会計方針の開示，会計上
の変更及び誤謬の訂正に関する会計基準」第21項に準
じて修正再表示を行う必要はない。

17-4　開示（連結）

1　四半期連結財務諸表の科目の表示

Q24　四半期連結財務諸表の表示方法は，年度の連結財務諸表
と同様とする。四半期連結財務諸表における個々の表示
科目を，集約して記載することは認められない。

Q25　四半期連結財務諸表における資産，負債，純資産，収益，
費用等の各表示科目及び表示区分は，年度の連結財務諸
表における表示との整合性を勘案しなければならない。

A23	× (16-2)

過去の連結財務諸表及び四半期連結財務諸表における誤
謬が発見された場合には，「会計方針の開示，会計上の
変更及び誤謬の訂正に関する会計基準」第21項に準じ
て修正再表示を行う。

A24	× (17)

四半期連結財務諸表の表示方法は，年度の連結財務諸表
に準じる。ただし，四半期連結財務諸表における個々の
表示科目は，当該四半期連結財務諸表の開示対象期間に
係る企業集団の財政状態，経営成績及びキャッシュ・フ
ローの状況に関する財務諸表利用者の判断を誤らせない
限り，集約して記載することができる。

A25	○ (18)

2 表示方法の変更

Q26 第2四半期会計期間以降に四半期連結財務諸表の表示方法を変更した場合には,「会計方針の開示,会計上の変更及び誤謬の訂正に関する会計基準」第14項に準じて財務諸表の組替えを行う必要はない。

3 注記事項

Q27 当年度の第2四半期以降に自発的に重要な会計処理の原則及び手続について変更を行った場合であっても,変更を行った四半期会計期間以後において,その旨,その理由及び影響額のみを注記すれば足りる。

Q28 前年度の第2四半期以降に自発的に重要な会計方針について変更を行っており,かつ,遡及適用により当年度に比較情報として開示する前年度の四半期連結財務諸表と,前年度に開示した四半期連結財務諸表に適用した会計方針との間に相違がみられる場合には,その旨を注記しなければならない。

A26 × (18-2)

四半期連結財務諸表の表示方法を変更した場合，「会計方針の開示，会計上の変更及び誤謬の訂正に関する会計基準」第14項に準じて財務諸表の組替えを行う。ただし，財務諸表の組替えが実務上不可能な場合には，財務諸表の組替えが実行可能な最も古い期間から新たな表示方法を適用する。

A27 × (19(2)(3)(4-2))

四半期連結財務諸表には，次の事項を注記しなければならない。

(2) 重要な会計方針について変更を行った場合には，変更を行った四半期会計期間以後において，その旨，その理由及び影響額

(3) 当年度の第2四半期以降に自発的に重要な会計方針について変更を行った場合には，(2)又は(4-2)の記載に加え，第2四半期以降に変更した理由

(4-2) 会計方針の変更を会計上の見積りの変更と区分することが困難な場合には，変更を行った四半期会計期間以後において，変更の内容，その理由及び影響額

A28 ○ (19(3-2))

| Q29 | 株主資本の金額に著しい変動があった場合には，主な変動事由を注記しなければならない。 |

| Q30 | 事業の性質上営業収益又は営業費用に著しい季節的変動がある場合には，その状況を注記しなければならない。 |

17-5 四半期個別財務諸表の作成基準

1 会計方針

| Q31 | 四半期個別財務諸表の作成のために採用する会計方針は，原則として，四半期特有の会計処理としなければならない。ただし，当該四半期個別財務諸表の開示対象期間に係る企業集団の財政状態，経営成績及びキャッシュ・フローの状況に関する財務諸表利用者の判断を誤らせない限り，年度の個別財務諸表の作成にあたって採用する会計方針に準拠することができる。 |

2 会計方針の継続適用

| Q32 | 前年度の個別財務諸表及び直前の四半期個別財務諸表を作成するために採用した会計方針は，これを継続して適用し，みだりに変更してはならない。 |

A29	○ (19(13))

A30	○ (19(15))

A31	× (20)
	四半期個別財務諸表の作成のために採用する会計方針は, 四半期特有の会計処理を除き, 原則として年度の個別財務諸表の作成にあたって採用する会計方針に準拠しなければならない。ただし, 当該四半期個別財務諸表の開示対象期間に係る企業の財政状態, 経営成績及びキャッシュ・フローの状況に関する財務諸表利用者の判断を誤らせない限り, 簡便的な会計処理によることができる。

A32	○ (21)

3 会計方針の変更

Q33　第2四半期会計期間以降に会計方針の変更を行う場合には，「会計方針の開示，会計上の変更及び誤謬の訂正に関する会計基準」第6項及び第7項に準じて過去の期間に新たな会計方針を遡及適用する必要はない。

4 企業結合に係る暫定的な会計処理の確定

Q34　企業結合に係る暫定的な会計処理の確定した四半期会計期間においては，企業結合日の属する四半期会計期間に遡って当該確定が行われたかのように会計処理を行う必要はない。

A33 | ×（21-2, 21-3）

会計方針の変更を行う場合，「会計方針の開示，会計上の変更及び誤謬の訂正に関する会計基準」第6項及び第7項に準じて，過去の期間に新たな会計方針を遡及適用する。ただし，会計基準等の改正に伴う会計方針の変更の場合で，会計基準等に特定の経過的な取扱いが定められているときは，その経過的な取扱いに従う。

なお，前項の遡及適用の原則的な取扱いが実務上不可能な場合は，「会計方針の開示，会計上の変更及び誤謬の訂正に関する会計基準」第9項に準じて取り扱う。

ただし，第2四半期会計期間以降に会計方針の変更を行う際に，当年度の期首時点において，過去の期間のすべてに新たな会計方針を遡及適用した場合の累積的影響額を算定することが実務上不可能なとき（「会計方針の開示，会計上の変更及び誤謬の訂正に関する会計基準」第9項(2)）は，当年度の期首以前の実行可能な最も古い日から将来にわたり新たな会計方針を適用する。

A34 | ×（21-4）

企業結合に係る暫定的な会計処理の確定した四半期会計期間においては，「企業結合に関する会計基準」に準じて，企業結合日の属する四半期会計期間に遡って当該確定が行われたかのように会計処理を行う。

5 四半期特有の会計処理

Q35 四半期個別財務諸表作成のための特有の会計処理は，原価差異の繰延処理，及び税金費用の計算とする。

6 過去の誤謬の訂正

Q36 第2四半期会計期間以降に四半期個別財務諸表における誤謬が発見された場合には，「会計方針の開示，会計上の変更及び誤謬の訂正に関する会計基準」第21項に準じて修正再表示を行う必要はない。

17-6 開示（個別）

1 四半期個別財務諸表の科目の表示

Q37 四半期個別財務諸表の表示方法は，年度の個別財務諸表と同様とする。四半期個別財務諸表における個々の表示科目を，集約して記載することは認められない。

Q38 四半期個別財務諸表における資産，負債，純資産，収益，費用等の各表示科目及び表示区分は，年度の個別財務諸表における表示との整合性を勘案しなければならない。

A35 ○ (22)

四半期個別財務諸表作成のための特有の会計処理については，第11項から第14項の取扱いに準じる。

A36 × (22-2)

過去の個別財務諸表及び四半期個別財務諸表における誤謬が発見された場合には，「会計方針の開示，会計上の変更及び誤謬の訂正に関する会計基準」第21項に準じて修正再表示を行う。

A37 × (23)

四半期個別財務諸表の表示方法は，年度の個別財務諸表に準じる。ただし，四半期個別財務諸表における個々の表示科目は，当該四半期個別財務諸表の開示対象期間に係る企業の財政状態，経営成績及びキャッシュ・フローの状況に関する財務諸表利用者の判断を誤らせない限り，集約して記載することができる。

A38 ○ (24)

2 表示方法の変更

Q39 第2四半期会計期間以降に四半期個別財務諸表の表示方
法を変更した場合には，「会計方針の開示，会計上の変
更及び誤謬の訂正に関する会計基準」第14項に準じて
財務諸表の組替えを行う必要はない。

3 注記事項

Q40 当年度の第2四半期以降に自発的に重要な会計方針につ
いて変更を行った場合であっても，変更を行った四半期
会計期間以後において，その旨，その理由及び影響額の
みを注記すれば足りる。

Q41 前年度の第2四半期以降に自発的に重要な会計方針につ
いて変更を行っており，かつ，遡及適用により当年度
に比較情報として開示する前年度の四半期個別財務諸表
と，前年度に開示した四半期個別財務諸表に適用した会
計方針との間に相違がみられる場合には，その旨を注記
しなければならない。

A39	× (24-2) 四半期個別財務諸表の表示方法を変更した場合，「会計方針の開示，会計上の変更及び誤謬の訂正に関する会計基準」第14項に準じて財務諸表の組替えを行う。ただし，財務諸表の組替えが実務上不可能な場合には，財務諸表の組替えが実行可能な最も古い期間から新たな表示方法を適用する。
A40	× (25(1)(2)(3-2)) 四半期個別財務諸表には，次の事項を注記しなければならない。 (1) 重要な会計方針について変更を行った場合には，変更を行った四半期会計期間以後において，その旨，その理由及び影響額 (2) 当年度の第2四半期以降に自発的に重要な会計方針について変更を行った場合には，(1)又は（3-2）の記載に加え，第2四半期以降に変更した理由 (3-2) 会計方針の変更を会計上の見積りの変更と区分することが困難な場合には，変更を行った四半期会計期間以後において，変更の内容，その理由及び影響額
A41	○ (25(2-2))

Q42	株主資本の金額に著しい変動があった場合には，主な変動事由を注記しなければならない。
Q43	事業の性質上営業収益又は営業費用に著しい季節的変動がある場合には，その状況を注記しなければならない。

A42	○ (25(11))
A43	○ (25(13))

企業会計基準第13号
「リース取引に関する
　　　　　会計基準」

§ 18

18—1 用語の定義

Q01 「リース取引」とは，特定の物件の所有者たる貸手（レッサー）が，当該物件の借手（レッシー）に対し，合意された期間（以下「リース期間」という。）にわたりこれを使用収益する権利を与え，借手は，合意された使用料（以下「リース料」という。）を貸手に支払う取引をいう。

Q02 「ファイナンス・リース取引」とは，リース契約に基づくリース期間の中途において当該契約を解除することができないリース取引又はこれに準ずるリース取引をいう。

Q03 「オペレーティング・リース取引」とは，借手が，当該契約に基づき使用する物件（以下「リース物件」という。）からもたらされる経済的利益を実質的に享受することができ，かつ，当該リース物件の使用に伴って生じるコストを実質的に負担することとなるリース取引をいう。

A01　○ (4)

A02　× (5)

「ファイナンス・リース取引」とは，リース契約に基づくリース期間の中途において当該契約を解除することができないリース取引又はこれに準ずるリース取引で，借手が，当該契約に基づき使用する物件（以下「リース物件」という。）からもたらされる経済的利益を実質的に享受することができ，かつ，当該リース物件の使用に伴って生じるコストを実質的に負担することとなるリース取引をいう。

A03　× (6)

「オペレーティング・リース取引」とは，ファイナンス・リース取引以外のリース取引をいう。

004 「リース取引開始日」とは，借手が，リース物件を使用
収益する権利を行使することができることとなった日を
いう。

18-2 ファイナンス・リース取引の分類

005 ファイナンス・リース取引は，リース契約上の諸条件に
照らしてリース物件の所有権が借手に移転すると認めら
れるもの（以下「所有権移転ファイナンス・リース取引」
という。）と，それ以外の取引（以下「所有権移転外ファ
イナンス・リース取引」という。）に分類する。

18-3 ファイナンス・リース取引の会計処理

006 ファイナンス・リース取引については，通常の売買取引
に係る方法に準じて会計処理を行う。

1 借手側

007 借手は，リース取引開始日に，通常の売買取引に係る方
法に準じた会計処理により，リース物件とこれに係る債
務をリース資産及びリース債務として計上する。

008 リース資産及びリース債務の計上額を算定するにあたっ
ては，原則として，リース契約締結時に合意されたリー
ス料総額からこれに含まれている利息相当額の合理的な
見積額を控除しない方法による。

A04	○ (7)

A05	○ (8)

A06	○ (9)

A07	○ (10)

A08	× (11)

リース資産及びリース債務の計上額を算定するにあたっては，原則として，リース契約締結時に合意されたリース料総額からこれに含まれている利息相当額の合理的な見積額を控除する方法による。

| Q09 | 利息相当額については，原則として，リース期間にわたり定額法により配分する。 |

| Q10 | 所有権移転ファイナンス・リース取引に係るリース資産の減価償却費は，原則として，リース期間を耐用年数とし，残存価額をゼロとして算定する。 |

| Q11 | 所有権移転外ファイナンス・リース取引に係るリース資産の減価償却費は，自己所有の固定資産に適用する減価償却方法と同一の方法により算定する。 |

2　貸手側

| Q12 | 貸手は，リース取引開始日に，通常の売買取引に係る方法に準じた会計処理により，所有権移転ファイナンス・リース取引についてはリース投資資産として，所有権移転外ファイナンス・リース取引についてはリース債権として計上する。 |

| Q13 | 貸手における利息相当額の総額は，リース契約締結時に合意されたリース料総額及び見積残存価額の合計額から，これに対応するリース資産の取得価額を控除することによって算定する。 |

A09	×（11）
	利息相当額については，原則として，リース期間にわた り<u>利息法</u>により配分する。

A10	×（12）
	所有権移転ファイナンス・リース取引に係るリース資産 の減価償却費は，<u>自己所有の固定資産に適用する減価償 却方法と同一の方法</u>により算定する。

A11	×（12）
	所有権移転外ファイナンス・リース取引に係るリース資 産の減価償却費は，原則として，<u>リース期間を耐用年数 とし，残存価額をゼロとして</u>算定する。

A12	×（13）
	貸手は，リース取引開始日に，通常の売買取引に係る方 法に準じた会計処理により，所有権移転ファイナンス・ リース取引については<u>リース債権</u>として，所有権移転外 ファイナンス・リース取引については<u>リース投資資産</u>と して計上する。

A13	○（14）

| Q14 | 利息相当額については，原則として，リース期間にわたり定額法により配分する。 |

18-4 オペレーティング・リース取引の会計処理

| Q15 | オペレーティング・リース取引については，通常の賃貸借取引に係る方法に準じて会計処理を行う。 |

18-5 ファイナンス・リース取引の表示

1 借手側

| Q16 | リース資産については，原則として，有形固定資産又は無形固定資産に属する各科目に含めて表示する。ただし，有形固定資産，無形固定資産の別に，一括してリース資産として表示することもできる。 |

| Q17 | リース債務については，すべて固定負債に属するものとする。 |

A14	×（14）
	利息相当額については，原則として，リース期間にわたり<u>利息法により</u>配分する。

A15	○（15）

A16	×（16）
	リース資産については，原則として，<u>有形固定資産，無形固定資産の別に，一括してリース資産として表示する。ただし，有形固定資産又は無形固定資産に属する各科目に含めることもできる。</u>

A17	×（17）
	リース債務については，<u>貸借対照表日後1年以内に支払の期限が到来するものは流動負債に属するものとし，貸借対照表日後1年を超えて支払の期限が到来するものは固定負債に属するものとする。</u>

2 貸手側

Q18　所有権移転ファイナンス・リース取引におけるリース債権及び所有権移転外ファイナンス・リース取引におけるリース投資資産については，貸借対照表日の翌日から起算して1年以内に入金の期限が到来するものは流動資産に表示し，入金の期限が1年を超えて到来するものは固定資産に表示する。

18-6　ファイナンス・リース取引の注記

1 借手側

Q19　リース資産について，その内容（主な資産の種類等）及び減価償却の方法を注記する。ただし，重要性が乏しい場合には，当該注記を要しない。

2 貸手側

Q20　リース投資資産について，将来のリース料を収受する権利（以下「リース料債権」という。）部分及び見積残存価額（リース期間終了時に見積られる残存価額で借手による保証のない額）部分の金額（各々，利息相当額控除前）並びに受取利息相当額を注記する。ただし，重要性が乏しい場合には，当該注記を要しない。

A18	× (18) 所有権移転ファイナンス・リース取引におけるリース債権及び所有権移転外ファイナンス・リース取引におけるリース投資資産については，当該企業の主目的たる営業取引により発生したものである場合には流動資産に表示する。また，当該企業の営業の主目的以外の取引により発生したものである場合には，貸借対照表日の翌日から起算して1年以内に入金の期限が到来するものは流動資産に表示し，入金の期限が1年を超えて到来するものは固定資産に表示する。
A19	○ (19)
A20	○ (20)

| Q21 | リース債権及びリース投資資産に係るリース料債権部分について，貸借対照表日後3年以内における1年ごとの回収予定額及び3年超の回収予定額を注記する。ただし，重要性が乏しい場合には，当該注記を要しない。 |

18-7 オペレーティング・リース取引の注記 (借手側及び貸手側)

| Q22 | オペレーティング・リース取引に係る未経過リース料は，貸借対照表日後1年以内のリース期間に係るものと，貸借対照表日後1年を超えるリース期間に係るものとに区分して注記しなければならない。ただし，重要性が乏しい場合には，当該注記を要しない。 |

A21 | × (21)

リース債権及びリース投資資産に係るリース料債権部分について，貸借対照表日後5年以内における1年ごとの回収予定額及び5年超の回収予定額を注記する。ただし，重要性が乏しい場合には，当該注記を要しない。

A22 | × (22)

オペレーティング・リース取引のうち解約不能のものに係る未経過リース料は，貸借対照表日後1年以内のリース期間に係るものと，貸借対照表日後1年を超えるリース期間に係るものとに区分して注記する。ただし，重要性が乏しい場合には，当該注記を要しない。

企業会計基準第16号
「持分法に関する会計基準」

§ 19

19-1 会計基準

1 範 囲

Q01 「持分法に関する会計基準」は，連結財務諸表を作成する場合に適用する。

2 用語の定義

Q02 「持分法」とは，投資会社が被投資会社の資本及び損益のうち投資会社に帰属する部分の変動に応じて，その投資の額を連結決算日ごとに修正する方法をいう。

Q03 「企業」とは，会社及び会社に準ずる事業体をいい，会社，組合その他これらに準ずる事業体（外国におけるこれらに相当するものは含まない。）を指す。

Q04 「関連会社」とは，企業（当該企業が子会社を有する場合には，当該子会社を含む。）が，出資，人事，資金，技術，取引等の関係を通じて，子会社以外の他の企業の財務及び営業又は事業の方針の決定に対して重要な影響を与えることができる場合における当該子会社以外の他の企業をいう。

A01 　◯ (3)

なお，連結財務諸表を作成していないが，個別財務諸表において持分法を適用して算定された財務情報に係る注記を行う場合には，「持分法に関する会計基準」による。

A02 　◯ (4)

A03 　× (4−2)

「企業」とは，会社及び会社に準ずる事業体をいい，会社，組合その他これらに準ずる事業体（外国におけるこれらに相当するものを含む。）を指す。

A04 　◯ (5)

| Q05 | 子会社以外の他の企業の議決権の100分の15以上を自己の計算において所有している場合は, 通常,「子会社以外の他の企業の財務及び営業又は事業の方針の決定に対して重要な影響を与えることができる場合」に該当する。 |

| Q06 | 子会社以外の他の企業が, 更生会社, 破産会社その他これらに準ずる企業である場合には, 関連会社に該当しない。 |

A05	× (5−2, 5−2(1))

子会社以外の他の企業の議決権の<u>100分の20以上</u>を自己の計算において所有している場合は，通常，「子会社以外の他の企業の財務及び営業又は事業の方針の決定に対して重要な影響を与えることができる場合」に該当する。

A06	× (5−2(1))

「子会社以外の他の企業の財務及び営業又は事業の方針の決定に対して重要な影響を与えることができる場合」とは，次の場合をいう。ただし，財務上又は営業上若しくは事業上の関係からみて子会社以外の他の企業の財務及び営業又は事業の方針の決定に対して重要な影響を与えることができないことが明らかであると認められるときは，この限りでない。

(1) 子会社以外の他の企業（更生会社，破産会社その他これらに準ずる企業であって，かつ，当該企業の財務及び営業又は事業の方針の決定に対して重要な影響を与えることができないと認められる企業を除く。下記(2)及び(3)においても同じ。）の議決権の100分の20以上を自己の計算において所有している場合

| Q07 | 子会社以外の他の企業の議決権の100分の15以上，100分の20未満を自己の計算において所有している場合であって，かつ，次のすべての要件に該当している場合に限り，「子会社以外の他の企業の財務及び営業又は事業の方針の決定に対して重要な影響を与えることができる場合」に該当する。 |

① 役員若しくは使用人である者，又はこれらであった者で自己が子会社以外の他の企業の財務及び営業又は事業の方針の決定に関して影響を与えることができる者が，当該子会社以外の他の企業の代表取締役，取締役又はこれらに準ずる役職に就任していること

② 子会社以外の他の企業に対して重要な融資（債務の保証及び担保の提供を含む。）を行っていること

③ 子会社以外の他の企業に対して重要な技術を提供していること

④ 子会社以外の他の企業との間に重要な販売，仕入その他の営業上又は事業上の取引があること

⑤ その他子会社以外の他の企業の財務及び営業又は事業の方針の決定に対して重要な影響を与えることができることが推測される事実が存在すること

A07	× (5-2(2))

子会社以外の他の企業の議決権の100分の15以上，100分の20未満を自己の計算において所有している場合であって，かつ，次の<u>いずれか</u>の要件に該当する場合

① 役員若しくは使用人である者，又はこれらであった者で自己が子会社以外の他の企業の財務及び営業又は事業の方針の決定に関して影響を与えることができる者が，当該子会社以外の他の企業の代表取締役，取締役又はこれらに準ずる役職に就任していること

② 子会社以外の他の企業に対して重要な融資（債務の保証及び担保の提供を含む。）を行っていること

③ 子会社以外の他の企業に対して重要な技術を提供していること

④ 子会社以外の他の企業との間に重要な販売，仕入その他の営業上又は事業上の取引があること

⑤ その他子会社以外の他の企業の財務及び営業又は事業の方針の決定に対して重要な影響を与えることができることが推測される事実が存在すること

Q08 自己の計算において所有している議決権が100分の15未満であっても，自己の計算において所有している議決権と，自己と出資，人事，資金，技術，取引等において緊密な関係があることにより自己の意思と同一の内容の議決権を行使すると認められる者及び自己の意思と同一の内容の議決権を行使することに同意している者が所有している議決権とを合わせて，子会社以外の他の企業の議決権の100分の20以上を占めている場合には，「子会社以外の他の企業の財務及び営業又は事業の方針の決定に対して重要な影響を与えることができる場合」に該当する。ただし，自己の計算において議決権を所有していない場合には，これに該当しない。

19-2 会計処理

1 持分法の適用範囲

Q09 関連会社に対する投資については，原則として持分法を適用する。非連結子会社に対する投資については，持分法を適用しない。

2 被投資会社の財務諸表

Q10 持分法の適用に際しては，被投資会社の財務諸表の適正な修正や資産及び負債の評価に伴う税効果会計の適用等，原則として，連結子会社の場合と同様の処理を行う。

A08	× (5-2(3))
	自己の計算において所有している議決権（当該議決権を所有していない場合を含む。）と，自己と出資，人事，資金，技術，取引等において緊密な関係があることにより自己の意思と同一の内容の議決権を行使すると認められる者及び自己の意思と同一の内容の議決権を行使することに同意している者が所有している議決権とを合わせて，子会社以外の他の企業の議決権の100分の20以上を占めているときであって，かつ，上記(2)の①から⑤までのいずれかの要件に該当する場合
A09	× (6)
	非連結子会社及び関連会社に対する投資については，原則として持分法を適用する。ただし，持分法の適用により，連結財務諸表に重要な影響を与えない場合には，持分法の適用会社としないことができる。
A10	○ (8)

Q11 同一環境下で行われた同一の性質の取引等について，投資会社（その子会社を含む。）及び持分法を適用する被投資会社が採用する会計処理の原則及び手続は，統一しない。

Q12 持分法の適用にあたり，被投資会社の決算日が投資会社の決算日と異なる場合には，被投資会社は，投資会社の決算日に正規の決算に準ずる合理的な手続により決算を行う。ただし，被投資会社の決算日と投資会社の差異が3か月を超えない場合には，被投資会社の正規の決算を基礎とすることができる。

3 持分法の会計処理

Q13 投資会社の投資日における投資とこれに対応する被投資会社の資本との間に差額がある場合には，当該差額はのれん又は負ののれんとし，のれんは投資と区別して処理する。

Q14 投資会社は，投資の日以降における被投資会社の利益又は損失のうち投資会社の持分又は負担に見合う額を算定して，投資の額を増額又は減額し，当該増減額を当期純利益の計算に含める。

Q15 投資の増減額の算定にあたっては，連結会社（親会社及び連結される子会社）と持分法の適用会社との間の取引に係る未実現損益を消去するための修正を行う。

A11	× (9)

同一環境下で行われた同一の性質の取引等について，投資会社（その子会社を含む。）及び持分法を適用する被投資会社が採用する会計処理の原則及び手続は，原則として統一する。

A12	× (10)

持分法の適用にあたっては，投資会社は，被投資会社の直近の財務諸表を使用する。投資会社と被投資会社の決算日に差異があり，その差異の期間内に重要な取引又は事象が発生しているときには，必要な修正又は注記を行う。

A13	× (11)

投資会社の投資日における投資とこれに対応する被投資会社の資本との間に差額がある場合には，当該差額はのれん又は負ののれんとし，のれんは投資に含めて処理する。

A14	○ (12)

なお，のれん（又は負ののれん）の会計処理は，「企業結合に関する会計基準」第32項（又は第33項）に準じて行う。

A15	○ (13)

| Q16 | 被投資会社から配当金を受け取った場合には，当該配当金に相当する額を受取配当金として収益に計上する。 |

4 関連会社等に該当しなくなった場合の会計処理

| Q17 | 関連会社に対する投資の売却等により被投資会社が関連会社に該当しなくなった場合には，連結財務諸表上，残存する当該被投資会社に対する投資は，当該時点の時価をもって再評価する。 |

19-3 開 示

| Q18 | 連結財務諸表上，持分法による投資損益は，営業外収益又は営業外費用の区分に一括して表示する。 |

A16	× (14)
	被投資会社から配当金を受け取った場合には，当該配当金に相当する額を投資の額から減額する。

A17	× (15)
	関連会社に対する投資の売却等により被投資会社が関連会社に該当しなくなった場合には，連結財務諸表上，残存する当該被投資会社に対する投資は，個別貸借対照表上の帳簿価額をもって評価する。
	なお，持分法の適用対象となる非連結子会社に対する投資の売却等により，当該被投資会社が子会社及び関連会社に該当しなくなった場合には，上記に準じて処理する。

A18	○ (16)

企業会計基準第17号
「セグメント情報等の開示に
関する会計基準」

§ 20

20-1　範　囲

Q01　「セグメント情報等の開示に関する会計基準」は，すべ
ての企業の連結財務諸表又は個別財務諸表（以下「財務
諸表」という。）におけるセグメント情報等の開示に適
用する。なお，連結財務諸表でセグメント情報等の開示
を行っている場合であっても，個別財務諸表での開示を
省略することは認められない。

20-2　基本原則

Q02　セグメント情報等の開示は，財務諸表利用者が，企業の
過去の業績を理解し，将来のキャッシュ・フローの予測
を適切に評価できるように，企業が行う様々な事業活動
の内容及びこれを行う経営環境に関して適切な情報を提
供するものでなければならない。

Q03　企業又はその特定の事業分野について，その事業活動の
内容及びこれを行う経営環境を財務諸表利用者が理解す
る上で有用な情報であっても，「セグメント情報等の開
示に関する会計基準」に定める事項以外の情報を開示す
ることは認められない。

A01 × (3)

「セグメント情報等の開示に関する会計基準」は，すべ
ての企業の連結財務諸表又は個別財務諸表（以下「財務
諸表」という。）におけるセグメント情報等の開示に適
用する。なお，連結財務諸表でセグメント情報等の開示
を行っている場合は，<u>個別財務諸表での開示を要しない
こととする</u>。

A02 ○ (4)

A03 × (5)

「セグメント情報等の開示に関する会計基準」は，企業
又はその特定の事業分野について，その事業活動の内容
及びこれを行う経営環境を財務諸表利用者が理解する
上で有用な情報を，<u>「セグメント情報等の開示に関する
会計基準」に定める事項に加えて開示することを妨げな
い</u>。

20−3　セグメント情報の開示

004 「事業セグメント」とは，企業の構成単位で，次の要件のいずれかに該当するものをいう。

(1) 収益を稼得し，費用が発生する事業活動に関わるもの（同一企業内の他の構成単位との取引に関連する収益及び費用を含む。）

(2) 企業の最高経営意思決定機関が，当該構成単位に配分すべき資源に関する意思決定を行い，また，その業績を評価するために，その経営成績を定期的に検討するもの

(3) 分離された財務情報を入手できるもの

1　事業セグメントの識別

005 企業の本社又は特定の部門のように，企業を構成する一部であっても収益を稼得していない，又は付随的な収益を稼得するに過ぎない構成単位は，事業セグメント又は事業セグメントの一部とならない。

006 「最高経営意思決定機関」とは，企業の事業セグメントに資源を配分し，その業績を評価する機能を有する主体のことをいう。

A04 | × (6)

「事業セグメント」とは，企業の構成単位で，次の要件のすべてに該当するものをいう。

(1)　収益を稼得し，費用が発生する事業活動に関わるもの（同一企業内の他の構成単位との取引に関連する収益及び費用を含む。）

(2)　企業の最高経営意思決定機関が，当該構成単位に配分すべき資源に関する意思決定を行い，また，その業績を評価するために，その経営成績を定期的に検討するもの

(3)　分離された財務情報を入手できるもの

ただし，新たな事業を立ち上げたときのように，現時点では収益を稼得していない事業活動を事業セグメントとして識別する場合もある。

A05 | ○ (7)

A06 | ○ (8)

| Q07 | 事業セグメントの要件を満たすセグメントの区分方法が複数ある場合，企業は，すべてのセグメントの区分方法に基づいて，複数のセグメント情報を開示しなければならない。 |

2 報告セグメントの決定

| Q08 | 企業は，識別された事業セグメント又は集約された事業セグメントの中から，量的基準に従って，報告すべきセグメント（以下「報告セグメント」という。）を決定しなければならない。 |

A07	× (9)
	事業セグメントの要件を満たすセグメントの区分方法が複数ある場合，企業は，各構成単位の事業活動の特徴，それらについて責任を有する管理者の存在及び取締役会等に提出される情報などの要素に基づいて，企業の事業セグメントの区分方法を決定するものとする。

A08	○ (10)

| Q09 | 複数の事業セグメントが次の要件のいずれかを満たす場合，企業は当該事業セグメントを1つの事業セグメントに集約することができる。 |

(1) 当該事業セグメントを集約することが，セグメント情報を開示する基本原則と整合していること

(2) 当該事業セグメントの経済的特徴が概ね類似していること

(3) 当該事業セグメントの次のすべての要素が概ね類似していること

① 製品及びサービスの内容

② 製品の製造方法又は製造過程，サービスの提供方法

③ 製品及びサービスを販売する市場又は顧客の種類

④ 製品及びサービスの販売方法

⑤ 銀行，保険，公益事業等のような業種に特有の規制環境

A09	× (11)

複数の事業セグメントが次の要件のすべてを満たす場合，企業は当該事業セグメントを1つの事業セグメントに集約することができる。

(1) 当該事業セグメントを集約することが，セグメント情報を開示する基本原則（第4項参照）と整合していること

(2) 当該事業セグメントの経済的特徴が概ね類似していること

(3) 当該事業セグメントの次のすべての要素が概ね類似していること

① 製品及びサービスの内容

② 製品の製造方法又は製造過程，サービスの提供方法

③ 製品及びサービスを販売する市場又は顧客の種類

④ 製品及びサービスの販売方法

⑤ 銀行，保険，公益事業等のような業種に特有の規制環境

Q10	企業は，次の量的基準のすべてを満たす事業セグメントを報告セグメントとして開示しなければならない。
	(1) 売上高（事業セグメント間の内部売上高又は振替高を含む。）がすべての事業セグメントの売上高の合計額の20％以上であること（売上高には役務収益を含む。以下同じ。）
	(2) 利益又は損失の絶対値が，①利益の生じているすべての事業セグメントの利益の合計額，又は②損失の生じているすべての事業セグメントの損失の合計額の絶対値のいずれか大きい額の20％以上であること
	(3) 資産が，すべての事業セグメントの資産の合計額の20％以上であること
Q11	企業は，量的基準を満たしていない複数の事業セグメントの経済的特徴が概ね類似している場合には，これらの事業セグメントを結合して，報告セグメントとすることができる。

A10　×（12）

企業は，次の量的基準のいずれかを満たす事業セグメントを報告セグメントとして開示しなければならない。

(1)　売上高（事業セグメント間の内部売上高又は振替高を含む。）がすべての事業セグメントの売上高の合計額の10％以上であること（売上高には役務収益を含む。以下同じ。）

(2)　利益又は損失の絶対値が，①利益の生じているすべての事業セグメントの利益の合計額，又は②損失の生じているすべての事業セグメントの損失の合計額の絶対値のいずれか大きい額の10％以上であること

(3)　資産が，すべての事業セグメントの資産の合計額の10％以上であること

なお，本項の定めは，企業が，量的基準のいずれにも満たない事業セグメントを，報告セグメントとして開示することを妨げない。

A11　×（13）

企業は，前項の量的基準を満たしていない複数の事業セグメントの経済的特徴が概ね類似し，かつ第11項(3)に記載した事業セグメントを集約するにあたって考慮すべき要素の過半数について概ね類似している場合には，これらの事業セグメントを結合して，報告セグメントとすることができる。

Q12	報告セグメントの外部顧客への売上高の合計額が連結損益計算書又は個別損益計算書（以下「損益計算書」という。）の売上高の70％未満である場合には，損益計算書の売上高の70％以上が報告セグメントに含まれるまで，報告セグメントとする事業セグメントを追加して識別しなければならない。
Q13	報告セグメントに含まれない事業セグメント及びその他の収益を稼得する事業活動に関する情報は，「差異調整に関する事項」の中で，他の調整項目に含めて一括して開示しなければならない。
Q14	ある事業セグメントの量的な重要性の変化によって，報告セグメントとして開示する事業セグメントの範囲を変更する場合には，その旨及び前年度のセグメント情報を当年度の報告セグメントの区分により作り直した情報を開示しなければならない。

A12 ×（14）

報告セグメントの外部顧客への売上高の合計額が連結損益計算書又は個別損益計算書（以下「損益計算書」という。）の売上高の75％未満である場合には，損益計算書の売上高の75％以上が報告セグメントに含まれるまで，報告セグメントとする事業セグメントを追加して識別しなければならない。

A13 ×（15）

報告セグメントに含まれない事業セグメント及びその他の収益を稼得する事業活動に関する情報は，第25項により求められる差異調整の中で，他の調整項目とは区分して，「その他」の区分に一括して開示しなければならない。この場合，「その他」に含まれる主要な事業の名称等をあわせて開示しなければならない。

A14 ○（16）

ただし，前年度のセグメント情報を当年度の報告セグメントの区分により作り直した情報を開示することが実務上困難な場合（「セグメント情報等の開示に関する会計基準」では，必要な情報の入手が困難な場合や，当該情報を作成するために過度の負担を要する場合には，実務上困難なものとする。以下同じ。）には，セグメント情報に与える影響を開示することができる。

3 セグメント情報の開示項目と測定方法

Q15　企業は，セグメント情報として，(1)報告セグメントの概要，(2)報告セグメントの利益，資産，負債及びその他の重要な項目の額等を開示しなければならないが，測定方法に関する事項及び差異調整に関する事項については開示する必要はない。

Q16　企業は，報告セグメントの概要として，次の事項を開示しなければならない。

(1)　報告セグメントの決定方法

　事業セグメントを識別するために用いた方法（例えば，製品・サービス別，地域別，規制環境別，又はこれらの組合せ等，企業の事業セグメントの基礎となる要素）及び複数の事業セグメントを集約した場合にはその旨等について記載する。

(2)　各報告セグメントに属する製品及びサービスの種類

A15　× (17)

企業は，セグメント情報として，次の事項を開示しなければならない。

(1)　報告セグメントの概要（第18項参照）

(2)　報告セグメントの利益（又は損失），資産，負債及びその他の重要な項目の額（第19項から第22項参照）並びにその測定方法に関する事項（第23項及び第24項参照)

(3)　第19項から第22項の定めにより開示する項目の合計額とこれに対応する財務諸表計上額との間の差異調整に関する事項（第25項及び第26項参照)

A16　○ (18)

| Q17 | 企業は，各報告セグメントの利益（又は損失），資産の額及び負債の額を開示しなければならない。 |

| Q18 | 企業が開示する報告セグメントの利益（又は損失）の額の算定に(1)外部顧客への売上高，(2)事業セグメント間の内部売上高又は振替高，(3)減価償却費（のれんを除く無形固定資産に係る償却費を含む。）が含まれている場合に限り，企業は各報告セグメントのこれらの金額を開示しなければならない。 |

A17	× (19, 20)
	企業は，各報告セグメントの利益（又は損失）及び資産の額を開示しなければならない。
	負債に関する情報が，最高経営意思決定機関に対して定期的に提供され，使用されている場合，企業は各報告セグメントの負債の額を開示しなければならない。
A18	× (21)
	企業が開示する報告セグメントの利益（又は損失）の額の算定に次の項目が含まれている場合，企業は各報告セグメントのこれらの金額を開示しなければならない。また，報告セグメントの利益（又は損失）の額の算定に含まれていない場合であっても，次の項目の事業セグメント別の情報が最高経営意思決定機関に対して定期的に提供され，使用されているときには，企業は各報告セグメントのこれらの金額を開示しなければならない。
	(1) 外部顧客への売上高
	(2) 事業セグメント間の内部売上高又は振替高
	(3) 減価償却費（のれんを除く無形固定資産に係る償却費を含む。）
	(4) のれんの償却額及び負ののれんの償却額
	(5) 受取利息及び支払利息
	(6) 持分法投資利益（又は損失）
	(7) 特別利益及び特別損失
	(8) 税金費用（法人税等及び法人税等調整額）
	(9) (1)から(8)に含まれていない重要な非資金損益項目
	本項(7)の特別利益及び特別損失については，主な内訳をあわせて開示するものとする。

| Q19 | 企業が開示する報告セグメントの資産の額の算定に(1)持分法適用会社への投資額（当年度末残高）及び(2)有形固定資産及び無形固定資産の増加額（当年度の投資額）が含まれており，かつ，これらが最高経営意思決定機関に対して定期的に提供され使用されているときには，企業は，各報告セグメントのこれらの金額を開示しなければならない。 |
| Q20 | 各報告セグメントの利益（又は損失），資産及び負債等の額の開示を，最高経営意思決定機関に報告される金額に基づいて行ってはならない。 |

A19	× (22) 企業が開示する報告セグメントの資産の額の算定に次の項目が含まれている場合，企業は各報告セグメントのこれらの金額を開示しなければならない。また，報告セグメントの資産の額の算定に含まれていない場合であっても，次の項目の事業セグメント別の情報が最高経営意思決定機関に対して定期的に提供され，使用されているときには，企業は各報告セグメントのこれらの金額を開示しなければならない。 (1) 持分法適用会社への投資額（当年度末残高） (2) 有形固定資産及び無形固定資産の増加額（当年度の投資額）
A20	× (23) 第19項から第22項に基づく開示は，事業セグメントに資源を配分する意思決定を行い，その業績を評価する目的で，最高経営意思決定機関に報告される金額に基づいて行わなければならない。財務諸表の作成にあたって行った修正や相殺消去，又は特定の収益，費用，資産又は負債の配分は，最高経営意思決定機関が使用する事業セグメントの利益（又は損失），資産又は負債の算定に含まれている場合にのみ，報告セグメントの各項目の額に含めることができる。ただし，特定の収益，費用，資産又は負債を各事業セグメントの利益（又は損失），資産又は負債に配分する場合には，企業は，合理的な基準に従って配分しなければならない。

| Q21 | 企業は，各報告セグメントの利益（又は損失），資産及び負債等の額の測定方法について開示しなければならない。 |

A21 ◯ (24)

なお，企業は，少なくとも次の事項を開示しなければならない。

(1) 報告セグメント間の取引がある場合，その会計処理の基礎となる事項

例えば，報告セグメント間の取引価格や振替価格の決定方法などについて明らかにする必要がある。

(2) 報告セグメントの利益（又は損失）の合計額と，損益計算書の利益（又は損失）計上額との間に差異があり，差異調整に関する事項の開示（第25項(2)参照）からはその内容が明らかでない場合，その内容

例えば，会計処理の方法の違いによる差異がある場合や，事業セグメントに配分していない額がある場合には，その主な内容を明らかにする必要がある（本項(3)及び(4)においても同様。）。

(3) 報告セグメントの資産の合計額と連結貸借対照表又は個別貸借対照表（以下「貸借対照表」という。）の資産計上額との間に差異があり，差異調整に関する事項の開示（第25項(3)参照）からその内容が明らかでない場合，その内容

なお，企業が事業セグメントに資産を配分していない場合には，その旨を開示しなければならない。

(6) 事業セグメントに対する特定の資産又は負債の配分基準と関連する収益又は費用の配分基準が異なる場合には，その内容

例えば，ある事業セグメントに特定の償却資産を配分していないにもかかわらず，その減価償却費を当該事業セグメントの費用に配分する場合がこれに該当する。

Q22	企業は，次の項目について，その差異調整に関する事項を開示しなければならない。
	(1) 報告セグメントの売上高の合計額と損益計算書の売上高計上額
	(2) 報告セグメントの利益（又は損失）の合計額と損益計算書の利益（又は損失）計上額
	(3) 報告セグメントの資産の合計額と貸借対照表の資産計上額
	(4) 報告セグメントの負債の合計額と貸借対照表の負債計上額
	(5) その他の開示される各項目について，報告セグメントの合計額とその対応する科目の財務諸表計上額
Q23	報告セグメントの利益（又は損失）の合計額と損益計算書の利益（又は損失）計上額の差異調整に関する事項の開示における損益計算書の利益（又は損失）とは，損益計算書の当期純利益（又は損失）を指す。

A22	○ (25)

なお，重要な調整事項がある場合，企業は当該事項を個別に記載しなければならない。例えば，報告セグメントの利益（又は損失）を算定するにあたって採用した会計処理の方法が財務諸表の作成上採用した方法と異なっている場合，その重要な差異は，すべて個別に記載しなければならない。

A23	× (26)

第24項(2)及び前項(2)における損益計算書の利益（又は損失）は，損益計算書の営業利益（又は損失），経常利益（又は損失），税金等調整前当期純利益（又は損失）（個別財務諸表に係る注記の場合は，税引前当期純利益（又は損失）），又は当期純利益（又は損失）のうち，いずれか適当と判断される科目とする。なお，企業は当該科目を開示しなければならない。

Q24 | 企業の組織構造の変更等,企業の管理手法が変更された
ために,報告セグメントの区分方法を変更する場合に
は,その旨及び前年度のセグメント情報を当年度の区分
方法により作り直した情報を必ず開示しなければならな
い。

| A24 | × (27, 28) |

企業の組織構造の変更等，企業の管理手法が変更されたために，報告セグメントの区分方法を変更する場合には，その旨及び前年度のセグメント情報を当年度の区分方法により作り直した情報を開示するものとする。

ただし，前年度のセグメント情報を当年度の区分方法により作り直した情報を開示することが実務上困難な場合には，当年度のセグメント情報を前年度の区分方法により作成した情報を開示することができる。

なお，当該開示（当年度のセグメント情報を前年度の区分方法により作成した情報の開示）を行うことが実務上困難な場合には，当該開示に代えて，当該開示を行うことが実務上困難な旨及びその理由を記載しなければならない。また，当該開示は，セグメント情報に開示するすべての項目について記載するものとするが，一部の項目について記載することが実務上困難な場合は，その旨及びその理由を記載しなければならない。

20-4　関連情報の開示

Q25　企業は，いかなる場合であっても，次の事項をセグメント情報の関連情報として開示しなければならない。当該関連情報に開示される金額は，当該企業が財務諸表を作成するために採用した会計処理に基づく数値によるものとする。

(1)　製品及びサービスに関する情報

(2)　地域に関する情報

(3)　主要な顧客に関する情報

なお，報告すべきセグメントが1つしかなく，セグメント情報を開示しない企業については，当該関連情報を開示する必要はない。

1　製品及びサービスに関する情報

Q26　企業は，主要な個々の製品又はサービスあるいはこれらの種類や性質，製造方法，販売市場等の類似性に基づく同種・同系列のグループ（以下「製品・サービス区分」という。）ごとに，外部顧客への売上高を開示する。

A25　× (29)

企業は，セグメント情報の中で同様の情報が開示されている場合を除き，次の事項をセグメント情報の関連情報として開示しなければならない。当該関連情報に開示される金額は，当該企業が財務諸表を作成するために採用した会計処理に基づく数値によるものとする。

(1)　製品及びサービスに関する情報（第30項参照）

(2)　地域に関する情報（第31項参照）

(3)　主要な顧客に関する情報（第32項参照）

なお，報告すべきセグメントが1つしかなく，セグメント情報を開示しない企業であっても，当該関連情報を開示しなければならない。

A26　○ (30)

なお，当該事項を開示することが実務上困難な場合には，当該事項の開示に代えて，その旨及びその理由を開示しなければならない。

2 地域に関する情報

Q27 | 企業は，いかなる場合であっても，地域に関する情報として，(1)国内の外部顧客への売上高に分類した額と海外の外部顧客への売上高に分類した額，(2)国内に所在している流動資産の額と海外に所在している流動資産の額，を開示しなければならない。

3 主要な顧客に関する情報

Q28 | 企業は，主要な顧客がある場合には，その旨，当該顧客の名称又は氏名，当該顧客への売上高及び当該顧客との取引に関連する主な報告セグメントの名称を開示する。

A27	× (31) 企業は，地域に関する情報として，次の事項を開示する。なお，当該事項を開示することが実務上困難な場合には，当該事項に代えて，その旨及びその理由を開示しなければならない。 (1) 国内の外部顧客への売上高に分類した額と海外の外部顧客への売上高に分類した額 　　海外の外部顧客への売上高に分類した額のうち，主要な国がある場合には，これを区分して開示しなければならない。なお，各区分に売上高を分類した基準をあわせて記載するものとする。 (2) 国内に所在している有形固定資産の額と海外に所在している有形固定資産の額 　　海外に所在している有形固定資産の額のうち，主要な国がある場合には，これを区分して開示しなければならない。 なお，本項に定める事項に加えて，複数の国を括った地域（例えば，北米，欧州等）に係る額についても開示することができる。
A28	○ (32)

20-5 固定資産の減損損失に関する 報告セグメント別情報の開示

0.29 企業は，損益計算書に固定資産の減損損失を計上している場合には，当該企業が財務諸表を作成するために採用した会計処理に基づく数値によって，その報告セグメント別の内訳を開示しなければならない。なお，減損損失が報告セグメントに配分されていない場合には，当該情報の開示を要しない。

20-6 のれんに関する報告セグメント別 情報の開示

0.30 企業は，損益計算書にのれんの償却額を計上している場合には，当該企業が財務諸表を作成するために採用した会計処理に基づく数値によって，その償却額及び未償却残高に関する報告セグメント別の内訳をそれぞれ開示しなければならない。なお，報告セグメントに配分されていないのれんについては，特段の情報の開示を要しない。

A29 ×（33）

企業は，損益計算書に固定資産の減損損失を計上している場合には，当該企業が財務諸表を作成するために採用した会計処理に基づく数値によって，その報告セグメント別の内訳を開示しなければならない。なお，報告セグメントに配分されていない減損損失がある場合には，その額及びその内容を記載しなければならない。ただし，セグメント情報の中で同様の情報が開示されている場合には，当該情報の開示を要しない。

A30 ×（34）

企業は，損益計算書にのれんの償却額を計上している場合には，当該企業が財務諸表を作成するために採用した会計処理に基づく数値によって，その償却額及び未償却残高に関する報告セグメント別の内訳をそれぞれ開示しなければならない。なお，報告セグメントに配分されていないのれんがある場合には，その償却額及び未償却残高並びにその内容を記載しなければならない。ただし，セグメント情報の中で同様の情報が開示されている場合には，当該情報の開示を要しない。

| Q31 | 企業は，損益計算書に重要な負ののれんを認識した場合には，当該負ののれんを認識した事象について，その報告セグメント別の概要を開示しなければならない。 |

A31	○ (34-2)

企業会計基準第18号
「資産除去債務に関する
会計基準」

§ **21**

21-1 会計基準

Q01 「資産除去債務」とは, 有形固定資産の取得, 建設, 開発又は通常の使用によって生じ, 当該有形固定資産の除去に関して法令又は契約で要求される法律上の義務及びそれに準ずるものをいう。この場合の法律上の義務及びそれに準ずるものには, 有形固定資産を除去する際に当該有形固定資産に使用されている有害物質等を法律等の要求による特別の方法で除去するという義務は含まれない。

Q02 有形固定資産の「除去」とは, 有形固定資産を用役提供から除外することをいう (一時的に除外する場合を除く。)。除去の具体的な態様としては, 売却, 廃棄, リサイクル, 転用, 用途変更その他の方法による処分等が含まれる。

また, 当該有形固定資産が遊休状態になる場合は除去に該当しない。

21-2 会計処理

1 資産除去債務の負債計上

Q03 資産除去債務は, 有形固定資産の取得, 建設, 開発又は通常の使用によって発生した時に負債として計上する。

A01 | × (3(1))

「資産除去債務」とは，有形固定資産の取得，建設，開発又は通常の使用によって生じ，当該有形固定資産の除去に関して法令又は契約で要求される法律上の義務及びそれに準ずるものをいう。この場合の法律上の義務及びそれに準ずるものには，有形固定資産を除去する義務のほか，有形固定資産の除去そのものは義務でなくとも，有形固定資産を除去する際に当該有形固定資産に使用されている有害物質等を法律等の要求による特別の方法で除去するという義務も含まれる。

A02 | × (3(2))

有形固定資産の「除去」とは，有形固定資産を用役提供から除外することをいう（一時的に除外する場合を除く。）。除去の具体的な態様としては，売却，廃棄，リサイクルその他の方法による処分等が含まれるが，転用や用途変更は含まれない。

また，当該有形固定資産が遊休状態になる場合は除去に該当しない。

A03 | ○ (4)

| Q04 | 資産除去債務の発生時に，当該債務の金額を合理的に見積ることができない場合には，これを計上せず，当該債務額を合理的に見積ることができるようになった時点で負債として計上する。 |

2 資産除去債務の算定

| Q05 | 資産除去債務はそれが発生したときに，有形固定資産の除去に要する将来キャッシュ・フローを見積り，割引前の金額で算定する。 |

| Q06 | 割引前の将来キャッシュ・フローは，合理的で説明可能な仮定及び予測に基づく自己の支出見積りによる。その見積金額は，生起する可能性の最も高い単一の金額としなければならない。 |

| Q07 | 将来キャッシュ・フローには，有形固定資産の処分に至るまでの支出（例えば，保管や管理のための支出）は含めない。 |

| Q08 | 割引率は，貨幣の時間価値を反映した無リスクの税引前の利率とする。 |

A04	○ (5)
	その場合の負債の計上の処理は，第10項及び第11項に準じる。

A05	× (6)
	資産除去債務はそれが発生したときに，有形固定資産の除去に要する割引前の将来キャッシュ・フローを見積り，割引後の金額（割引価値）で算定する。

A06	× (6(1))
	割引前の将来キャッシュ・フローは，合理的で説明可能な仮定及び予測に基づく自己の支出見積りによる。その見積金額は，生起する可能性の最も高い単一の金額又は生起し得る複数の将来キャッシュ・フローをそれぞれの発生確率で加重平均した金額とする。

A07	× (6(1))
	将来キャッシュ・フローには，有形固定資産の除去に係る作業のために直接要する支出のほか，処分に至るまでの支出（例えば，保管や管理のための支出）も含める。

A08	○ (6(2))

3 資産除去債務に対応する除去費用の資産計上と費用配分

Q09　資産除去債務に対応する除去費用は，資産除去債務を負債として計上した時に，当該負債の計上額と同額を，関連する有形固定資産とは別に資産計上する。

資産計上された資産除去債務に対応する除去費用は，減価償却を通じて，当該有形固定資産の残存耐用年数にわたり，各期に費用配分する。

Q10　資産除去債務が有形固定資産の稼動等に従って，使用の都度発生する場合には，資産除去債務に対応する除去費用を各期においてそれぞれ資産計上し，関連する有形固定資産の残存耐用年数にわたり，各期に費用配分しなければならない。

Q11　時の経過による資産除去債務の調整額は，その発生時の費用として処理する。当該調整額は，期首の負債の帳簿価額に当初負債計上時の割引率を乗じて算定する。

4 資産除去債務の見積りの変更

Q12　割引前の将来キャッシュ・フローに重要な見積りの変更が生じた場合の当該見積りの変更による調整額は，資産除去債務の帳簿価額及び関連する有形固定資産の帳簿価額に加減して処理する。

A09	× (7) 資産除去債務に対応する除去費用は，資産除去債務を負債として計上した時に，当該負債の計上額と同額を，関連する有形固定資産の帳簿価額に加える。 資産計上された資産除去債務に対応する除去費用は，減価償却を通じて，当該有形固定資産の残存耐用年数にわたり，各期に費用配分する。
A10	× (8) 資産除去債務が有形固定資産の稼動等に従って，使用の都度発生する場合には，資産除去債務に対応する除去費用を各期においてそれぞれ資産計上し，関連する有形固定資産の残存耐用年数にわたり，各期に費用配分する。なお，この場合には，上記の処理のほか，除去費用をいったん資産に計上し，当該計上時期と同一の期間に，資産計上額と同一の金額を費用処理することもできる。
A11	○ (9)
A12	○ (10) なお，資産除去債務が法令の改正等により新たに発生した場合も，見積りの変更と同様に取り扱う。

Q13 割引前の将来キャッシュ・フローに重要な見積りの変更が生じ，当該キャッシュ・フローが増加する場合，負債計上時の割引率を適用する。これに対し，当該キャッシュ・フローが減少する場合には，その時点の割引率を適用する。

21-3 開 示

1 貸借対照表上の表示

Q14 資産除去債務は，固定負債の区分に資産除去債務等の適切な科目名で表示しなければならない。

2 損益計算書上の表示

Q15 資産計上された資産除去債務に対応する除去費用に係る費用配分額は，損益計算書上，当該資産除去債務に関連する有形固定資産の減価償却費と同じ区分に含めて計上する。

A13	× (11)
	割引前の将来キャッシュ・フローに重要な見積りの変更が生じ, 当該キャッシュ・フローが増加する場合, その時点の割引率を適用する。これに対し, 当該キャッシュ・フローが減少する場合には, 負債計上時の割引率を適用する。なお, 過去に割引前の将来キャッシュ・フローの見積りが増加した場合で, 減少部分に適用すべき割引率を特定できないときは, 加重平均した割引率を適用する。
A14	× (12)
	資産除去債務は, 貸借対照表日後1年以内にその履行が見込まれる場合を除き, 固定負債の区分に資産除去債務等の適切な科目名で表示する。貸借対照表日後1年以内に資産除去債務の履行が見込まれる場合には, 流動負債の区分に表示する。
A15	○ (13)

Q16	時の経過による資産除去債務の調整額は，損益計算書上，営業外費用として計上する。
Q17	資産除去債務の履行時に認識される資産除去債務残高と資産除去債務の決済のために実際に支払われた額との差額は，損益計算書上，原則として，特別利益又は特別損失として計上する。

A16	× (14) 時の経過による資産除去債務の調整額は，損益計算書上，<u>当該資産除去債務に関連する有形固定資産の減価償却費と同じ区分に含めて計上する。</u>
A17	× (15) 資産除去債務の履行時に認識される資産除去債務残高と資産除去債務の決済のために実際に支払われた額との差額は，損益計算書上，原則として，<u>当該資産除去債務に対応する除去費用に係る費用配分額と同じ区分に含めて計上する。</u>

企業会計基準第20号
「賃貸等不動産の時価等の開示に関する会計基準」

§ 22

22-1 用語の定義

Q01 「時価」とは，公正な評価額をいう。通常，それは観察可能な市場価格に基づく価額をいい，市場価格が観察できない場合には合理的に算定された価額をいう。

Q02 「賃貸等不動産」とは，棚卸資産に分類されている不動産以外のものであって，賃貸収益を目的として保有されている不動産（キャピタル・ゲインの獲得を目的として保有されている不動産及びファイナンス・リース取引の貸手における不動産を除く。）をいう。したがって，物品の製造や販売，サービスの提供，経営管理に使用されている場合は賃貸等不動産には含まれない。

22-2 賃貸等不動産の範囲

Q03 賃貸等不動産には，(1)貸借対照表において投資不動産（投資の目的で所有する土地，建物その他の不動産）として区分されている不動産，(2)賃貸されている不動産が含まれる。したがって，将来の使用が見込まれていない遊休不動産は含まれない。

A01 　○ (4(1))

A02 　× (4(2))

「賃貸等不動産」とは，棚卸資産に分類されている不動産以外のものであって，賃貸収益又はキャピタル・ゲインの獲得を目的として保有されている不動産（ファイナンス・リース取引の貸手における不動産を除く。）をいう。したがって，物品の製造や販売，サービスの提供，経営管理に使用されている場合は賃貸等不動産には含まれない。

A03 　× (5)

賃貸等不動産には，次の不動産が含まれる。
- (1) 貸借対照表において投資不動産（投資の目的で所有する土地，建物その他の不動産）として区分されている不動産
- (2) 将来の使用が見込まれていない遊休不動産
- (3) 上記以外で賃貸されている不動産

| Q04 | 賃貸等不動産には，将来において賃貸等不動産として使用される予定で開発中の不動産や継続して賃貸等不動産として使用される予定で再開発中の不動産も含まれる。ただし，賃貸を目的として保有されているにもかかわらず，一時的に借手が存在していない不動産については，賃貸等不動産として取り扱うことは認められない。 |

| Q05 | 不動産の中には，物品の製造や販売，サービスの提供，経営管理に使用されている部分と賃貸等不動産として使用される部分で構成されるものがあるが，このような不動産については，賃貸等不動産に含めない。 |

A04	× (6)
	賃貸等不動産には，将来において賃貸等不動産として使用される予定で開発中の不動産や継続して賃貸等不動産として使用される予定で再開発中の不動産も含まれる。また，賃貸を目的として保有されているにもかかわらず，一時的に借手が存在していない不動産についても，賃貸等不動産として取り扱う。
A05	× (7)
	不動産の中には，物品の製造や販売，サービスの提供，経営管理に使用されている部分と賃貸等不動産として使用される部分で構成されるものがあるが，賃貸等不動産として使用される部分については，賃貸等不動産に含める。なお，賃貸等不動産として使用される部分の割合が低いと考えられる場合は，賃貸等不動産に含めないことができる。

22-3　賃貸等不動産に関する注記事項

Q06　賃貸等不動産を保有している場合は，次の事項を注記する。ただし，賃貸等不動産の総額に重要性が乏しい場合は注記を省略することができる。また，管理状況等に応じて，注記事項を用途別，地域別等に区分して開示することができる。

(1)　賃貸等不動産の概要

(2)　賃貸等不動産の貸借対照表計上額及び期中における主な変動

(3)　賃貸等不動産の当期末における時価及びその算定方法

(4)　賃貸等不動産に関する損益

A06 ◯ (8)

企業会計基準第21号
「企業結合に関する会計基準」

§ 23

23-1 用語の定義

Q01 「企業」とは，会社及び会社に準ずる事業体をいい，会社，組合その他これらに準ずる事業体（外国におけるこれらに相当するものを含む。）を指す。

Q02 「企業結合」とは，ある企業と他の企業とが1つの企業に統合されることをいう。複数の取引が1つの企業結合を構成している場合には，それらを独立のものとして取り扱う。

Q03 「事業」とは，企業活動を行うために組織化され，有機的一体として機能する経営資源をいう。

Q04 「支配」とは，ある企業又は企業を構成する事業の財務及び経営方針を左右する能力を有していることをいう。

Q05 「共同支配」とは，契約等に基づくか否かを問わず，複数の独立した企業がある企業を共同で支配することをいう。

Q06 「取得」とは，ある企業が他の企業又は企業を構成する事業に対する支配を獲得することをいう。

A01	○ (4)

A02	× (5)

「企業結合」とは，ある企業又はある企業を構成する事業と他の企業又は他の企業を構成する事業とが1つの報告単位に統合されることをいう。なお，複数の取引が1つの企業結合を構成している場合には，それらを一体として取り扱う。

A03	○ (6)

A04	× (7)

「支配」とは，ある企業又は企業を構成する事業の活動から便益を享受するために，その企業又は事業の財務及び経営方針を左右する能力を有していることをいう。

A05	× (8)

「共同支配」とは，複数の独立した企業が契約等に基づき，ある企業を共同で支配することをいう。

A06	○ (9)

Q07	「取得企業」とは，ある企業又は企業を構成する事業を取得する企業をいい，当該取得される企業を「被取得企業」という。
Q08	「共同支配企業」とは，複数の独立した企業により他の企業を共同で支配する企業をいい，「共同支配企業の形成」とは，複数の独立した企業が契約等に基づき，当該共同支配企業を形成する企業結合をいう。
Q09	「共同支配投資企業」とは，共同支配企業を共同で支配する企業をいう。
Q10	「結合当事企業」とは，企業結合に係る企業をいい，このうち，他の企業又は他の企業を構成する事業を受け入れて対価（現金等の財産や自社の株式）を支払う企業を「被結合企業」，当該他の企業を「結合企業」という。また，企業結合によって統合された1つの報告単位となる企業を「結合後企業」という。
Q11	「時価」とは，公正な評価額をいう。通常，それは観察可能な市場価格をいい，市場価格が観察できない場合には，合理的に算定された価額をいう。ただし，金融商品及び棚卸資産については，算定日において市場参加者間で秩序ある取引が行われると想定した場合の，当該取引における資産の売却によって受け取る価格又は負債の移転のために支払う価格とする。

A07	○ (10)

A08	× (11)

「共同支配企業」とは，複数の独立した企業により共同で支配される企業をいい，「共同支配企業の形成」とは，複数の独立した企業が契約等に基づき，当該共同支配企業を形成する企業結合をいう。

A09	○ (12)

A10	× (13)

「結合当事企業」とは，企業結合に係る企業をいい，このうち，他の企業又は他の企業を構成する事業を受け入れて対価（現金等の財産や自社の株式）を支払う企業を「結合企業」，当該他の企業を「被結合企業」という。また，企業結合によって統合された1つの報告単位となる企業を「結合後企業」という。

A11	× (14)

「時価」とは，公正な評価額をいう。通常，それは観察可能な市場価格をいい，市場価格が観察できない場合には，合理的に算定された価額をいう。ただし，金融商品及びトレーディング目的で保有する棚卸資産については，算定日において市場参加者間で秩序ある取引が行われると想定した場合の，当該取引における資産の売却によって受け取る価格又は負債の移転のために支払う価格とする。

| Q12 | 「企業結合日」とは，被取得企業若しくは取得した事業に対する支配が取得企業に移転した日，又は結合当事企業の事業のすべて若しくは事実上すべてが統合された日をいい，企業結合日の属する事業年度を「企業結合年度」という。 |

| Q13 | 「共通支配下の取引」とは，結合当事企業（又は事業）のすべてが，企業結合の前後で同一の株主により最終的に支配される企業結合をいう。親会社と子会社の合併及び子会社同士の合併は，共通支配下の取引に含まれない。 |

23-2 取得の会計処理

| Q14 | 共同支配企業の形成及び共通支配下の取引以外の企業結合は，取得又は持分の結合となる。 |

A12	○ (15)

A13	× (16)

「共通支配下の取引」とは，結合当事企業（又は事業）のすべてが，企業結合の前後で同一の株主により最終的に支配され，かつ，その支配が一時的ではない場合の企業結合をいう。親会社と子会社の合併及び子会社同士の合併は，共通支配下の取引に含まれる。

A14	× (17)

共同支配企業の形成（第11項参照）及び共通支配下の取引（前項参照）以外の企業結合は取得となる。また，この場合における会計処理は，第18項から第36項による（以下，第18項から第33項による会計処理を「パーチェス法」という。）。

1 取得企業の決定方法

Q15 取得とされた企業結合においては，いずれかの結合当事企業を取得企業として決定する。被取得企業の支配を獲得することとなる取得企業を決定するために，「連結財務諸表に関する会計基準」の考え方を用いる。

Q16 主な対価の種類として，現金若しくは他の資産を引き渡す又は負債を引き受けることとなる企業結合の場合には，通常，当該現金若しくは他の資産を引き渡す又は負債を引き受ける企業（結合企業）が取得企業となる。

Q17 主な対価の種類が株式（出資を含む。以下同じ。）である企業結合の場合には，通常，当該株式を受け入れる企業（結合企業）が取得企業となる。

Q18 ある結合当事企業の総体としての株主が，結合後企業の議決権比率のうち最も小さい割合を占める場合には，通常，当該結合当事企業が取得企業となる。

A15	○ (18)
	また,「連結財務諸表に関する会計基準」の考え方によってどの結合当事企業が取得企業となるかが明確ではない場合には,第19項から第22項の要素を考慮して取得企業を決定する。

A16	○ (19)

A17	× (20)
	主な対価の種類が株式(出資を含む。以下同じ。)である企業結合の場合には,通常,当該株式を交付する企業(結合企業)が取得企業となる。ただし,必ずしも株式を交付した企業が取得企業にならないとき(逆取得)もあるため,対価の種類が株式である場合の取得企業の決定にあたっては,総合的に勘案しなければならない。

A18	× (20(1))
	(1) 総体としての株主が占める相対的な議決権比率の大きさ
	ある結合当事企業の総体としての株主が,結合後企業の議決権比率のうち最も大きい割合を占める場合には,通常,当該結合当事企業が取得企業となる。なお,結合後企業の議決権比率を判断するにあたっては,議決権の内容や潜在株式の存在についても考慮しなければならない。

Q19 　結合当事企業の株主又は株主グループのうち，ある株主
又は株主グループが，結合後企業の議決権を過半には至
らないものの最も大きな割合を有する場合であって，当
該株主又は株主グループ以外には重要な議決権比率を有
していないときには，通常，当該株主又は株主グループ
のいた結合当事企業が取得企業となる。

Q20 　結合当事企業の株主又は株主グループのうち，ある株主
又は株主グループが，結合後企業の取締役会その他これ
に準ずる機関（重要な経営事項の意思決定機関）の構成
員の過半数を選任できる場合には，通常，当該株主又は
株主グループのいた結合当事企業が取得企業となる。た
だし，結合後企業の取締役会その他これに準ずる機関の
構成員の過半数を解任できる場合は，この限りではな
い。

Q21 　結合当事企業の役員若しくは従業員である者又はこれら
であった者が，結合後企業の取締役会その他これに準ず
る機関（重要な経営事項の意思決定機関）を事実上支配
する場合には，通常，当該役員又は従業員のいた結合当
事企業が取得企業となる。

Q22 　ある結合当事企業が他の結合当事企業の企業結合前にお
ける株式の時価を超えるプレミアムを支払う場合には，
通常，当該プレミアムを支払った結合当事企業が取得企
業となる。

A19	○ (20(2))

A20	× (20(3))

(3) 取締役等を選解任できる株主の存在
　結合当事企業の株主又は株主グループのうち，ある株主又は株主グループが，結合後企業の取締役会その他これに準ずる機関（重要な経営事項の意思決定機関）の構成員の過半数を<u>選任又は解任</u>できる場合には，通常，当該株主又は株主グループの<u>いた</u>結合当事企業が取得企業となる。

A21	○ (20(4))

A22	○ (20(5))

Q23 | 結合当事企業のうち，いずれかの企業の相対的な規模（例えば，総資産額，売上高あるいは純利益）が著しく小さい場合には，通常，当該相対的な規模が著しく小さい結合当事企業が取得企業となる。

2 取得原価の算定
(1) 基本原則

Q24 | 被取得企業又は取得した事業の取得原価は，原則として，取得の対価（支払対価）となる財の企業結合日における時価で算定する。支払対価が現金以外の資産の引渡し，負債の引受け又は株式の交付の場合には，支払対価となる財の時価と被取得企業又は取得した事業の時価のうち，より高い時価で算定する。

(2) 株式の交換の場合の算定方法

Q25 | 市場価格のある取得企業等の株式が取得の対価として交付される場合には，取得の対価となる財の時価は，原則として，その企業結合の主要な条件が合意されて公表された日前の合理的な期間における株価を基礎にして算定する。

A23	× (21, 22)
	結合当事企業のうち，いずれかの企業の相対的な規模（例えば，総資産額，売上高あるいは純利益）が著しく大きい場合には，通常，当該相対的な規模が著しく<u>大きい</u>結合当事企業が取得企業となる。 なお，結合当事企業が3社以上である場合の取得企業の決定にあたっては，これに加えて，いずれの企業がその企業結合を最初に提案したかについても考慮する。

A24	× (23)
	被取得企業又は取得した事業の取得原価は，原則として，取得の対価（支払対価）となる財の企業結合日における時価で算定する。支払対価が現金以外の資産の引渡し，負債の引受け又は株式の交付の場合には，支払対価となる財の時価と被取得企業又は取得した事業の時価のうち，<u>より高い信頼性をもって測定可能な時価</u>で算定する。

A25	× (24)
	市場価格のある取得企業等の株式が取得の対価として交付される場合には，取得の対価となる財の時価は，原則として，<u>企業結合日における株価</u>を基礎にして算定する。

Q26 | 被取得企業の株式が交付された場合，取得の対価となる財の時価は，被取得企業の株主が結合後企業に対する実際の議決権比率と同じ比率を保有するのに必要な数の取得企業株式を，取得企業が交付したものとみなして算定する。

(3) 取得が複数の取引により達成された場合（段階取得）の会計処理

Q27 | 取得が複数の取引により達成された場合（以下「段階取得」という。）においては，個別財務諸表上も連結財務諸表上も，支配を獲得するに至った個々の取引すべての企業結合日における時価をもって，被取得企業の取得原価を算定する。

(4) 取得関連費用の会計処理

Q28 | 取得とされた企業結合に直接要した支出額のうち，取得の対価性が認められる外部のアドバイザー等に支払った特定の報酬・手数料等は取得原価に含めて処理する。

A26	〇（注1） なお，株式移転により共同持株会社の株式が交付された場合も同様とする。
A27	×（25） 取得が複数の取引により達成された場合（以下「段階取得」という。）における被取得企業の取得原価の算定は，次のように行う。 (1) 個別財務諸表上，支配を獲得するに至った個々の取引ごとの原価の合計額をもって，被取得企業の取得原価とする。 (2) 連結財務諸表上，支配を獲得するに至った個々の取引すべての企業結合日における時価をもって，被取得企業の取得原価を算定する。なお，当該被取得企業の取得原価と，支配を獲得するに至った個々の取引ごとの原価の合計額（持分法適用関連会社と企業結合した場合には，持分法による評価額）との差額は，当期の段階取得に係る損益として処理する。
A28	×（26） 取得関連費用（外部のアドバイザー等に支払った特定の報酬・手数料等）は，発生した事業年度の費用として処理する。

(5)　条件付取得対価の会計処理

Q29　条件付取得対価が企業結合契約締結後の将来の業績に依存する場合において，対価を追加的に交付する又は引き渡すときには，条件付取得対価の交付又は引渡しが確実となり，その時価が合理的に決定可能となった時点で，支払対価を取得原価として追加的に認識するとともに，のれんを追加的に認識する又は負ののれんを減額する。また，条件付取得対価が企業結合契約締結後の将来の業績に依存する場合において，対価の一部が返還されるときには，条件付取得対価の返還が確実となり，その時価が合理的に決定可能となった時点で，返還される対価の金額を取得原価から減額するとともに，のれんを減額する又は負ののれんを追加的に認識する。追加的に認識する又は減額するのれん又は負ののれんは，企業結合日時点で認識又は減額されたものと仮定して計算し，追加認識又は減額する事業年度以前に対応する償却額及び減損損失額は損益として処理する。

A29　○ (27(1)，注2～4)

なお，条件付取得対価とは，企業結合契約において定められるものであって，企業結合契約締結後の将来の特定の事象又は取引の結果に依存して，企業結合日後に追加的に交付される若しくは引き渡される又は返還される取得対価をいう。

また，条件付取得対価が企業結合契約締結後の将来の業績に依存する場合とは，被取得企業又は取得した事業の企業結合契約締結後の特定事業年度における業績の水準に応じて，取得企業が対価を追加で交付する若しくは引き渡す又は対価の一部の返還を受ける条項がある場合等をいう。

Q30　条件付取得対価が特定の株式又は社債の市場価格に依存する場合には，条件付取得対価の交付又は引渡しが確実となり，その時価が合理的に決定可能となった時点で，追加で交付可能となった条件付取得対価を，その時点の時価に基づき認識すれば足りる。

3　取得原価の配分方法

Q31　取得原価は，被取得企業から受け入れた資産及び引き受けた負債のうち企業結合日時点において識別可能なもの（識別可能資産及び負債）の企業結合日時点の帳簿価額を基礎として，当該資産及び負債に対して企業結合日以後1年以内に配分する。

Q32　企業結合日以後の決算において，配分が完了していなかった場合は，その時点で入手可能な合理的な情報等に基づき暫定的な会計処理を行い，その後追加的に入手した情報等に基づき配分額を確定させる。

A30	× (27(2)，注5)

条件付取得対価が特定の株式又は社債の市場価格に依存する場合には，条件付取得対価の交付又は引渡しが確実となり，その時価が合理的に決定可能となった時点で，次の処理を行う。

① 追加で交付可能となった条件付取得対価を，その時点の時価に基づき認識する。

② 企業結合日現在で交付している株式又は社債をその時点の時価に修正し，当該修正により生じた社債プレミアムの減少額又はディスカウントの増加額を将来にわたって規則的に償却する。

なお，条件付取得対価が特定の株式又は社債の市場価格に依存する場合とは，特定の株式又は社債の特定の日又は期間の市場価格に応じて当初合意した価額に維持するために，取得企業が追加で株式又は社債を交付する条項がある場合等をいう。

A31	× (28)

取得原価は，被取得企業から受け入れた資産及び引き受けた負債のうち企業結合日時点において識別可能なもの（識別可能資産及び負債）の企業結合日時点の時価を基礎として，当該資産及び負債に対して企業結合日以後1年以内に配分する。

A32	○ (注6)

Q33	暫定的な会計処理の確定が企業結合年度の翌年度に行われた場合には，当該翌年度に当該確定が行われたかのように会計処理を行う。
Q34	受け入れた資産に法律上の権利など分離して譲渡可能な無形資産が含まれる場合には，当該無形資産は識別可能なものとして取り扱うことも認められる。
Q35	取得後に発生することが予測される特定の事象に対応した費用又は損失であって，その発生の可能性が取得の対価の算定に反映されている場合には，負債として認識する。当該負債は，原則として，固定負債として表示し，その主な内容及び金額を連結貸借対照表及び個別貸借対照表に注記する。
Q36	取得原価が，受け入れた資産及び引き受けた負債に配分された純額を下回る場合には，その超過額はのれんとして会計処理し，上回る場合には，その不足額は負ののれんとして会計処理する。

A33	× (注6)
	暫定的な会計処理の確定が企業結合年度の翌年度に行われた場合には，企業結合年度に当該確定が行われたかのように会計処理を行う。企業結合年度の翌年度の連結財務諸表及び個別財務諸表（以下合わせて「財務諸表」という。）と併せて企業結合年度の財務諸表を表示するときには，当該企業結合年度の財務諸表に暫定的な会計処理の確定による取得原価の配分額の見直しを反映させる。
A34	× (29)
	受け入れた資産に法律上の権利など分離して譲渡可能な無形資産が含まれる場合には，当該無形資産は識別可能なものとして取り扱う。
A35	○ (30)
A36	× (31)
	取得原価が，受け入れた資産及び引き受けた負債に配分された純額を上回る場合には，その超過額はのれんとして次項に従い会計処理し，下回る場合には，その不足額は負ののれんとして第33項に従い会計処理する。

4 のれんの会計処理

Q.37 のれんは，資産に計上し，20年以内のその効果の及ぶ期間にわたって，定額法その他の合理的な方法により規則的に償却する。ただし，のれんの金額に重要性が乏しい場合には，当該のれんが生じた事業年度の費用として処理することができる。

5 負ののれんの会計処理

Q.38 負ののれんは，負債に計上し，20年以内のその効果の及ぶ期間にわたって，定額法その他の合理的な方法により規則的に償却する。ただし，負ののれんの金額に重要性が乏しい場合には，当該のれんが生じた事業年度の利益として処理することができる。

A37 　〇 (32)

A38 　× (33)

負ののれんが生じると見込まれる場合には，次の処理を
行う。ただし，負ののれんが生じると見込まれたときに
おける取得原価が受け入れた資産及び引き受けた負債に
配分された純額を下回る額に重要性が乏しい場合には，
次の処理を行わずに，当該下回る額を当期の利益として
処理することができる。

(1) 取得企業は，すべての識別可能資産及び負債（第
　　30項の負債を含む。）が把握されているか，また，そ
　　れらに対する取得原価の配分が適切に行われているか
　　どうかを見直す。

(2) (1)の見直しを行っても，なお取得原価が受け入れた
　　資産及び引き受けた負債に配分された純額を下回り，
　　負ののれんが生じる場合には，当該負ののれんが生じ
　　た事業年度の利益として処理する。

6　逆取得における個別財務諸表上の会計処理

(1)　吸収合併

Q39　吸収合併において，消滅会社が取得企業となる場合，存続会社の個別財務諸表では，当該取得企業（消滅会社）の資産及び負債を合併直前の適正な帳簿価額により計上する。

(2)　現物出資又は吸収分割

Q40　現物出資又は吸収分割において，現物出資会社又は吸収分割会社が取得企業となる場合（現物出資又は吸収分割による子会社化の形式をとる場合），取得企業の個別財務諸表では，移転した事業の時価に基づいて，被取得企業株式の取得原価を算定する。

(3)　株式交換

Q41　株式交換において，完全子会社が取得企業となる場合，完全親会社の個別財務諸表では，当該完全子会社の株式交換直前における適正な帳簿価額による株主資本の額に基づいて，取得企業株式（完全子会社株式）の取得原価を算定する。

A39	○ (34)

A40	× (35)
	現物出資又は吸収分割において，現物出資会社又は吸収分割会社が取得企業となる場合（現物出資又は吸収分割による子会社化の形式をとる場合），取得企業の個別財務諸表では，<u>移転した事業に係る株主資本相当額に基づいて，被取得企業株式の取得原価を算定する</u>。

A41	○ (36)

23-3　共同支配企業の形成の会計処理

1　共同支配企業の形成の判定

042　共同支配投資企業となる企業が複数の独立した企業から構成されており，(1)企業結合に際して支払われた対価のすべてが原則として議決権のある株式であること，(2)支配関係を示す一定の事実が存在しないこと，という2つの要件を満たした場合には，ある企業結合を共同支配企業の形成と判定しなければならない。

043　企業結合に際して支払われた対価のすべてが，原則として，議決権のある株式であると認められるためには，次の要件のいずれかを満たさなければならない。
(1)　企業結合が単一の取引で行われるか，又は，原則として，1事業年度内に取引が完了する。
(2)　交付株式の議決権の行使が制限されない。
(3)　企業結合日において対価が確定している。
(4)　交付株式の償還又は再取得の取決めがない。
(5)　株式の交換を事実上無効にするような結合当事企業の株主の利益となる財務契約がない。
(6)　企業結合の合意成立日前1年以内に，当該企業結合を目的として自己株式を受け入れていない。

A42 | × (37)

ある企業結合を共同支配企業の形成と判定するために
は，共同支配投資企業となる企業が，複数の独立した企
業から構成されていること及び共同支配となる契約等を
締結していることに加え，次の要件を満たしていなけれ
ばならない。

(1) 企業結合に際して支払われた対価のすべてが，原則
として，議決権のある株式であること

(2) 支配関係を示す一定の事実が存在しないこと

A43 | × (注7)

企業結合に際して支払われた対価のすべてが，原則とし
て，議決権のある株式であると認められるためには，同
時に次の要件のすべてが満たされなければならない。

(1) 企業結合が単一の取引で行われるか，又は，原則と
して，1事業年度内に取引が完了する。

(2) 交付株式の議決権の行使が制限されない。

(3) 企業結合日において対価が確定している。

(4) 交付株式の償還又は再取得の取決めがない。

(5) 株式の交換を事実上無効にするような結合当事企業
の株主の利益となる財務契約がない。

(6) 企業結合の合意成立日前1年以内に，当該企業結合
を目的として自己株式を受け入れていない。

Q44	次のいずれにも該当しない場合には，支配関係を示す一定の事実が存在しないものとする。

(1)　いずれかの結合当事企業の役員若しくは従業員である者又はこれらであった者が，結合後企業の取締役会その他これに準ずる機関（重要な経営事項の意思決定機関）を事実上支配している。

(2)　重要な財務及び営業の方針決定を支配する契約等により，結合当事企業のうち，いずれかの企業が他の企業より有利な立場にある。

(3)　企業結合日後2年以内にいずれかの結合当事企業が投資した大部分の事業を処分する予定がある。

2　共同支配企業の形成の会計処理

Q45	共同支配企業の形成において，共同支配企業は，共同支配投資企業から移転する資産及び負債を，移転日の時価により計上する。

Q46	共同支配企業の形成において，共同支配企業に事業を移転した共同支配投資企業は，個別財務諸表上は，当該共同支配投資企業が受け取った共同支配企業に対する投資の取得原価を移転した事業に係る株主資本相当額に基づいて算定し，連結財務諸表上は，共同支配企業に対する投資について持分法に準じた処理方法を適用する。

A44	○ (注8)

A45	× (38)

共同支配企業の形成において，共同支配企業は，共同支配投資企業から移転する資産及び負債を，移転直前に共同支配投資企業において付されていた適正な帳簿価額により計上する。

A46	× (39)

共同支配企業の形成において，共同支配企業に事業を移転した共同支配投資企業は次の会計処理を行う。

(1) 個別財務諸表上，当該共同支配投資企業が受け取った共同支配企業に対する投資の取得原価は，移転した事業に係る株主資本相当額に基づいて算定する。

(2) 連結財務諸表上，共同支配投資企業は，共同支配企業に対する投資について持分法を適用する。

23-4 共通支配下の取引等の会計処理

1 共通支配下の取引

(1) 個別財務諸表上の会計処理

Q47　個別財務諸表上，共通支配下の取引により企業集団内を移転する資産及び負債は，原則として，移転直前に付されていた適正な帳簿価額により計上する。移転された資産及び負債の差額は，純資産として処理する。

Q48　移転された資産及び負債の対価として交付された株式の取得原価は，当該資産及び負債の公正な評価額に基づいて算定する。

Q49　親会社と子会社が企業結合する場合において，子会社の資産及び負債の帳簿価額を連結上修正しているときは，親会社が作成する個別財務諸表においては，連結財務諸表上の金額である修正後の帳簿価額（のれんを含む。）により計上する。

Q50　共通支配下の取引により子会社が法律上消滅する場合には，当該子会社に係る子会社株式（抱合せ株式）の適正な帳簿価額とこれに対応する増加資本との差額は，子会社の損益とする。

A47	○ (41, 42)
A48	× (43) 移転された資産及び負債の対価として交付された株式の取得原価は，当該資産及び負債の<u>適正な帳簿価額</u>に基づいて算定する。
A49	○ (注9)
A50	× (注10) 共通支配下の取引により子会社が法律上消滅する場合には，当該子会社に係る子会社株式（抱合せ株式）の適正な帳簿価額とこれに対応する増加資本との差額は，<u>親会社</u>の損益とする。

(2) 連結財務諸表上の会計処理

Q51 連結財務諸表上，共通支配下の取引は，内部取引として
すべて消去する。

2 非支配株主との取引
(1) 個別財務諸表上の会計処理

Q52 個別財務諸表上，非支配株主から追加取得する子会社株
式の取得原価は，追加取得時における当該株式の時価と
その対価となる財の時価のうち，より高い信頼性をもっ
て測定可能な時価で算定する。

(2) 連結財務諸表上の会計処理

Q53 連結財務諸表上，非支配株主との取引については，「連
結財務諸表に関する会計基準」における子会社株式の追
加取得及び一部売却等の取扱いに準じて処理する。

23-5 開 示

1 のれんの表示

Q54 のれんは無形固定資産の区分に表示し，のれんの当期償
却額は販売費及び一般管理費の区分に表示する。

A51	○ (44)
A52	○ (45)
A53	○ (46)
A54	○ (47)

2 負ののれんの表示

Q.55	負ののれんは，原則として，営業外利益に表示する。

3 注記事項

(1) 子会社が親会社を吸収合併した場合で，子会社が連結財務諸表を作成しないときの注記事項

Q.56	子会社が親会社を吸収合併した場合で，子会社が連結財務諸表を作成しないときには，親会社が子会社を吸収合併したものとした場合と比較した当該子会社の個別貸借対照表及び個別損益計算書に及ぼす影響額を注記する。

(2) 共同支配投資企業における注記事項

Q.57	共同支配投資企業は，企業結合年度において重要な共同支配企業の形成がある場合には，共同支配企業の形成と判定した理由を併せて注記する。

A55 × (48)

負ののれんは，原則として，特別利益に表示する。

A56 ○ (53)

なお，当該注記は企業結合年度の翌年度以降において
も，影響額の重要性が乏しくなった場合を除き，継続的
に開示する。また，企業結合年度の翌年度以降に連結財
務諸表を作成することとなった場合には，影響額の重要
性が乏しくなった場合を除き，当該企業結合時に親会社
が子会社を吸収合併したものとした連結財務諸表を作成
する。

A57 ○ (54)

なお，個々の共同支配企業の形成については重要性が乏
しいが，企業結合年度における複数の共同支配企業の形
成全体では重要性がある場合には，当該企業結合全体で
注記する。また，連結財務諸表における注記と個別財務
諸表における注記が同じとなる場合には，個別財務諸表
においては，連結財務諸表に当該注記がある旨の記載を
もって代えることができる。

(3) 重要な後発事象等の注記

Q58 貸借対照表日後に完了した企業結合や貸借対照表日後に
主要条件が合意された企業結合が，重要な後発事象に該
当する場合には，注記を行う。ただし，未確定の事項に
ついては注記を要しない。また，当事業年度中に企業結
合の主要条件が合意されたが，貸借対照表日までに企業
結合が完了していない場合（ただし，重要な後発事象に
該当する場合を除く。）についても，注記を要しない。

A58 ✕ (55)

貸借対照表日後に完了した企業結合や貸借対照表日後に
主要条件が合意された企業結合が，重要な後発事象に該
当する場合には注記を行う。ただし，未確定の事項につ
いては注記を要しない。

また，当事業年度中に企業結合の主要条件が合意された
が，貸借対照表日までに企業結合が完了していない場合
（ただし，重要な後発事象に該当する場合を除く。）につ
いても，注記を行う。

企業会計基準第22号
「連結財務諸表に関する
会計基準」

§24

24-1　目　的

001　連結財務諸表は，支配従属関係にある2つ以上の企業からなる集団（企業集団）を単一の組織体とみなして，親会社が当該企業集団の財政状態，経営成績及びキャッシュ・フローの状況を総合的に報告するために作成するものである。

24-2　用語の定義

002　「企業」とは，会社及び会社に準ずる事業体をいい，会社，組合その他これらに準ずる事業体（外国におけるこれらに相当するものを含まない。）を指す。

003　「親会社」とは，他の企業の財務及び営業又は事業の方針を決定する機関（株主総会その他これに準ずる機関をいう。以下「意思決定機関」という。）を支配している企業をいい，「子会社」とは，当該他の企業をいう。

004　他の企業の議決権の過半数を自己の計算において所有している企業は，通常，「他の企業の意思決定機関を支配している企業」に該当する。

A01 ○ (1)

A02 × (5)

「企業」とは，会社及び会社に準ずる事業体をいい，会社，組合その他これらに準ずる事業体（外国におけるこれらに相当するものを含む。）を指す。

A03 ○ (6)

なお，親会社及び子会社又は子会社が，他の企業の意思決定機関を支配している場合における当該他の企業も，その親会社の子会社とみなす。

A04 ○ (7，7(1))

| Q05 | 他の企業が，更生会社，破産会社その他これらに準ずる企業である場合には，子会社に該当しない。 |

A05	× (7(1))

「他の企業の意思決定機関を支配している企業」とは，次の企業をいう。ただし，財務上又は営業上若しくは事業上の関係からみて他の企業の意思決定機関を支配していないことが明らかであると認められる企業は，この限りでない。

(1) 他の企業（更生会社，破産会社その他これらに準ずる企業であって，かつ，有効な支配従属関係が存在しないと認められる企業を除く。下記(2)及び(3)においても同じ。）の議決権の過半数を自己の計算において所有している企業

Q06 他の企業の議決権の100分の40以上，100分の50以下を自己の計算において所有している企業であって，かつ，次のすべての要件に該当する企業に限り，「他の企業の意思決定機関を支配している企業」に該当する。

① 自己の計算において所有している議決権と，自己と出資，人事，資金，技術，取引等において緊密な関係があることにより自己の意思と同一の内容の議決権を行使すると認められる者及び自己の意思と同一の内容の議決権を行使することに同意している者が所有している議決権とを合わせて，他の企業の議決権の過半数を占めていること

② 役員若しくは使用人である者，又はこれらであった者で自己が他の企業の財務及び営業又は事業の方針の決定に関して影響を与えることができる者が，当該他の企業の取締役会その他これに準ずる機関の構成員の過半数を占めていること

③ 他の企業の重要な財務及び営業又は事業の方針の決定を支配する契約等が存在すること

④ 他の企業の資金調達額（貸借対照表の負債の部に計上されているもの）の総額の過半について融資（債務の保証及び担保の提供を含む。以下同じ。）を行っていること（自己と出資，人事，資金，技術，取引等において緊密な関係のある者が行う融資の額を合わせて資金調達額の総額の過半となる場合を含む。）

⑤ その他他の企業の意思決定機関を支配していることが推測される事実が存在すること

A06	× (7(2))

他の企業の議決権の100分の40以上，100分の50以下を自己の計算において所有している企業であって，かつ，次のいずれかの要件に該当する企業

① 自己の計算において所有している議決権と，自己と出資，人事，資金，技術，取引等において緊密な関係があることにより自己の意思と同一の内容の議決権を行使すると認められる者及び自己の意思と同一の内容の議決権を行使することに同意している者が所有している議決権とを合わせて，他の企業の議決権の過半数を占めていること

② 役員若しくは使用人である者，又はこれらであった者で自己が他の企業の財務及び営業又は事業の方針の決定に関して影響を与えることができる者が，当該他の企業の取締役会その他これに準ずる機関の構成員の過半数を占めていること

③ 他の企業の重要な財務及び営業又は事業の方針の決定を支配する契約等が存在すること

④ 他の企業の資金調達額（貸借対照表の負債の部に計上されているもの）の総額の過半について融資（債務の保証及び担保の提供を含む。以下同じ。）を行っていること（自己と出資，人事，資金，技術，取引等において緊密な関係のある者が行う融資の額を合わせて資金調達額の総額の過半となる場合を含む。）

⑤ その他他の企業の意思決定機関を支配していることが推測される事実が存在すること

Q07	自己の計算において所有している議決権が100分の40未満であっても，自己の計算において所有している議決権と，自己と出資，人事，資金，技術，取引等において緊密な関係があることにより自己の意思と同一の内容の議決権を行使すると認められる者及び自己の意思と同一の内容の議決権を行使することに同意している者が所有している議決権とを合わせて，他の企業の議決権の過半数を占めている企業は，「他の企業の意思決定機関を支配している企業」に該当する。ただし，自己の計算において議決権を所有していない場合には，これに該当しない。
Q08	特別目的会社（資産の流動化に関する法律（平成10年法律第105号）第2条第3項に規定する特定目的会社及び事業内容の変更が制限されているこれと同様の事業を営む事業体をいう。以下同じ。）については，適正な価額で譲り受けた資産から生ずる収益を当該特別目的会社が発行する証券の所有者に享受させることを目的として設立されており，当該特別目的会社の事業がその目的に従って適切に遂行されているときは，当該特別目的会社に対する出資者及び当該特別目的会社に資産を譲渡した会社（以下「出資者という。」）から独立しているものと認め，出資者等の子会社に該当しないものと推定する。
Q09	「連結会社」とは，親会社及び連結される子会社をいう。

A07	× (7(3)) 自己の計算において所有している議決権（当該議決権を所有していない場合を含む。）と，自己と出資，人事，資金，技術，取引等において緊密な関係があることにより自己の意思と同一の内容の議決権を行使すると認められる者及び自己の意思と同一の内容の議決権を行使することに同意している者が所有している議決権とを合わせて，他の企業の議決権の過半数を占めている企業であって，かつ，上記(2)の②から⑤までのいずれかの要件に該当する企業
A08	× (7-2) 特別目的会社（資産の流動化に関する法律（平成10年法律第105号）第2条第3項に規定する特定目的会社及び事業内容の変更が制限されているこれと同様の事業を営む事業体をいう。以下同じ。）については，適正な価額で譲り受けた資産から生ずる収益を当該特別目的会社が発行する証券の所有者に享受させることを目的として設立されており，当該特別目的会社の事業がその目的に従って適切に遂行されているときは，当該特別目的会社に資産を譲渡した企業から独立しているものと認め，当該特別目的会社に資産を譲渡した企業の子会社に該当しないものと推定する。
A09	○ (8)

24−3 連結財務諸表作成における一般原則

Q10 連結財務諸表は, 企業集団の財政状態, 経営成績及び
キャッシュ・フローの状況に関して真実な報告を提供す
るものでなければならない。

Q11 連結財務諸表を作成するにあたっては, 企業集団の財政
状態, 経営成績及びキャッシュ・フローの状況に関す
る利害関係者の判断を誤らせない限り, 連結の範囲の決
定, 子会社の決算日が連結決算日と異なる場合の仮決算
の手続, 連結のための個別財務諸表の修正, 子会社の資
産及び負債の評価, のれんの処理, 未実現損益の消去,
連結財務諸表の表示等に関して重要性の原則が適用され
る。

Q12 連結財務諸表は, 企業集団に属する親会社及び子会社が
一般に公正妥当と認められる企業会計の基準に準拠して
作成した連結財務諸表独自の会計帳簿を基礎として作成
しなければならない。

Q13 親会社及び子会社の財務諸表が, 減価償却の過不足, 資
産や負債の過大又は過小計上等により当該企業の財政状
態及び経営成績を適正に示していない場合には, 連結財
務諸表の作成上これを適正に修正して連結決算を行わな
ければならず, 修正しないことは認められない。

A10	○ (9)

A11	○ (注1)

A12	× (10)
	連結財務諸表は，企業集団に属する親会社及び子会社が一般に公正妥当と認められる企業会計の基準に準拠して作成した<u>個別財務諸表を基礎として</u>作成しなければならない。

A13	× (注2)
	親会社及び子会社の財務諸表が，減価償却の過不足，資産や負債の過大又は過小計上等により当該企業の財政状態及び経営成績を適正に示していない場合には，連結財務諸表の作成上これを適正に修正して連結決算を行う。<u>ただし，連結財務諸表に重要な影響を与えないと認められる場合には，修正しないことができる。</u>

Q14	連結財務諸表は，企業集団の状況に関する判断を誤らせないよう，利害関係者に対し必要な財務情報を明瞭に表示するものでなければならない。

Q15	連結財務諸表作成のために採用した基準及び手続は，毎期継続して適用し，絶対にこれを変更してはならない。

24-4 連結財務諸表作成における一般基準

1 連結の範囲

Q16	親会社は，原則としてすべての子会社を連結の範囲に含める。

Q17	子会社のうち，支配が一時的であると認められる企業であって，かつ，連結することにより利害関係者の判断を著しく誤らせるおそれのある企業については，連結の範囲に含めないことができる。

Q18	子会社であって，その資産，売上高等を考慮して，連結の範囲から除いても企業集団の財政状態，経営成績及びキャッシュ・フローの状況に関する合理的な判断を妨げない程度に重要性の乏しいものは，連結の範囲に含めてはならない。

A14	○ (11)

A15	× (12)

連結財務諸表作成のために採用した基準及び手続は，毎期継続して適用し，みだりにこれを変更してはならない。

A16	○ (13)

A17	× (14)

子会社のうち次に該当するものは，連結の範囲に含めない。
(1) 支配が一時的であると認められる企業
(2) (1)以外の企業であって，連結することにより利害関係者の判断を著しく誤らせるおそれのある企業

A18	× (注3)

子会社であって，その資産，売上高等を考慮して，連結の範囲から除いても企業集団の財政状態，経営成績及びキャッシュ・フローの状況に関する合理的な判断を妨げない程度に重要性の乏しいものは，連結の範囲に含めないことができる。

2 連結決算日

Q19 連結財務諸表の作成に関する期間は1年とし，親会社又
は子会社の会計期間に基づき，年1回一定の日をもって
連結決算日とする。

Q20 子会社の決算日が連結決算日と異なる場合には，子会社
は，連結決算日に正規の決算に準ずる合理的な手続によ
る決算を必ず行わなければならない。

3 親会社及び子会社の会計方針

Q21 同一環境下で行われた同一の性質の取引等について，親
会社及び子会社が採用する会計方針は，原則として統一
する。

A19	✕ (15)
	連結財務諸表の作成に関する期間は1年とし，親会社の会計期間に基づき，年1回一定の日をもって連結決算日とする。
A20	✕ (16, 注4)
	子会社の決算日が連結決算日と異なる場合には，子会社は，連結決算日に正規の決算に準ずる合理的な手続により決算を行う。
	ただし，子会社の決算日と連結決算日の差異が3か月を超えない場合には，子会社の正規の決算を基礎として連結決算を行うことができる。この場合には，子会社の決算日と連結決算日が異なることから生じる連結会社間の取引に係る会計記録の重要な不一致について，必要な整理を行うものとする。
A21	◯ (17)

24-5 連結貸借対照表の作成基準

1 連結貸借対照表の基本原則

Q22 連結貸借対照表は，親会社及び子会社の個別貸借対照表における資産，負債及び純資産の金額を基礎とし，子会社の資産及び負債の評価，連結会社相互間の投資と資本及び債権と債務の相殺消去等の処理を行って作成する。

Q23 連結貸借対照表の作成に関する会計処理における企業結合及び事業分離等に関する事項のうち，「連結財務諸表に関する会計基準」に定めのない事項については，「企業結合に関する会計基準」や「事業分離等に関する会計基準」の定めに従って会計処理する。

2 子会社の資産及び負債の評価

Q24 連結貸借対照表の作成にあたっては，支配獲得日において，子会社の資産及び負債のうち，親会社の持分に相当する部分については株式の取得日ごとに当該日における時価により評価し，非支配株主持分に相当する部分については子会社の個別貸借対照表上の金額による方法（部分時価評価法）により評価する。

Q25 支配獲得日，株式の取得日又は売却日等が子会社の決算日以外の日である場合には，当該日の前後いずれかの決算日に支配獲得，株式の取得又は売却等が行われたものとみなして処理しなければならない。

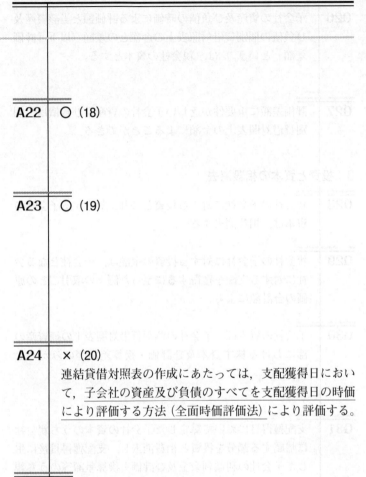

A22	○ (18)
A23	○ (19)
A24	× (20) 連結貸借対照表の作成にあたっては，支配獲得日において，子会社の資産及び負債のすべてを支配獲得日の時価により評価する方法（全面時価評価法）により評価する。
A25	× (注5) 支配獲得日，株式の取得日又は売却日等が子会社の決算日以外の日である場合には，当該日の前後いずれかの決算日に支配獲得，株式の取得又は売却等が行われたものとみなして処理することができる。

Q26	子会社の資産及び負債の時価による評価額と当該資産及び負債の個別貸借対照表上の金額との差額（以下「評価差額」という。）は，親会社の資本とする。

Q27	評価差額に重要性が乏しい子会社の資産及び負債は，個別貸借対照表上の金額によることができる。

3 投資と資本の相殺消去

Q28	親会社の子会社に対する投資とこれに対応する子会社の資本は，相殺消去する。

Q29	親会社の子会社に対する投資の金額は，子会社となる会社に対する支配を獲得するに至った個々の取引ごとの原価の合計額による。

Q30	子会社の資本は，子会社の個別貸借対照表上の純資産の部における株主資本及び評価・換算差額等のみからなる。

Q31	支配獲得日において算定した子会社の資本のうち親会社に帰属する部分を投資と相殺消去し，支配獲得日後に生じた子会社の利益剰余金及び評価・換算差額等のうち親会社に帰属する部分は，利益剰余金及び評価・換算差額等として処理する。

A26	× (21)
	子会社の資産及び負債の時価による評価額と当該資産及び負債の個別貸借対照表上の金額との差額（以下「評価差額」という。）は，子会社の資本とする。
A27	○ (22)
A28	○ (23)
A29	× (23(1))
	親会社の子会社に対する投資の金額は，支配獲得日の時価による。
A30	× (23(2))
	子会社の資本は，子会社の個別貸借対照表上の純資産の部における株主資本及び評価・換算差額等と評価差額からなる。
A31	○ (注6)

| Q32 | 親会社の子会社に対する投資とこれに対応する子会社の資本との相殺消去にあたり，差額が生じる場合には，当該差額をのれん（又は負ののれん）とする。 |

| Q33 | 子会社相互間の投資とこれに対応する他の子会社の資本とは，親会社の子会社に対する投資とこれに対応する子会社の資本との相殺消去に準じて相殺消去する。 |

4　非支配株主持分

| Q34 | 子会社の資本のうち親会社に帰属しない部分は，連結貸借対照表に計上してはならない。 |

| Q35 | 支配獲得日の子会社の資本は，すべて親会社の投資と相殺消去する。 |

| Q36 | 支配獲得日後に生じた子会社の利益剰余金及び評価・換算差額等のうち非支配株主に帰属する部分は，非支配株主持分として処理する。 |

A32	○ (24)
	なお，のれん（又は負ののれん）は，「企業結合に関する会計基準」第32項（又は第33項）に従って会計処理する。

A33	○ (25)

A34	× (26)
	子会社の資本のうち親会社に帰属しない部分は，<u>非支配株主持分</u>とする。

A35	× (注7(1))
	支配獲得日の子会社の資本は，<u>親会社に帰属する部分と非支配株主に帰属する部分とに分け，前者は親会社の投資と相殺消去し，後者は非支配株主持分として処理する</u>。

A36	○ (注7(2))

| Q37 | 子会社の欠損のうち，当該子会社に係る非支配株主持分に割り当てられる額が当該非支配株主の出資額を超える場合には，当該超過額は，親会社の持分に負担させる。この場合において，その後当該子会社に利益が計上されたときは，親会社が負担した欠損が回収されるまで，その利益の金額を親会社の持分に加算する。 |

5　子会社株式の追加取得及び一部売却等

| Q38 | 子会社株式（子会社出資金を含む。以下同じ。）を追加取得した場合には，追加取得した株式（出資金を含む。以下同じ。）に対応する持分を非支配株主持分から減額し，追加取得により増加した親会社の持分（以下「追加取得持分」という。）を追加投資額と相殺消去する。追加取得持分と追加投資額との間に生じた差額は，持分変動損益として処理する。 |

| Q39 | 追加取得持分及び減額する非支配株主持分は，追加取得日における時価により計算する。 |

| Q40 | 子会社株式を一部売却した場合（親会社と子会社の支配関係が継続している場合に限る。）には，売却した株式に対応する持分を親会社の持分から減額し，非支配株主持分を増額する。売却による親会社の持分の減少額（以下「売却持分」という。）と投資の減少額との間に生じた差額は，のれん（又は負ののれん）として処理する。 |

A37	× (27)
	子会社の欠損のうち，当該子会社に係る非支配株主持分に割り当てられる額が当該非支配株主の負担すべき額を超える場合には，当該超過額は，親会社の持分に負担させる。この場合において，その後当該子会社に利益が計上されたときは，親会社が負担した欠損が回収されるまで，その利益の金額を親会社の持分に加算する。

A38	× (28)
	子会社株式（子会社出資金を含む。以下同じ。）を追加取得した場合には，追加取得した株式（出資金を含む。以下同じ。）に対応する持分を非支配株主持分から減額し，追加取得により増加した親会社の持分（以下「追加取得持分」という。）を追加投資額と相殺消去する。追加取得持分と追加投資額との間に生じた差額は，資本剰余金とする。

A39	× (注8(1))
	追加取得持分及び減額する非支配株主持分は，追加取得日における非支配株主持分の額により計算する。

A40	× (29)
	子会社株式を一部売却した場合（親会社と子会社の支配関係が継続している場合に限る。）には，売却した株式に対応する持分を親会社の持分から減額し，非支配株主持分を増額する。売却による親会社の持分の減少額（以下「売却持分」という。）と売却価額との間に生じた差額は，資本剰余金とする。

Q41 子会社株式の売却等により被投資会社が子会社及び関連会社に該当しなくなった場合には，連結財務諸表上，残存する当該被投資会社に対する投資は，当該時点における時価をもって評価する。

Q42 子会社株式の一部売却における売却持分及び増額する非支配株主持分については，親会社の持分のうち売却した株式に対応する部分として計算する。

Q43 子会社株式の一部売却において，関連する法人税等（子会社への投資 に係る税効果の調整を含む。）は，資本剰余金から控除する。

Q44 子会社の時価発行増資等に伴い，親会社の払込額と親会社の持分の増減額との間に差額が生じた場合（親会社と子会社の支配関係が継続している場合に限る。）には，当該差額を損益として，損益計算書に計上しなければならない。

Q45 子会社株式の追加取得，一部売却，時価発行増資等の会計処理の結果，資本剰余金が負の値となる場合には，その都度，資本剰余金を零とし，当該負の値を利益剰余金から減額する。

A41	× (29)
	子会社株式の売却等により被投資会社が子会社及び関連会社に該当しなくなった場合には，連結財務諸表上，残存する当該被投資会社に対する投資は，個別貸借対照表上の帳簿価額をもって評価する。
A42	○ (注9(1)(3))
	なお，子会社の時価発行増資等に伴い生じる差額の計算については，これに準じて処理する。
A43	○ (注9(2))
A44	× (30)
	子会社の時価発行増資等に伴い，親会社の払込額と親会社の持分の増減額との間に差額が生じた場合（親会社と子会社の支配関係が継続している場合に限る。）には，当該差額を資本剰余金とする。
A45	× (30－2)
	第28項（追加取得），第29項（一部売却）及び第30項（時価発行増資等）の会計処理の結果，資本剰余金が負の値となる場合には，連結会計年度末において，資本剰余金を零とし，当該負の値を利益剰余金から減額する。

6 債権と債務の相殺消去

| Q46 | 連結会社相互間の債権と債務とは，相殺消去する。 |

| Q47 | 相殺消去の対象となる債権又は債務には，前払費用，未収収益，前受収益及び未払費用で連結会社相互間の取引に関するものは含めない。 |

| Q48 | 連結会社が振り出した手形を他の連結会社が銀行割引した場合には，連結貸借対照表上，これを相殺消去する。 |

| Q49 | 引当金のうち，連結会社を対象として引き当てられたことが明らかなものは，これを調整する。 |

| Q50 | 連結会社が発行した社債は，一時所有のものであっても，相殺消去の対象としなければならない。 |

A46	○ (31)
A47	× (注10(1)) 相殺消去の対象となる債権又は債務には，前払費用，未収収益，前受収益及び未払費用で連結会社相互間の取引に関するものを<u>含むものとする</u>。
A48	× (注10(2)) 連結会社が振り出した手形を他の連結会社が銀行割引した場合には，連結貸借対照表上，<u>これを借入金に振り替える</u>。
A49	○ (注10(3))
A50	× (注10(4)) 連結会社が発行した社債で一時所有のものは，<u>相殺消去の対象としないことができる</u>。

7 表示方法

Q51 連結貸借対照表には，資産の部，負債の部及び純資産の部を設ける。

Q52 連結貸借対照表の科目の分類は，個別財務諸表における科目の分類と同一としなければならない。

Q53 流動資産，有形固定資産，無形固定資産，投資その他の資産，繰延資産，流動負債及び固定負債は，一定の基準に従い，その性質を示す適当な名称を付した科目に明瞭に分類して記載する。特に，非連結子会社及び関連会社に対する投資は，他の項目と区別して記載し，又は注記の方法により明瞭に表示する。

A51	○ (32)
	(1) 資産の部は，流動資産，固定資産及び繰延資産に区分し，固定資産は有形固定資産，無形固定資産及び投資その他の資産に区分して記載する。
	(2) 負債の部は，流動負債及び固定負債に区分して記載する。
	(3) 純資産の部は，企業会計基準第5号「貸借対照表の純資産の部の表示に関する会計基準」(以下「純資産会計基準」という。) に従い，区分して記載する。
A52	× (注11)
	連結貸借対照表の科目の分類は，個別財務諸表における科目の分類を基礎とするが，企業集団の財政状態について誤解を生じさせない限り，科目を集約して表示することができる。
A53	○ (33)

Q54　連結の範囲に含めた特別目的会社に関して，当該特別目的会社の資産及び当該資産から生じる収益のみを返済原資とし，他の資産及び収益へ遡及しない債務（以下「ノンリコース債務」という。）については，連結貸借対照表上，他の項目と区別して記載する。なお，当該記載に代えて，注記によることもできる。

Q55　利益剰余金のうち，企業集団内部者との契約による特定目的のために積み立てられたものがあるときは，その内容及び金額を注記しなければならないが，減債積立金等外部者との契約による特定目的のために積み立てられたものがあるときは，特段の注記を要しない。

24-6　連結損益及び包括利益計算書又は連結損益計算書及び連結包括利益計算書の作成基準

1　連結損益及び包括利益計算書又は連結損益計算書及び連結包括利益計算書の基本原則

Q56　連結損益及び包括利益計算書又は連結損益計算書及び連結包括利益計算書は，親会社及び子会社の個別損益計算書等における収益，費用等の金額を基礎とし，連結会社相互間の取引高の相殺消去及び未実現損益の消去等の処理を行って作成する。

A54	○（注11－2）

A55	×（33）
	利益剰余金のうち，<u>減債積立金等外部者との契約による</u> <u>特定目的のために積み立てられたものがあるときは，そ</u> <u>の内容及び金額を注記する。</u>

A56	○（34）

2 連結会社相互間の取引高の相殺消去

Q57　連結会社相互間における商品の売買に係る項目については相殺消去しなければならないが，その他の取引に係る項目については相殺消去してはならない。

Q58　会社相互間取引が形式的に連結会社以外の企業を通じて行われている場合には，相殺消去の対象取引としてはならない。

3 未実現損益の消去

Q59　連結会社相互間の取引によって取得した棚卸資産，固定資産その他の資産に含まれる未実現利益及び未実現損失は，回収可能か不能かを問わず，その全額を消去しなければならない。

Q60　未実現損益の金額に重要性が乏しい場合には，これを消去しないことができる。

Q61　売手側の子会社に非支配株主が存在する場合であっても，未実現損益は，すべて親会社の持分に配分する。

A57 | × (35)
連結会社相互間における商品の売買その他の取引に係る
項目は，相殺消去する。

A58 | × (注12)
会社相互間取引が連結会社以外の企業を通じて行われて
いる場合であっても，その取引が実質的に連結会社間の
取引であることが明確であるときは，この取引を連結会
社間の取引とみなして処理する。

A59 | × (36)
連結会社相互間の取引によって取得した棚卸資産，固定
資産その他の資産に含まれる未実現損益は，その全額
を消去する。ただし，未実現損失については，売手側の
帳簿価額のうち回収不能と認められる部分は，消去しな
い。

A60 | ○ (37)

A61 | × (38)
売手側の子会社に非支配株主が存在する場合には，未実
現損益は，親会社と非支配株主の持分比率に応じて，親
会社の持分と非支配株主持分に配分する。

4 表示方法

Q62 「包括利益の表示に関する会計基準」に従って，1計算書方式により，連結損益及び包括利益計算書を作成する場合は，当期純利益までの計算を「連結財務諸表に関する会計基準」に従って表示するとともに，「包括利益の表示に関する会計基準」に従い，包括利益の計算を表示する。また，2計算書方式による場合は，連結損益計算書を「連結財務諸表に関する会計基準」に従って表示するとともに，「包括利益の表示に関する会計基準」に従い，連結包括利益計算書を作成する。

Q63 連結損益及び包括利益計算書又は連結損益計算書における営業損益計算の区分は，売上高及び売上原価を記載して売上総利益を表示し，さらに販売費及び一般管理費を記載して営業利益を表示する。

Q64 連結損益及び包括利益計算書又は連結損益計算書における経常損益計算の区分は，営業損益計算の結果を受け，営業外収益及び営業外費用を記載して経常利益を表示する。

A62 ○ (38-2)

A63 ○ (39(1))

A64 ○ (39(2))

Q65　連結損益及び包括利益計算書又は連結損益計算書の純損益計算の区分においては，経常損益計算の結果を受け，特別利益及び特別損失を記載して税金等調整前当期純利益を表示する。そして，税金等調整前当期純利益に法人税額等（住民税額及び利益に関連する金額を課税標準とする事業税額を含む。）を加減し，さらに，これに非支配株主損益を加減して，当期純利益を表示する。

Q66　販売費及び一般管理費，営業外収益，営業外費用，特別利益及び特別損失は，一定の基準に従い，その性質を示す適当な名称を付した科目に明瞭に分類して記載する。

Q67　連結損益及び包括利益計算書又は連結損益計算書及び連結包括利益計算書の科目の分類は，個別財務諸表における科目の分類と同一としなければならない。また，主たる営業として製品又は商品の販売と役務の給付とがある場合には，売上高及び売上原価を製品等の販売に係るものと役務の給付に係るものとに区分して記載する。

A65	× (39(3))

⑶　純損益計算の区分は，次のとおり表示する。

①　経常損益計算の結果を受け，特別利益及び特別損失を記載して税金等調整前当期純利益を表示する。

②　税金等調整前当期純利益に法人税額等（住民税額及び利益に関連する金額を課税標準とする事業税額を含む。）を加減して，当期純利益を表示する。

2計算書方式の場合は，当期純利益に非支配株主に帰属する当期純利益を加減して，親会社株主に帰属する当期純利益を表示する。1計算書方式の場合は，当期純利益の直後に親会社株主に帰属する当期純利益及び非支配株主に帰属する当期純利益を付記する。

A66	○ (40)

A67	× (注13)

連結損益及び包括利益計算書又は連結損益計算書及び連結包括利益計算書の科目の分類は，個別財務諸表における科目の分類を基礎とするが，企業集団の経営成績について誤解を生じさせない限り，科目を集約して表示することができる。また，主たる営業として製品又は商品の販売と役務の給付とがある場合には，売上高及び売上原価を製品等の販売に係るものと役務の給付に係るものとに区分して記載する。

24-7 連結財務諸表の注記事項

Q68 連結財務諸表には，(1)連結の範囲等，(2)決算期の異なる子会社，(3)会計方針等，(4)企業集団の財政状態，経営成績及びキャッシュ・フローの状況を判断するために重要なその他の事項を注記する。

A68	○ (43)

連結財務諸表には，次の事項を注記する。

(1) 連結の範囲等

連結の範囲に含めた子会社，非連結子会社に関する事項その他連結の方針に関する重要な事項及びこれらに重要な変更があったときは，その旨及びその理由

(2) 決算期の異なる子会社

子会社の決算日が連結決算日と異なるときは，当該決算日及び連結のため当該子会社について特に行った決算手続の概要

(3) 会計方針等

① 重要な資産の評価基準及び減価償却方法等並びにこれらについて変更があったときは，「会計方針の開示，会計上の変更及び誤謬の訂正に関する会計基準」に従った注記事項

② 子会社の採用する会計方針で親会社及びその他の子会社との間で特に異なるものがあるときは，その概要

(4) 企業集団の財政状態，経営成績及びキャッシュ・フローの状況を判断するために重要なその他の事項

Q69	連結財務諸表には，連結財務諸表を作成する日までに発生した重要な後発事象を注記する。後発事象とは，連結決算日後に発生した事象（連結決算日と異なる決算日の子会社については，連結決算日後に発生した事象）で，次期以後の財政状態，経営成績及びキャッシュ・フローの状況に影響を及ぼすものをいう。
Q70	連結の範囲に含めた特別目的会社のノンリコース債務に対応する資産については，当該資産の科目及び金額を注記する。

A69	× (注14)
	連結財務諸表には，連結財務諸表を作成する日までに発生した重要な後発事象を注記する。
	後発事象とは，連結決算日後に発生した事象（連結決算日と異なる決算日の子会社については，当該子会社の決算日後に発生した事象）で，次期以後の財政状態，経営成績及びキャッシュ・フローの状況に影響を及ぼすものをいう。
A70	○ (注16)

企業会計基準第24号 「会計方針の開示, 会計上の変更及び誤謬の 訂正に関する会計基準」

§ 25

25-1 用語の定義

Q01　「会計方針」とは，財務諸表の作成にあたって採用した会計処理の原則及び手続並びに表示方法をいう。

Q02　「表示方法」とは，財務諸表の作成にあたって採用した表示の方法（注記による開示は含まない。）をいい，財務諸表の科目分類，科目配列及び報告様式は含まれない。

Q03　「会計上の見積り」とは，資産及び負債や収益及び費用等の額に不確実性がある場合において，財務諸表作成時に入手可能な情報に基づいて，その合理的な金額を算出することをいう。

Q04　「会計上の変更」とは，会計方針の変更，表示方法の変更，会計上の見積りの変更及び過去の財務諸表における誤謬の訂正をいう。

Q05　「会計方針の変更」とは，従来採用していた会計方針から他の会計方針に変更すること全般を指す。

A01	× (4(1))
	「会計方針」とは，財務諸表の作成にあたって採用した会計処理の原則及び手続をいう。
A02	× (4(2))
	「表示方法」とは，財務諸表の作成にあたって採用した表示の方法（注記による開示も含む。）をいい，財務諸表の科目分類，科目配列及び報告様式が含まれる。
A03	○ (4(3))
A04	× (4(4))
	「会計上の変更」とは，会計方針の変更，表示方法の変更及び会計上の見積りの変更をいう。過去の財務諸表における誤謬の訂正は，会計上の変更には該当しない。
A05	× (4(5))
	「会計方針の変更」とは，従来採用していた一般に公正妥当と認められた会計方針から他の一般に公正妥当と認められた会計方針に変更することをいう。

Q06	「表示方法の変更」とは，従来採用していた表示方法から他の表示方法に変更すること全般を指す。
Q07	「会計上の見積りの変更」とは，過去に入手した情報に基づいて，過去に財務諸表を作成する際に行った会計上の見積りを変更することをいう。
Q08	「誤謬」とは，財務諸表作成時に入手可能な情報を使用しなかったことによる，又はこれを誤用したことによる，意図的ではない誤りをいう。
Q09	「遡及適用」とは，過去の会計方針を新たな財務諸表にも適用していたかのように会計処理することをいう。
Q10	「財務諸表の組替え」とは，過去の表示方法を新たな財務諸表にも適用していたかのように表示を変更することをいう。

A06	× (4(6))

「表示方法の変更」とは，従来採用していた一般に公正妥当と認められた表示方法から他の一般に公正妥当と認められた表示方法に変更することをいう。

A07	× (4(7))

「会計上の見積りの変更」とは，新たに入手可能となった情報に基づいて，過去に財務諸表を作成する際に行った会計上の見積りを変更することをいう。

A08	× (4(8))

「誤謬」とは，原因となる行為が意図的であるか否かにかかわらず，財務諸表作成時に入手可能な情報を使用しなかったことによる，又はこれを誤用したことによる，次のような誤りをいう。

① 財務諸表の基礎となるデータの収集又は処理上の誤り
② 事実の見落としや誤解から生じる会計上の見積りの誤り
③ 会計方針の適用の誤り又は表示方法の誤り

A09	× (4(9))

「遡及適用」とは，新たな会計方針を過去の財務諸表に遡って適用していたかのように会計処理することをいう。

A10	× (4(10))

「財務諸表の組替え」とは，新たな表示方法を過去の財務諸表に遡って適用していたかのように表示を変更することをいう。

| Q11 | 「修正再表示」とは，過去の財務諸表における誤謬の訂正を財務諸表に反映することをいう。 |

25-2 会計方針の開示の取扱い

1 開示目的

| Q12 | 重要な会計方針に関する注記の開示目的は，財務諸表を作成するための基礎となる事項を財務諸表利用者が理解するために，採用した会計処理の原則及び手続の概要を示すことにある。この開示目的は，会計処理の対象となる会計事象や取引（以下「会計事象等」という。）に関連する会計基準等の定めが明らかでない場合に，会計処理の原則及び手続を採用するときも同じである。 |

A11	○ （4 (11)）

A12	○ （4-2，4-3） なお，関連する会計基準等の定めが明らかでない場合とは，特定の会計事象等に対して適用し得る具体的な会計基準等の定めが存在しない場合をいう。

2 重要な会計方針に関する注記

Q13 財務諸表には，重要な会計方針を注記する。会計基準等の定めが明らかであり，当該会計基準等において代替的な会計処理の原則及び手続が認められていない場合であっても，財務諸表利用者の理解に資するために，会計方針に関する注記を省略することは認められない。

A13 × (4-4～4-6)

財務諸表には，重要な会計方針を注記する。ただし，会計基準等の定めが明らかであり，当該会計基準等において代替的な会計処理の原則及び手続が認められていない場合には，会計方針に関する注記を省略することができる。

なお，会計方針の例としては，次のようなものがある。ただし，重要性の乏しいものについては，注記を省略することができる。

(1) 有価証券の評価基準及び評価方法
(2) 棚卸資産の評価基準及び評価方法
(3) 固定資産の減価償却の方法
(4) 繰延資産の処理方法
(5) 外貨建資産及び負債の本邦通貨への換算基準
(6) 引当金の計上基準
(7) 収益及び費用の計上基準

25-3 会計方針の変更の取扱い

1 会計方針の変更の分類

Q14 　会計方針は，正当な理由により変更を行う場合を除き，毎期継続して適用する。正当な理由により変更を行う場合は，会計基準等の改正に伴う会計方針の変更とそれ以外の正当な理由による会計方針の変更に分類される。

A14 〇 (5)

会計方針は，正当な理由により変更を行う場合を除き，毎期継続して適用する。正当な理由により変更を行う場合は，次のいずれかに分類される。

(1) 会計基準等の改正に伴う会計方針の変更

会計基準等の改正によって特定の会計処理の原則及び手続が強制される場合や，従来認められていた会計処理の原則及び手続を任意に選択する余地がなくなる場合など，会計基準等の改正に伴って会計方針の変更を行うことをいう。会計基準等の改正には，既存の会計基準等の改正又は廃止のほか，新たな会計基準等の設定が含まれる。

なお，会計基準等に早期適用の取扱いが定められており，これを適用する場合も，会計基準等の改正に伴う会計方針の変更として取り扱う。

(2) (1)以外の正当な理由による会計方針の変更

正当な理由に基づき自発的に会計方針の変更を行うことをいう。

2 会計方針の変更に関する原則的な取扱い

Q15 会計方針を変更したときには，いかなる場合であっても，新たな会計方針を過去の期間のすべてに遡及適用しなければならない。

Q16 新たな会計方針を遡及適用する場合には，表示期間より前の期間に関する遡及適用による累積的影響額は，表示する財務諸表のうち，最も新しい期間の期末の資産，負債及び純資産の額に反映し，表示する過去の各期間の財務諸表には，当該各期間の影響額を反映する。

A15 × (6)

会計方針の変更に関する原則的な取扱いは，次のとおりとする。

(1) 会計基準等の改正に伴う会計方針の変更の場合
会計基準等に特定の経過的な取扱い（適用開始時に遡及適用を行わないことを定めた取扱いなどをいう。以下同じ。）が定められていない場合には，新たな会計方針を過去の期間のすべてに遡及適用する。会計基準等に特定の経過的な取扱いが定められている場合には，その経過的な取扱いに従う。

(2) (1)以外の正当な理由による会計方針の変更の場合
新たな会計方針を過去の期間のすべてに遡及適用する。

A16 × (7)

新たな会計方針を遡及適用する場合には，次の処理を行う。

(1) 表示期間（当期の財務諸表及びこれに併せて過去の財務諸表が表示されている場合の，その表示期間をいう。以下同じ。）より前の期間に関する遡及適用による累積的影響額は，表示する財務諸表のうち，最も古い期間の期首の資産，負債及び純資産の額に反映する。

(2) 表示する過去の各期間の財務諸表には，当該各期間の影響額を反映する。

3 原則的な取扱いが実務上不可能な場合の取扱い

Q17　過去の情報が収集・保存されておらず，合理的な努力を行っても，遡及適用による影響額を算定できない場合や，遡及適用にあたり，会計上の見積りを必要とするときに，会計事象等が発生した時点の状況に関する情報について，対象となる過去の財務諸表が作成された時点で入手可能であったものと，その後判明したものとに，客観的に区別することが時の経過により不可能な場合は，遡及適用が実務上不可能な場合に該当するが，遡及適用にあたり，過去における経営者の意図について仮定することが必要な場合は，遡及適用が実務上不可能な場合には該当しない。

Q18　当期の期首時点において，過去の期間のすべてに新たな会計方針を遡及適用した場合の累積的影響額を算定することはできるものの，表示期間のいずれかにおいて，当該期間に与える影響額を算定することが実務上不可能な場合には，遡及適用が実行可能な最も古い期間（これが当期となる場合はない。）の期末時点で累積的影響額を算定し，当該期末残高から新たな会計方針を適用する。

A17 × (8)

遡及適用が実務上不可能な場合とは，次のような状況が該当する。

(1) 過去の情報が収集・保存されておらず，合理的な努力を行っても，遡及適用による影響額を算定できない場合

(2) 遡及適用にあたり，過去における経営者の意図について仮定することが必要な場合

(3) 遡及適用にあたり，会計上の見積りを必要とするときに，会計事象等が発生した時点の状況に関する情報について，対象となる過去の財務諸表が作成された時点で入手可能であったものと，その後判明したものとに，客観的に区別することが時の経過により不可能な場合

A18 × (9(1))

遡及適用の原則的な取扱いが実務上不可能な場合の取扱いは，次のとおりとする。

(1) 当期の期首時点において，過去の期間のすべてに新たな会計方針を遡及適用した場合の累積的影響額を算定することはできるものの，表示期間のいずれかにおいて，当該期間に与える影響額を算定することが実務上不可能な場合には，遡及適用が実行可能な最も古い期間（これが当期となる場合もある。）の期首時点で累積的影響額を算定し，当該期首残高から新たな会計方針を適用する。

| Q19 | 当期の期首時点において，過去の期間のすべてに新たな会計方針を遡及適用した場合の累積的影響額を算定することが実務上不可能な場合には，遡及適用を行わない。 |

4　会計方針の変更に関する注記

| Q20 | 会計基準等の改正に伴う会計方針の変更の場合で，当期又は過去の期間に影響があるとき，又は将来の期間に影響を及ぼす可能性があるときは，当期において，(1)会計基準等の名称，(2)会計方針の変更の内容等を注記する。 |

| Q21 | 会計基準等の改正に伴う会計方針の変更以外の正当な理由による会計方針の変更の場合で，当期又は過去の期間に影響があるとき，又は将来の期間に影響を及ぼす可能性があるときは，当期において，(1)会計方針の変更の内容，(2)会計方針の変更を行った正当な理由，(3)表示期間のうち過去の期間について，影響を受ける財務諸表の主な表示科目に対する影響額及び1株当たり情報に対する影響額等を注記する。 |

A19	× (9(2))
	(2) 当期の期首時点において，過去の期間のすべてに新たな会計方針を遡及適用した場合の累積的影響額を算定することが実務上不可能な場合には，期首以前の実行可能な最も古い日から将来にわたり新たな会計方針を適用する。

A20	○ (10)

A21	○ (11)

25-4 表示方法の変更の取扱い

1 表示方法の変更に関する原則的な取扱い

Q22	表示方法は，表示方法を定めた会計基準又は法令等の改正により表示方法の変更を行う場合を除き，毎期継続して適用しなければならない。

Q23	財務諸表の表示方法を変更した場合には，原則として表示する過去の財務諸表について，新たな表示方法に従い修正再表示を行う。

2 原則的な取扱いが実務上不可能な場合の取扱い

Q24	表示する過去の財務諸表のうち，表示方法の変更に関する原則的な取扱いが実務上不可能な場合には，財務諸表の組替えは行わない。

A22　×（13）

表示方法は，次のいずれかの場合を除き，毎期継続して適用する。

(1)　表示方法を定めた会計基準又は法令等の改正により表示方法の変更を行う場合

(2)　会計事象等を財務諸表により適切に反映するために表示方法の変更を行う場合

A23　×（14）

財務諸表の表示方法を変更した場合には，原則として表示する過去の財務諸表について，新たな表示方法に従い財務諸表の組替えを行う。

A24　×（15）

表示する過去の財務諸表のうち，表示方法の変更に関する原則的な取扱いが実務上不可能な場合には，財務諸表の組替えが実行可能な最も古い期間から新たな表示方法を適用する。

なお，財務諸表の組替えが実務上不可能な場合とは，第8項に示されたような状況が該当する。

3 表示方法の変更に関する注記

Q25 表示方法の変更を行った場合には，(1)財務諸表の組替え
の内容，(2)財務諸表の組替えを行った理由，(3)組替えら
れた過去の財務諸表の主な項目の金額等を注記する。

25-5 会計上の見積りの変更の取扱い

1 会計上の見積りの変更に関する原則的な取扱い

Q26 会計上の見積りを変更したときには，新たな会計上の見
積りを過去の期間のすべてに遡及適用する。

A25

○ (16)

表示方法の変更を行った場合には，次の事項を注記する。

ただし，(2)から(4)については，連結財務諸表における注記と個別財務諸表における注記が同一である場合には，個別財務諸表においては，その旨の記載をもって代えることができる。

(1) 財務諸表の組替えの内容

(2) 財務諸表の組替えを行った理由

(3) 組替えられた過去の財務諸表の主な項目の金額

(4) 原則的な取扱いが実務上不可能な場合（前項参照）には，その理由

A26

× (17)

会計上の見積りの変更は，当該変更が変更期間のみに影響する場合には，当該変更期間に会計処理を行い，当該変更が将来の期間にも影響する場合には，将来にわたり会計処理を行う。

2 会計上の見積りの変更に関する注記

Q27 | 会計上の見積りの変更を行った場合には，会計上の見積りの変更の内容のみを注記すれば足りる。

3 会計方針の変更を会計上の見積りの変更と区別することが困難な場合の取扱い

Q28 | 会計方針の変更を会計上の見積りの変更と区別することが困難な場合については，会計方針の変更と同様に取り扱い，遡及適用を行う。

Q29 | 有形固定資産等の減価償却方法及び無形固定資産の償却方法は，会計方針に該当しないため，その変更については会計上の見積りの変更と同様に取り扱う。

A27 × (18)

会計上の見積りの変更を行った場合には，次の事項を注記する。

(1) 会計上の見積りの変更の内容

(2) 会計上の見積りの変更が，当期に影響を及ぼす場合は当期への影響額。当期への影響がない場合でも将来の期間に影響を及ぼす可能性があり，かつ，その影響額を合理的に見積ることができるときには，当該影響額。ただし，将来への影響額を合理的に見積ることが困難な場合には，その旨

A28 × (19)

会計方針の変更を会計上の見積りの変更と区別することが困難な場合については，会計上の見積りの変更と同様に取り扱い，遡及適用は行わない。

ただし，注記については，第11項(1)，(2)及び前項(2)に関する記載を行う。

A29 × (20)

有形固定資産等の減価償却方法及び無形固定資産の償却方法は，会計方針に該当するが，その変更については前項により取り扱う。

25－6　過去の誤謬の取扱い

1　過去の誤謬に関する取扱い

Q30　過去の財務諸表における誤謬が発見された場合には，財務諸表の組替えを行う。

2　過去の誤謬に関する注記

Q31　過去の誤謬の修正再表示を行った場合には，(1)過去の誤謬の内容，(2)表示期間のうち過去の期間について，影響を受ける財務諸表の主な表示科目に対する影響額及び1株当たり情報に対する影響額等を注記する。

A30

× (21)

過去の財務諸表における誤謬が発見された場合には，次の方法により<u>修正再表示</u>する。

(1) 表示期間より前の期間に関する修正再表示による累積的影響額は，表示する財務諸表のうち，最も古い期間の期首の資産，負債及び純資産の額に反映する。

(2) 表示する過去の各期間の財務諸表には，当該各期間の影響額を反映する。

A31

○ (22)

過去の誤謬の修正再表示を行った場合には，次の事項を注記する。

(1) 過去の誤謬の内容

(2) 表示期間のうち過去の期間について，影響を受ける財務諸表の主な表示科目に対する影響額及び1株当たり情報に対する影響額

(3) 表示されている財務諸表のうち，最も古い期間の期首の純資産の額に反映された，表示期間より前の期間に関する修正再表示の累積的影響額

| Q32 | 既に公表されているものの，未だ適用されていない新しい会計基準等がある場合には，混乱を避けるため，注記は行わない。 |

A32	× (22-2)

既に公表されているものの，未だ適用されていない新しい会計基準等がある場合には，次の事項を注記する。

なお，専ら表示及び注記事項を定めた会計基準等に関しては，(3)の事項の注記を要しない。また，連結財務諸表で注記を行っている場合は，個別財務諸表での注記を要しない。

(1) 新しい会計基準等の名称及び概要

(2) 適用予定日（早期適用する場合には早期適用予定日）に関する記述

(3) 新しい会計基準等の適用による影響に関する記述

企業会計基準第25号
「包括利益の表示に関する
会計基準」

§ 26

26-1 用語の定義

Q01 「包括利益」とは、ある企業の特定期間の期末までの純資産の変動額（当該企業の純資産に対する持分所有者との直接的な取引による部分を除く。）のうち、リスクから解放された投資の成果であって、当該企業の純資産に対する持分所有者に帰属する部分をいう。

Q02 企業の純資産に対する持分所有者には、当該企業の株主のほか当該企業の発行する新株予約権の所有者が含まれるが、連結財務諸表における当該企業の子会社の非支配株主は含まれない。

Q03 「その他の包括利益」とは、包括利益のうち当期純利益に含まれない部分をいう。

Q04 連結財務諸表におけるその他の包括利益には、非支配株主に係る部分は含まれない。

26-2 包括利益の計算の表示

Q05 当期純利益にその他の包括利益の内訳項目を加減して包括利益を表示する。

A01 × (4)

「包括利益」とは，ある企業の特定期間の財務諸表において認識された純資産の変動額のうち，当該企業の純資産に対する持分所有者との直接的な取引によらない部分をいう。

A02 × (4)

企業の純資産に対する持分所有者には，当該企業の株主のほか当該企業の発行する新株予約権の所有者が含まれ，連結財務諸表においては，当該企業の子会社の非支配株主も含まれる。

A03 ○ (5)

A04 × (5)

連結財務諸表におけるその他の包括利益には，親会社株主に係る部分と非支配株主に係る部分が含まれる。

A05 ○ (6)

26-3 その他の包括利益の内訳の開示

Q06 | その他の包括利益の内訳項目は，その内容に基づき区分せず，一括して表示する。

Q07 | 持分法を適用する被投資会社のその他の包括利益に対する投資会社の持分相当額は，一括して区分表示する。

Q08 | その他の包括利益の内訳項目は，税効果を控除する前の金額で表示する。

Q09 | 当期純利益を構成する項目のうち，過去の期間にその他の包括利益に含まれていた部分に限っては，組替調整額として，その他の包括利益の内訳項目ごとに注記する。

Q10 | その他の包括利益の各内訳項目別の税効果額の注記及び組替調整額のその他の包括利益の内訳項目ごとの注記は，個別財務諸表においても，四半期財務諸表においても，省略することは認められない。

A06	× (7)

その他の包括利益の内訳項目は，その内容に基づいて，その他有価証券評価差額金，繰延ヘッジ損益，為替換算調整勘定，退職給付に係る調整額等に区分して表示する。

A07	○ (7)

A08	× (8)

その他の包括利益の内訳項目は，税効果を控除した後の金額で表示する。ただし，各内訳項目を税効果を控除する前の金額で表示して，それらに関連する税効果の金額を一括して加減する方法で記載することができる。

いずれの場合も，その他の包括利益の各内訳項目別の税効果の金額を注記する。

A09	× (9)

当期純利益を構成する項目のうち，当期又は過去の期間にその他の包括利益に含まれていた部分は，組替調整額として，その他の包括利益の内訳項目ごとに注記する。この注記は，前項による注記と併せて記載することができる。

A10	× (10)

前2項の注記は，個別財務諸表（連結財務諸表を作成する場合に限る。）及び四半期財務諸表においては，省略することができる。

26-4 包括利益を表示する計算書

Q11 包括利益を表示する計算書は，原則として1計算書方式による。ただし，継続適用を条件として，2計算書方式によることも認められる。なお，いずれの方式による場合であっても，連結財務諸表においては，包括利益のうち親会社株主に係る金額及び非支配株主に係る金額を付記する。

26-5 適用時期等

Q12 「包括利益の表示に関する会計基準」は，当面の間，個別財務諸表には適用しない。

A11 | × (11)

包括利益を表示する計算書は，次のいずれかの形式による。連結財務諸表においては，包括利益のうち親会社株主に係る金額及び非支配株主に係る金額を付記する。

(1) 当期純利益を表示する損益計算書と，第6項に従って包括利益を表示する包括利益計算書からなる形式（2計算書方式）

(2) 当期純利益の表示と第6項に従った包括利益の表示を1つの計算書（「損益及び包括利益計算書」）で行う形式（1計算書方式）

A12 | ○ (16-2)

企業会計基準第26号 「退職給付に関する 会計基準」

§ 27

27-1 範囲

Q01 「退職給付に関する会計基準」は，一定の期間にわたり労働を提供したこと等の事由に基づいて，退職以後に支給される給付（退職給付）のうち，確定給付制度によるものについてのみ適用する。

Q02 株主総会の決議又は委員会設置会社における報酬委員会の決定が必要となる，取締役，会計参与，監査役及び執行役（以下合わせて「役員」という。）の退職慰労金についても，「退職給付に関する会計基準」の適用範囲に含まれる。

27-2 用語の定義

Q03 「確定拠出制度」とは，一定の掛金を外部に積み立て，事業主である企業が，当該掛金以外に退職給付に係る追加的な拠出義務を負わない退職給付制度をいう。

Q04 「確定給付制度」とは，事業主である企業が，給付原資を内部に留保し，退職給付に係る追加的な拠出義務を追う退職給付制度をいう。

A01 ✕ (3)

「退職給付に関する会計基準」は，一定の期間にわたり
労働を提供したこと等の事由に基づいて，退職以後に支
給される給付（退職給付）の会計処理に適用する。

A02 ✕ (3)

株主総会の決議又は委員会設置会社における報酬委員会
の決定が必要となる，取締役，会計参与，監査役及び執
行役（以下合わせて「役員」という。）の退職慰労金に
ついては，「退職給付に関する会計基準」の適用範囲に
は含めない。

A03 ◯ (4)

A04 ✕ (5)

「確定給付制度」とは，確定拠出制度以外の退職給付制
度をいう。

Q05	「退職給付債務」とは，退職給付のうち，認識時点までに発生していると認められる部分をいう。
Q06	「年金資産」とは，特定の退職給付制度のために，その制度について企業と従業員との契約（退職金規程等）等に基づき積み立てられた，次のいずれかを満たす特定の資産をいう。 (1) 退職給付以外に使用できないこと (2) 事業主及び事業主の債権者から法的に分離されていないこと (3) 積立超過分を含め，事業主への返還，事業主からの解約・目的外の払出し等が禁止されていること (4) 資産を事業主の資産と交換できないこと
Q07	「勤務費用」とは，1期間の労働の対価として発生したと認められる退職給付をいう。
Q08	「利息費用」とは，割引計算により算定された期首時点における退職給付債務について，期末までの時の経過により発生する計算上の利息をいう。
Q09	「期待運用収益」とは，年金資産の運用により生じると合理的に期待される計算上の収益をいう。

A05	× (6)

「退職給付債務」とは，退職給付のうち，認識時点まで
に発生していると認められる部分を割り引いたものをい
う。

A06	× (7)

「年金資産」とは，特定の退職給付制度のために，その
制度について企業と従業員との契約（退職金規程等）等
に基づき積み立てられた，次のすべてを満たす特定の資
産をいう。

(1) 退職給付以外に使用できないこと
(2) 事業主及び事業主の債権者から法的に分離されてい
    ること
(3) 積立超過分を除き，事業主への返還，事業主からの
    解約・目的外の払出し等が禁止されていること
(4) 資産を事業主の資産と交換できないこと

A07	○ (8)

A08	○ (9)

A09	○ (10)

| Q10 | 「数理計算上の差異」とは，見積数値の変更により発生した差異をいう。 |

| Q11 | 「過去勤務費用」とは，退職給付水準の改訂等に起因して発生した退職給付債務の増加又は減少部分をいう。 |

27-3 確定給付制度の会計処理

1 貸借対照表

| Q12 | 退職給付債務から年金資産の額を控除した額（以下「積立状況を示す額」という。）を負債として計上する。
ただし，年金資産の額が退職給付債務を超える場合には，資産として計上する。 |

| Q13 | 複数の退職給付制度を採用している場合において，1つの退職給付制度に係る年金資産が当該退職給付制度に係る退職給付債務を超えるときは，当該年金資産の超過額を他の退職給付制度に係る退職給付債務から控除する。 |

A10	× (11)

「数理計算上の差異」とは，年金資産の期待運用収益と実際の運用成果との差異，退職給付債務の数理計算に用いた見積数値と実績との差異及び見積数値の変更等により発生した差異をいう。

なお，このうち当期純利益を構成する項目として費用処理（費用の減額処理又は費用を超過して減額した場合の利益処理を含む。以下同じ。）されていないものを「未認識数理計算上の差異」という。

A11	○ (12)

なお，このうち当期純利益を構成する項目として費用処理されていないものを「未認識過去勤務費用」という。

A12	○ (13)

A13	× (注1)

複数の退職給付制度を採用している場合において，1つの退職給付制度に係る年金資産が当該退職給付制度に係る退職給付債務を超えるときは，当該年金資産の超過額を他の退職給付制度に係る退職給付債務から控除してはならない。

2 損益計算書及び包括利益計算書（又は損益及び包括利益計算書）

Q14 次の項目の当期に係る額は，退職給付費用として，当期純利益を構成する項目に含めて計上する。
(1) 勤務費用
(2) 利息費用
(3) 期待運用収益
(4) 数理計算上の差異に係る当期の費用処理額
(5) 過去勤務費用に係る当期の費用処理額

Q15 臨時に支給される退職給付であってあらかじめ予測できないもの及び退職給付債務の計算にあたって考慮されていたもの以外の退職給付の支給については，会計上の見積りの変更として，将来にわたり会計処理する。

Q16 連結財務諸表上，数理計算上の差異の当期発生額及び過去勤務費用の当期発生額のうち，費用処理されない部分（未認識数理計算上の差異及び未認識過去勤務費用となる。）については，その他の包括利益に含めて計上する。その他の包括利益累計額に計上されている未認識数理計算上の差異及び未認識過去勤務費用については，規則的に直接利益剰余金に振り替える。

A14	○ (14)

A15	× (注2) 臨時に支給される退職給付であってあらかじめ予測できないもの及び退職給付債務の計算にあたって考慮されていたもの以外の退職給付の支給については，支払時の退職給付費用として処理する。

A16	× (15, 39(2)) 連結財務諸表上，数理計算上の差異の当期発生額及び過去勤務費用の当期発生額のうち，費用処理されない部分（未認識数理計算上の差異及び未認識過去勤務費用となる。）については，その他の包括利益に含めて計上する。その他の包括利益累計額に計上されている未認識数理計算上の差異及び未認識過去勤務費用のうち，当期に費用処理された部分については，その他の包括利益の調整（組替調整）を行う。

3 退職給付債務及び勤務費用

Q17 退職給付債務は，退職に見込まれる退職給付の総額（退職給付見込額）のうち，期末までに発生していると認められる額を割り引いて計算する。

Q18 退職給付債務は，原則として，勤続年数，残存勤務期間，退職給付見込額等について標準的な数値を用いて加重平均等により計算する。ただし，個々の従業員ごとに計算することも認められる。

Q19 勤務費用は，退職給付見込額のうち当期に発生したと認められる額として計算される。

Q20 従業員からの拠出がある企業年金制度を採用している場合には，勤務費用の計算にあたり，従業員からの拠出額を勤務費用から差し引いてはならない。

Q21 退職給付見込額の見積りにあたっては，たとえ合理的に見込まれるものであっても，退職給付の変動要因を考慮してはならない。

Q22 退職給付見込額の見積りにおいて合理的に見込まれる退職給付の変動要因には，予想される昇給等のうち確実と認められるものだけが含まれる。

A17	○ (16)

A18	× （注3）

退職給付債務は，原則として個々の従業員ごとに計算する。ただし，勤続年数，残存勤務期間，退職給付見込額等について標準的な数値を用いて加重平均等により計算ができると認められる場合には，当該合理的な計算方法を用いることができる。

A19	× (17)

勤務費用は，退職給付見込額のうち当期に発生したと認められる額を割り引いて計算する。

A20	× （注4）

従業員からの拠出がある企業年金制度を採用している場合には，勤務費用の計算にあたり，従業員からの拠出額を勤務費用から差し引く。

A21	× (18)

退職給付見込額は，合理的に見込まれる退職給付の変動要因を考慮して見積る。

A22	× （注5）

退職給付見込額の見積りにおいて合理的に見込まれる退職給付の変動要因には，予想される昇給等が含まれる。

Q23	臨時に支給される退職給付等であってあらかじめ予測できないものであっても，退職給付見込額には含める。
Q24	退職給付見込額のうち期末までに発生したと認められる額は，原則として期間定額基準により計算する。ただし，一定の場合には，給付算定式基準により計算することも認められる。
Q25	給付算定式基準による場合，勤務期間の後期における給付算定式に従った給付が，初期よりも著しく低い水準となるときには，当該期間の給付が均等に生じるとみなして補正した給付算定式に従わなければならない。
Q26	退職給付債務の計算における割引率は，安全性の高い債券の利回りを基礎とし，その一定期間の変動を考慮して決定する。
Q27	割引率の基礎とする安全性の高い債券の利回りとは，期末における国債，政府機関債及び優良社債の利回りをいう。

A23	× （注5）
	臨時に支給される退職給付等であってあらかじめ予測できないものは，退職給付見込額に含めない。

A24	× （19）
	退職給付見込額のうち期末までに発生したと認められる額は，次のいずれかの方法を選択適用して計算する。この場合，いったん採用した方法は，原則として，継続して適用しなければならない。
	(1)　退職給付見込額について全勤務期間で除した額を各期の発生額とする方法（以下「期間定額基準」という。）
	(2)　退職給付制度の給付算定式に従って各勤務期間に帰属させた給付に基づき見積った額を，退職給付見込額の各期の発生額とする方法（以下「給付算定式基準」という。）

A25	× （19）
	給付算定式基準による場合，勤務期間の後期における給付算定式に従った給付が，初期よりも著しく高い水準となるときには，当該期間の給付が均等に生じるとみなして補正した給付算定式に従わなければならない。

A26	× （20）
	退職給付債務の計算における割引率は，安全性の高い債券の利回りを基礎として決定する。

A27	○ （注6）

| Q28 | 利息費用は，期末の退職給付債務に割引率を乗じて計算する。 |

4 年金資産

| Q29 | 年金資産の額は，期末における時価（公正な評価額をいう。ただし，金融商品については，算定日において市場参加者間で秩序ある取引が行われると想定した場合の，当該取引における資産の売却によって受け取る価格とする。）により計算する。 |

| Q30 | 期待運用収益は，期末の年金資産の額に合理的に期待される収益率（長期期待運用収益率）を乗じて計算する。 |

5 数理計算上の差異

| Q31 | 数理計算上の差異は，原則として各期の発生額について，予想される退職時から現在までの平均的な期間（以下「平均残存勤務期間」という。）以内の一定の年数で按分した額を毎期費用処理する。 |

| Q32 | 数理計算上の差異について，未認識数理計算上の差異の残高の一定割合を費用処理する方法によることは認められない。 |

A28	× (21)
	利息費用は，期首の退職給付債務に割引率を乗じて計算する。

A29	○ (22)

A30	× (23)
	期待運用収益は，期首の年金資産の額に合理的に期待される収益率（長期期待運用収益率）を乗じて計算する。

A31	○ (24)

A32	× (注7)
	数理計算上の差異については，未認識数理計算上の差異の残高の一定割合を費用処理する方法によることができる。この場合の一定割合は，数理計算上の差異の発生額が平均残存勤務期間以内に概ね費用処理される割合としなければならない。

Q.33	数理計算上の差異について，当期の発生額を翌期から費用処理する方法を用いることは認められない。
Q.34	割引率等の計算基礎に重要な変動が生じていない場合には，これを見直さないことができる。
Q.35	個別財務諸表上，当期に発生した未認識数理計算上の差異は，税効果を調整の上，評価・換算差額等を通じて純資産の部に計上する。

6　過去勤務費用

Q.36	過去勤務費用は，原則として各期の発生額について，平均残存勤務期間以内の一定の年数で按分した額を毎期費用処理する。
Q.37	過去勤務費用については，未認識過去勤務費用の残高の一定割合を費用処理する方法によることができる。この場合の一定割合は，過去勤務費用の発生額が平均残存勤務期間以内に概ね費用処理される割合としなければならない。
Q.38	現役従業員に係る過去勤務費用は，退職従業員の過去勤務費用と区分して，発生時に全額を費用処理することができる。

A33	× (注7)
	数理計算上の差異については，当期の発生額を翌期から費用処理する方法を用いることができる。

A34	○ (注8)

A35	× (24, 39(2))
	連結財務諸表上，当期に発生した未認識数理計算上の差異は，税効果を調整の上，その他の包括利益を通じて純資産の部に計上する。

A36	○ (25)

A37	○ (注9)

A38	× (注10)
	退職従業員に係る過去勤務費用は，他の過去勤務費用と区分して発生時に全額を費用処理することができる。

| Q39 | 連結財務諸表上，当期に発生した未認識過去勤務費用は税効果を調整の上，その他の包括利益を通じて純資産の部に計上する。 |

7 小規模企業等における簡便な方法

| Q40 | 従業員数が比較的少ない小規模な企業等は，期末の退職給付の要支給額を用いた見積計算を行う等の簡便な方法を用いて，退職給付に係る負債及び退職給付費用を計算する。 |

27−4 確定給付制度の開示

| Q41 | 連結財務諸表上，積立状況を示す額について，負債となる場合は「退職給付に係る負債」等の適当な科目をもって固定負債に計上し，資産となる場合は「退職給付に係る資産」等の適当な科目をもって固定資産に計上する。未認識数理計算上の差異及び未認識過去勤務費用については，税効果を調整の上，純資産の部におけるその他の包括利益累計額に「退職給付に係る調整累計額」等の適当な科目をもって計上する。 |

| Q42 | 退職給付費用については，原則として販売費及び一般管理費に計上する。 |

A39	○ (25, 39(2))

A40	× (26)
	従業員数が比較的少ない小規模な企業等において, 高い信頼性をもって数理計算上の見積りを行うことが困難である場合又は退職給付に係る財務諸表項目に重要性が乏しい場合には, 期末の退職給付の要支給額を用いた見積計算を行う等の簡便な方法を用いて, 退職給付に係る負債及び退職給付費用を計算することができる。

A41	○ (27)

A42	× (28)
	退職給付費用については, 原則として売上原価又は販売費及び一般管理費に計上する。

Q43 | 新たに退職給付制度を採用したとき又は給付水準の重要な改訂を行ったときに発生する過去勤務費用を一定の年数で費用処理する場合において，当期の費用処理額が重要であると認められるときには，当該金額を特別損益として計上することができる。

Q44 | 連結財務諸表上，当期に発生した未認識数理計算上の差異及び未認識過去勤務費用並びに当期に費用処理された組替調整額については，その他の包括利益に「退職給付に係る調整額」等の適当な科目をもって，一括して計上する。

27-5　確定拠出制度の会計処理及び開示

Q45 | 確定拠出制度においては，当該制度に基づく要拠出額をもって費用処理する。当該費用は，退職給付費用に含めて計上し，確定拠出制度に係る退職給付費用として注記する。また，当該制度に基づく要拠出額をもって費用処理するため，未拠出の額は未払金として計上する。

A43	× (28)
	新たに退職給付制度を採用したとき又は給付水準の重要な改訂を行ったときに発生する過去勤務費用を発生時に全額費用処理する場合などにおいて，その金額が重要であると認められるときには，当該金額を特別損益として計上することができる。
A44	○ (29, 39(2))
A45	○ (31, 32)

27-6 複数事業主制度の会計処理及び開示

Q46　複数の事業主により設立された確定給付型企業年金制度を採用している場合においては，原則として，合理的な基準により自社の負担に属する年金資産等の計算をした上で，確定給付制度の会計処理及び開示を行う。

Q47　複数の事業主により設立された確定給付型企業年金制度を採用している場合においては，自社の拠出に対応する年金資産の額を合理的に計算することができないときには，確定給付制度に準じた会計処理及び開示を行う。

27-7 適用時期等

Q48　個別貸借対照表上は，退職給付債務に未認識数理計算上の差異及び未認識過去勤務費用を加減した額から，年金資産の額を控除した額を負債として計上する。ただし，年金資産の額が退職給付債務に未認識数理計算上の差異及び未認識過去勤務費用を加減した額を超える場合には，資産として計上する。

A46 ○ (33(1))

複数の事業主により設立された確定給付型企業年金制度を採用している場合においては，次のように会計処理及び開示を行う。

(1) 合理的な基準により自社の負担に属する年金資産等の計算をした上で，第13項から第30項の確定給付制度の会計処理及び開示を行う。

A47 × (33(2))

複数の事業主により設立された確定給付型企業年金制度を採用している場合においては，次のように会計処理及び開示を行う。

(2) 自社の拠出に対応する年金資産の額を合理的に計算することができないときには，第31項及び第32項の確定拠出制度に準じた会計処理及び開示を行う。この場合，当該年金制度全体の直近の積立状況等についても注記する。

A48 ○ (39(1))

| Q49 | 個別貸借対照表に負債として計上される額については「退職給付引当金」の科目をもって固定負債に計上し,資産として計上される額については「前払年金費用」等の適当な科目をもって固定資産に計上する。 |
| Q50 | 連結財務諸表を作成する会社については,個別財務諸表において,未認識数理計算上の差異及び未認識過去勤務費用の貸借対照表における取扱いが連結財務諸表と異なる旨を注記する。 |

| A49 | ○ (39(3)) |
| A50 | ○ (39(4)) |

企業会計基準第27号 「法人税, 住民税及び事業税 等に関する会計基準」

§ 28

28-1　範　囲

001　「法人税，住民税及び事業税等に関する会計基準」は，連結財務諸表及び個別財務諸表における次の事項に適用する。

(1)　我が国の法令に従い納付する税金のうち法人税，住民税及び事業税等に関する会計処理及び開示

(2)　我が国の法令に従い納付する税金のうち受取利息及び受取配当金等に課される源泉所得税に関する開示

(3)　外国の法令に従い納付する税金のうち外国法人税に関する開示

28-2　用語の定義

002　「事業税」とは，地方税法の規定に基づく税金であり，法人の行う事業に対して都道府県が課すものをいう。事業税には，付加価値額によって課すもの（付加価値割），資本金等の額によって課すもの（資本割），所得によって課すもの（所得割）がある。

003　「外国法人税」とは，外国の法令により課される法人税に相当する税金で政令に定めるもの（法人税法第69条及び法人税法施行令（昭和40年政令第97号）第141条）をいう。すべての外国法人税は，法人税法等に基づき税額控除の適用を受ける。

A01 ○ (2, 3)

なお,「法人税,住民税及び事業税等に関する会計基準」は,特に明示しない限り,個別財務諸表における会計処理及び開示を想定して定めている。連結財務諸表における会計処理及び開示は,個別財務諸表における会計処理及び開示に準じて行う。

また,「グループ通算制度を適用する場合の会計処理及び開示に関する取扱い」において,グループ通算制度を適用する場合の法人税及び地方法人税に係る会計処理及び開示の具体的な取扱いが定められている場合,当該取扱いが適用される。

A02 ○ (4(4))

A03 × (4(6))

「外国法人税」とは,外国の法令により課される法人税に相当する税金で政令に定めるもの(法人税法第69条及び法人税法施行令(昭和40年政令第97号)第141条)をいう。外国法人税には,法人税法等に基づき税額控除の適用を受けるものと税額控除の適用を受けないものがある。

Q04	「更正」とは，法人税，住民税及び事業税等について，提出した納税申告書に納付すべきものとして記載した税額に不足額がある場合や提出した納税申告書に記載した純損失の金額が過大であった場合に，当該納税申告書に記載された課税標準又は税額を修正する納税申告書を税務署長又は地方公共団体の長に提出することにより，提出した納税申告書に係る課税標準又は税額を変更することをいう。
	「修正申告」とは，法人税，住民税及び事業税等について，提出した納税申告書に記載された課税標準又は税額の計算が法令に従っていなかった場合やその他当該課税標準又は税額が税務署長又は地方公共団体の長の調査したところと異なる場合に，その調査により，当該納税申告書に係る課税標準又は税額を変更することをいう。

28-3　会計処理

1　当事業年度の所得等に対する法人税，住民税及び事業税等

Q05	当事業年度の所得等に対する法人税，住民税及び事業税等については，法令に従い算定した額（税務上の欠損金の繰戻しにより還付を請求する法人税額及び地方法人税額を含む。）を損益に計上する。

A04	× (4)(8)(9)

「更正」とは，法人税，住民税及び事業税等について，提出した納税申告書に記載された課税標準又は税額の計算が法令に従っていなかった場合やその他当該課税標準又は税額が税務署長又は地方公共団体の長の調査したところと異なる場合に，その調査により，当該納税申告書に係る課税標準又は税額を変更することをいう。

「修正申告」とは，法人税，住民税及び事業税等について，提出した納税申告書に納付すべきものとして記載した税額に不足額がある場合や提出した納税申告書に記載した純損失の金額が過大であった場合に，当該納税申告書に記載された課税標準又は税額を修正する納税申告書を税務署長又は地方公共団体の長に提出することにより，提出した納税申告書に係る課税標準又は税額を変更することをいう。

なお，「法人税，住民税及び事業税等に関する会計基準」において，更正及び修正申告を「更正等」という。

A05	○ (5)

なお，「所得等に対する法人税，住民税及び事業税等」には，所得に対する法人税，地方法人税，住民税及び事業税（所得割）のほかに，住民税（均等割）及び事業税（付加価値割及び資本割）を含むものとする。

2　更正等による追徴及び還付

Q06
過年度の所得等に対する法人税，住民税及び事業税等について，更正等により追加で徴収される可能性が高く，当該追徴税額を合理的に見積ることができる場合，「会計方針の開示，会計上の変更及び誤謬の訂正に関する会計基準」に定める誤謬に該当するときを除き，原則として，当該追徴税額を損益に計上する。

Q07
過年度の所得等に対する法人税，住民税及び事業税等について，更正等により還付されることが確実に見込まれ，当該還付税額を合理的に見積ることができる場合，「会計方針の開示，会計上の変更及び誤謬の訂正に関する会計基準」に定める誤謬に該当するときを除き，当該還付税額を損益に計上する。

Q08
過年度の所得等に対する法人税，住民税及び事業税等について，更正等により追徴税額を納付したが，当該追徴の内容を不服として法的手段を取る場合において，還付されることが確実に見込まれ，当該還付税額を合理的に見積ることができる場合，「会計方針の開示，会計上の変更及び誤謬の訂正に関する会計基準」に定める誤謬に該当するときを除き，当該還付税額を損益に計上する。

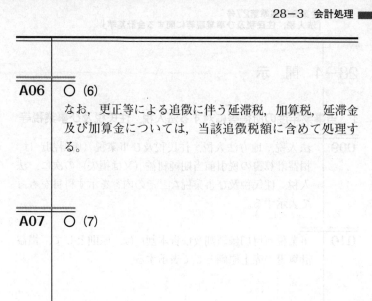

A06	○ (6)
	なお，更正等による追徴に伴う延滞税，加算税，延滞金及び加算金については，当該追徴税額に含めて処理する。

| A07 | ○ (7) |

| A08 | ○ (8) |

28-4 開 示

1 当事業年度の所得等に対する法人税，住民税及び事業税等

Q09 法人税，地方法人税，住民税及び事業税（所得割）は，損益計算書の税引前当期純利益（又は損失）の次に，法人税，住民税及び事業税などその内容を示す科目をもって表示する。

Q10 事業税（付加価値割及び資本割）は，原則として，損益計算書の売上原価として表示する。

Q11 法人税，住民税及び事業税等のうち納付されていない税額は，貸借対照表の流動負債の区分に，未払法人税等などその内容を示す科目をもって表示する。

Q12 法人税，住民税及び事業税等の税額が，中間申告により納付された税額を下回る場合等により還付されるとき，当該還付税額のうち受領されていない税額は，貸借対照表の流動資産の区分に，未収還付法人税等などその内容を示す科目をもって表示する。

2 当期利益又は当期純損益金額に関する注記事項

A09	○ (9)
A10	× (10) 事業税（付加価値割及び資本割）は，原則として，損益計算書の販売費及び一般管理費として表示する。ただし，合理的な配分方法に基づきその一部を売上原価として表示することができる。
A11	○ (11)
A12	○ (12)

2 受取利息及び受取配当金等に課される源泉所得税

Q13 受取利息及び受取配当金等に課される源泉所得税のうち法人税法等に基づき税額控除の適用を受けない税額は，損益計算書の法人税，地方法人税，住民税及び事業税（所得割）として表示する。ただし，当該金額の重要性が乏しい場合，営業外費用に含めて表示することができる。

3 外国法人税

Q14 外国法人税のうち法人税法等に基づき税額控除の適用を受けない税額は，その内容に応じて適切な科目に表示する。なお，外国子会社（法人税法第23条の2）からの受取配当金等に課される外国源泉所得税のうち法人税法等に基づき税額控除の適用を受けない税額は，法人税，地方法人税，住民税及び事業税（所得割）に含めて表示する。

4 更正等による追徴及び還付

Q15 法人税，地方法人税，住民税及び事業税（所得割）の更正等による追徴税額及び還付税額は，原則として，法人税，地方法人税，住民税及び事業税（所得割）に含めて表示する。ただし，法人税，地方法人税，住民税及び事業税（所得割）を表示した科目の次に，その内容を示す科目をもって表示することもできる。

A13	**× (13)**
	受取利息及び受取配当金等に課される源泉所得税のうち法人税法等に基づき税額控除の適用を受けない税額は、損益計算書の<u>営業外費用</u>として表示する。ただし、当該金額の重要性が乏しい場合、<u>法人税、地方法人税、住民税及び事業税（所得割）に含めて表示することができる</u>。
A14	**○ (14)**
A15	**× (15)**
	法人税、地方法人税、住民税及び事業税（所得割）の更正等による追徴税額及び還付税額は、法人税、地方法人税、住民税及び事業税（所得割）を表示した科目の次に、その内容を示す科目をもって表示する。ただし、<u>これらの金額の重要性が乏しい場合、法人税、地方法人税、住民税及び事業税（所得割）に含めて表示することができる</u>。

Q16	事業税（付加価値割及び資本割）の更正等による追徴税額及び還付税額は, 原則として, 損益計算書の販売費及び一般管理費として表示する。ただし, 合理的な配分方法に基づきその一部を営業外費用として表示することができる。
Q17	法人税, 住民税及び事業税等の更正等による追徴税額のうち納付されていない税額は, 当事業年度の所得等に対する法人税, 住民税及び事業税等のうち納付されていない税額に含めて表示する。
Q18	法人税, 住民税及び事業税等の更正等による還付税額のうち受領されていない税額は, 当事業年度の所得等に対する法人税, 住民税及び事業税等の還付税額のうち受領されていない税額に含めて表示する。

A16	×（16）
	事業税（付加価値割及び資本割）の更正等による追徴税額及び還付税額は，原則として，損益計算書の販売費及び一般管理費として表示する。ただし，合理的な配分方法に基づきその一部を<u>売上原価</u>として表示することができる。
A17	○（17）
A18	○（18）

企業会計基準第29号
「収益認識に関する
会計基準」

§ 29

29−1 範　囲

Q01 「収益認識に関する会計基準」は，顧客との契約から生
じる収益に関する会計処理及び開示のすべてに適用され
る。

A01　× (3, 4)

「収益認識に関する会計基準」は, 次の(1)から(7)を除き, 顧客との契約から生じる収益に関する会計処理及び開示に適用される。

(1)　「金融商品に関する会計基準」の範囲に含まれる金融商品に係る取引

(2)　「リース取引に関する会計基準」の範囲に含まれるリース取引

(3)　保険法（平成20年法律第56号）における定義を満たす保険契約

(4)　顧客又は潜在的な顧客への販売を容易にするために行われる同業他社との商品又は製品の交換取引（例えば, 2つの企業の間で, 異なる場所における顧客からの需要を適時に満たすために商品又は製品を交換する契約）

(5)　金融商品の組成又は取得に際して受け取る手数料

(6)　「特別目的会社を活用した不動産の流動化に係る譲渡人の会計処理に関する実務指針」の対象となる不動産（不動産信託受益権を含む。）の譲渡

(7)　資金決済に関する法律（平成21年法律第59号）における定義を満たす暗号資産及び金融商品取引法（平成23年法律第25号）における定義を満たす電子記録移転権利に関連する取引

なお, 顧客との契約の一部が上記(1)から(7)に該当する場合には, 上記(1)から(7)に適用される方法で処理する額を除いた取引価格について, 「収益認識に関する会計基準」

29-2　用語の定義

Q02　「契約」とは，法的な強制力のある権利及び義務を生じさせる複数の当事者間における取決めをいう。

Q03　「顧客」とは，対価と交換に企業の通常の営業活動により生じたアウトプットである財又はサービスを得るために当該企業と契約した当事者をいう。

Q04　「履行義務」とは，顧客との契約において，次の(1)及び(2)のいずれもを顧客に移転する約束をいう。
(1)　別個の財又はサービス（あるいは別個の財又はサービスの束）
(2)　一連の別個の財又はサービス（特性が実質的に同じであり，顧客への移転のパターンが同じである複数の財又はサービス）

Q05　「取引価格」とは，財又はサービスの顧客への移転と交換に企業が権利を得ると見込む対価の額（第三者のために回収する額も含む。）をいう。

Q06　「独立販売価格」とは，財又はサービスを独立して企業が顧客に販売する場合の価格をいう。

を適用する。

| A02 | ○ (5) |

| A03 | ○ (6) |

| A04 | × (7) |

「履行義務」とは，顧客との契約において，次の(1)又は
(2)のいずれかを顧客に移転する約束をいう。

(1) 別個の財又はサービス（あるいは別個の財又はサー
ビスの束）

(2) 一連の別個の財又はサービス（特性が実質的に同じ
であり，顧客への移転のパターンが同じである複数の
財又はサービス）

| A05 | × (8) |

「取引価格」とは，財又はサービスの顧客への移転と交
換に企業が権利を得ると見込む対価の額（ただし，第三
者のために回収する額を除く。）をいう。

| A06 | ○ (9) |

Q07 「契約資産」とは，企業が顧客に移転した財又はサービスと交換に受け取る対価に対する企業の権利（顧客との契約から生じた債権を含む。）をいう。

Q08 「契約負債」とは，財又はサービスを顧客に移転する企業の義務に対して，企業が顧客から対価を受け取ったもの又は対価を受け取る期限が到来しているものをいう。

Q09 「顧客との契約から生じた債権」とは，企業が顧客に移転した財又はサービスと交換に受け取る対価に対する企業の権利のうち条件付きのものをいう。

Q10 「工事契約」とは，仕事の完成に対して対価が支払われる請負契約のうち，土木，建築，造船や一定の機械装置の製造等，基本的な仕様や作業内容を顧客の指図に基づいて行うものをいう。

Q11 「受注制作のソフトウェア」とは，契約の形式にかかわらず，特定のユーザー向けに制作され，提供されるソフトウェアをいう。

Q12 「原価回収基準」とは，履行義務を充足する際に発生する費用の金額で収益を認識する方法をいう。

A07	× (10)
	「契約資産」とは，企業が顧客に移転した財又はサービスと交換に受け取る対価に対する企業の権利（ただし，顧客との契約から生じた債権を除く。）をいう。

A08	○ (11)

A09	× (12)
	「顧客との契約から生じた債権」とは，企業が顧客に移転した財又はサービスと交換に受け取る対価に対する企業の権利のうち無条件のもの（すなわち，対価に対する法的な請求権）をいう。

A10	○ (13)

A11	○ (14)

A12	× (15)
	「原価回収基準」とは，履行義務を充足する際に発生する費用のうち，回収することが見込まれる費用の金額で収益を認識する方法をいう。

29−3　会計処理

1　基本となる原則

Q13　「収益認識に関する会計基準」の基本となる原則は，約束した財又はサービスの顧客への移転を当該財又はサービスと交換に企業が権利を得ると見込む対価の額で描写するように，収益を認識することである。

A13 ○ (16)

Q14	「収益認識に関する会計基準」の基本となる原則に従って収益を認識するために, 次の(1)から(4)のステップを適用する。

(1) 顧客との契約を識別する。

(2) 契約における履行義務を識別する。

(3) 取引価格を算定する。

(4) 履行義務を充足した時に又は充足するにつれて収益を認識する。

A14	× (17)

「収益認識に関する会計基準」の基本となる原則に従って収益を認識するために，次の(1)から(5)のステップを適用する。

(1) 顧客との契約を識別する。

　　「収益認識に関する会計基準」の定めは，顧客と合意し，かつ，所定の要件を満たす契約に適用する。

(2) 契約における履行義務を識別する。

　　契約において顧客への移転を約束した財又はサービスが，所定の要件を満たす場合には別個のものであるとして，当該約束を履行義務として区分して識別する。

(3) 取引価格を算定する。

　　変動対価又は現金以外の対価の存在を考慮し，金利相当分の影響及び顧客に支払われる対価について調整を行い，取引価格を算定する。

(4) 契約における履行義務に取引価格を配分する。

　　契約において約束した別個の財又はサービスの独立販売価格の比率に基づき，それぞれの履行義務に取引価格を配分する。独立販売価格を直接観察できない場合には，独立販売価格を見積る。

(5) 履行義務を充足した時に又は充足するにつれて収益を認識する。

　　約束した財又はサービスを顧客に移転することにより履行義務を充足した時に又は充足するにつれて，充足した履行義務に配分された額で収益を認識する。履行義務は，所定の要件を満たす場合には一定の期間にわたり充足され，所定の要件を満たさない場合には一時点で充足される。

Q15 「収益認識に関する会計基準」の定め（重要性等に関する代替的な取扱いを含む。）は，顧客との個々の契約を対象として適用しなければならず，複数の特性の類似した契約又は履行義務から構成されるグループ全体を対象として適用することは認められない。

A15	× (18)

「収益認識に関する会計基準」の定め（重要性等に関する代替的な取扱いを含む。）は，顧客との個々の契約を対象として適用する。

ただし，「収益認識に関する会計基準」の定めを複数の特性の類似した契約又は履行義務から構成されるグループ全体を対象として適用することによる財務諸表上の影響が，当該グループの中の個々の契約又は履行義務を対象として適用することによる影響と比較して重要性のある差異を生じさせないことが合理的に見込まれる場合に限り，当該グループ全体を対象として「収益認識に関する会計基準」の定めを適用することができる。この場合，当該グループの規模及び構成要素を反映する見積り及び仮定を用いる。

2 収益の認識基準

(1) 契約の識別

Q16 「収益認識に関する会計基準」を適用するにあたっては，次の(1)から(5)の要件のすべてを満たす顧客との契約を識別する。

(1) 当事者が，書面，口頭，取引慣行等により契約を承認し，それぞれの義務の履行を約束していること

(2) 移転される財又はサービスに関する各当事者の権利を識別できること

(3) 移転される財又はサービスの支払条件を識別できること

(4) 契約に経済的実質があること（すなわち，契約の結果として，企業の将来キャッシュ・フローのリスク，時期又は金額が変動すると見込まれること）

(5) 顧客に移転する財又はサービスと交換に企業が権利を得ることとなる対価を回収する可能性が高いこと

Q17 契約とは，法的な強制力のある権利及び義務を生じさせる複数の当事者間における取決めをいう。契約における権利及び義務の強制力は法的な概念に基づくものであり，契約は書面によってのみ成立する。

A16 ○ (19)

なお，当該対価を回収する可能性の評価にあたっては，対価の支払期限到来時における顧客が支払う意思と能力を考慮する。

A17 × (20)

契約とは，法的な強制力のある権利及び義務を生じさせる複数の当事者間における取決めをいう。契約における権利及び義務の強制力は法的な概念に基づくものであり，契約は書面，口頭，取引慣行等により成立する。
なお，顧客との契約締結に関する慣行及び手続は，国，業種又は企業により異なり，同一企業内でも異なる場合がある（例えば，顧客の属性や，約束した財又はサービスの性質により異なる場合がある。）。そのため，それらを考慮して，顧客との合意が強制力のある権利及び義務を生じさせるのかどうか並びにいつ生じさせるのかを判断する。

Q18　「収益認識に関する会計基準」は，契約の当事者が現在の強制力のある権利及び義務を有している契約期間を対象として適用される。

Q19　契約の当事者のそれぞれが，他の当事者に補償することなく完全に未履行の契約を解約する一方的で強制力のある権利を有している場合には，当該契約に「収益認識に関する会計基準」を適用しない。

完全に未履行の契約とは，次の(1)又は(2)のいずれかを満たす契約である。

(1)　企業が約束した財又はサービスを顧客に未だ移転していない。

(2)　企業が，約束した財又はサービスと交換に，対価を未だ受け取っておらず，対価を受け取る権利も未だ得ていない。

Q20　顧客との契約が契約における取引開始日において契約識別要件（第19項の要件）を満たす場合であっても，事実及び状況の重要な変化の兆候に関し，当該要件を満たすかどうかについて毎期継続して見直しを行わなければならない。

Q21　顧客との契約が契約識別要件（第19項の要件）を満たさない場合には，当該要件を事後的に満たすかどうかを引き続き評価し，顧客との契約が当該要件を満たしたときに「収益認識に関する会計基準」を適用する。

A18	○ (21)

A19	× (22)

契約の当事者のそれぞれが，他の当事者に補償すること
なく完全に未履行の契約を解約する一方的で強制力のあ
る権利を有している場合には，当該契約に「収益認識に
関する会計基準」を適用しない。
完全に未履行の契約とは，次の(1)及び(2)のいずれも満た
す契約である。
(1) 企業が約束した財又はサービスを顧客に未だ移転し
ていない。
(2) 企業が，約束した財又はサービスと交換に，対価を
未だ受け取っておらず，対価を受け取る権利も未だ得
ていない。

A20	× (23)

顧客との契約が契約における取引開始日において契約識
別要件（第19項の要件）を満たす場合には，事実及び
状況の重要な変化の兆候がない限り，当該要件を満たす
かどうかについて見直しを行わない。

A21	○ (24)

Q22 顧客との契約が契約識別要件（第19項の要件）を満たさない場合において，顧客から対価を受け取った際には，次の(1)及び(2)のいずれにも該当するときに，受け取った対価を収益として認識する。

(1) 財又はサービスを顧客に移転する残りの義務がなく，約束した対価のほとんどすべてを受け取っており，顧客への返金は不要であること

(2) 契約が解約されており，顧客から受け取った対価の返金は不要であること

(2) 契約の結合

Q23 同一の顧客（当該顧客の関連当事者を含む。）と同時又はほぼ同時に締結した複数の契約について，次の(1)から(3)のいずれかに該当する場合には，当該複数の契約を結合し，単一の契約とみなして処理する。

(1) 当該複数の契約が同一の商業的目的を有するものとして交渉されたこと

(2) 1つの契約において支払われる対価の額が，他の契約の価格又は履行により影響を受けないこと

(3) 当該複数の契約において約束した財又はサービスが，履行義務の識別（第32項から第34項）に従うと単一の履行義務となること

| A22 | × (25, 26) |

顧客との契約が契約識別要件（第19項の要件）を満たさない場合において，顧客から対価を受け取った際には，次の(1)又は(2)のいずれかに該当するときに，受け取った対価を収益として認識する。

(1)　財又はサービスを顧客に移転する残りの義務がなく，約束した対価のほとんどすべてを受け取っており，顧客への返金は不要であること

(2)　契約が解約されており，顧客から受け取った対価の返金は不要であること

なお，顧客から受け取った対価については，上記(1)又は(2)のいずれかに該当するまで，あるいは，契約識別要件（第19項の要件）が事後的に満たされるまで，将来における財又はサービスを移転する義務又は対価を返金する義務として，負債を認識する。

| A23 | × (27) |

同一の顧客（当該顧客の関連当事者を含む。）と同時又はほぼ同時に締結した複数の契約について，次の(1)から(3)のいずれかに該当する場合には，当該複数の契約を結合し，単一の契約とみなして処理する。

(1)　当該複数の契約が同一の商業的目的を有するものとして交渉されたこと

(2)　1つの契約において支払われる対価の額が，他の契約の価格又は履行により影響を受けること

(3)　当該複数の契約において約束した財又はサービスが，履行義務の識別（第32項から第34項）に従うと単一の履行義務となること

(3) 契約変更

Q24 契約の当事者が契約変更を承認していない場合には，契約変更が承認されるまで，「収益認識に関する会計基準」を既存の契約に引き続き適用する。

Q25 契約の当事者が契約の範囲の変更を承認したが，変更された契約の範囲に対応する価格の変更を決定していない場合には，変動対価の定め（第50項から第52項及び第54項）に従って，当該契約変更による取引価格の変更を見積る。

Q26 契約変更について，次の(1)及び(2)の要件のいずれも満たす場合には，当該契約変更を独立した契約として処理する。
(1) 別個の財又はサービスの追加により，契約の範囲が拡大されること
(2) 変更される契約の価格が，追加的に約束した財又はサービスに対する独立販売価格に特定の契約の状況に基づく適切な調整を加えた金額分だけ減額されること

A24 ○ (28)

なお，契約変更は，契約の当事者が承認した契約の範囲
又は価格（あるいはその両方）の変更であり，契約の
当事者が，契約の当事者の強制力のある権利及び義務を
新たに生じさせる変更又は既存の強制力のある権利及び
義務を変化させる変更を承認した場合に生じるものであ
る。

A25 ○ (29)

A26 ✕ (30)

契約変更について，次の(1)及び(2)の要件のいずれも満た
す場合には，当該契約変更を独立した契約として処理す
る。

(1) 別個の財又はサービスの追加により，契約の範囲が
拡大されること

(2) 変更される契約の価格が，追加的に約束した財又は
サービスに対する独立販売価格に特定の契約の状況に
基づく適切な調整を加えた金額分だけ増額されること

Q27 | 契約変更が契約変更の要件（第30項）を満たさず，独立した契約として処理されない場合には，契約変更日において未だ移転していない財又はサービスについて，それぞれ次の(1)から(3)のいずれかの方法により処理する。

(1) 未だ移転していない財又はサービスが契約変更日以前に移転した財又はサービスと別個のものである場合には，契約変更を既存の契約を解約して新しい契約を締結したものと仮定して処理する。残存履行義務に配分すべき対価の額は，次の①及び②の合計額とする。

① 顧客が約束した対価（顧客から既に受け取った額を含む。）のうち，取引価格の見積りに含まれているが収益として認識されていない額

② 契約変更の一部として約束された対価

(2) 未だ移転していない財又はサービスが契約変更日以前に移転した財又はサービスと別個のものではなく，契約変更日において部分的に充足されている単一の履行義務の一部を構成する場合には，契約変更を既存の契約の一部であると仮定して処理する。

これにより，完全な履行義務の充足に向けて財又はサービスに対する支配を顧客に移転する際の企業の履行を描写する進捗度（履行義務の充足に係る進捗度）及び取引価格が変更される場合は，契約変更日において収益の額を累積的な影響に基づき修正する。

(3) 未だ移転していない財又はサービスが(1)と(2)の両方を含む場合には，契約変更が変更後の契約における未充足の履行義務に与える影響を，それぞれ(1)又は(2)の方法に基づき処理する。

A27	○ (31)

(4) 履行義務の識別

Q28　契約における取引開始日に，顧客との契約において約束した財又はサービスを評価し，次の(1)又は(2)のいずれかを顧客に移転する約束のそれぞれについて履行義務として識別する。

(1)　別個の財又はサービス（あるいは別個の財又はサービスの束)

(2)　一連の別個の財又はサービス（特性が実質的に同じであり，顧客への移転のパターンが同じである複数の財又はサービス）

〈別個の財又はサービス〉

Q29　顧客に約束した財又はサービスは，次の(1)又は(2)の要件のいずれかを満たす場合には，別個のものとする。

(1)　当該財又はサービスから単独で顧客が便益を享受することができること，あるいは，当該財又はサービスと顧客が容易に利用できる他の資源を組み合わせて顧客が便益を享受することができること（すなわち，当該財又はサービスが別個のものとなる可能性があること）

(2)　当該財又はサービスを顧客に移転する約束が，契約に含まれる他の約束と区分して識別できること（すなわち，当該財又はサービスを顧客に移転する約束が契約の観点において別個のものとなること）

A28	◯ (32, 33)

なお，(2)における一連の別個の財又はサービスは，次の①及び②の要件のいずれも満たす場合には，顧客への移転のパターンが同じであるものとする。

① 一連の別個の財又はサービスのそれぞれが，第38項における一定の期間にわたり充足される履行義務の要件を満たすこと

② 第41項及び第42項に従って，履行義務の充足に係る進捗度の見積りに，同一の方法が使用されること

A29	✕ (34)

顧客に約束した財又はサービスは，次の(1)及び(2)の要件のいずれも満たす場合には，別個のものとする。

(1) 当該財又はサービスから単独で顧客が便益を享受することができること，あるいは，当該財又はサービスと顧客が容易に利用できる他の資源を組み合わせて顧客が便益を享受することができること（すなわち，当該財又はサービスが別個のものとなる可能性があること）

(2) 当該財又はサービスを顧客に移転する約束が，契約に含まれる他の約束と区分して識別できること（すなわち，当該財又はサービスを顧客に移転する約束が契約の観点において別個のものとなること）

(5) 履行義務の充足による収益の認識

Q30　企業は約束した財又はサービス（「収益認識に関する会計基準」において，顧客との契約の対象となる財又はサービスについて，「資産」と記載することもある。）を顧客に移転することにより履行義務を充足した時に又は充足するにつれて，収益を認識する。資産が移転するのは，企業が当該資産に対する支配を喪失した時又は喪失するにつれてである。

Q31　資産に対する支配とは，当該資産の使用を指図し，当該資産からの残りの便益の一部を享受する能力（他の企業が資産の使用を指図して資産から便益を享受することを妨げる能力を含む。）をいう。

A30 × (35, 36)

企業は約束した財又はサービス（「収益認識に関する会計基準」において，顧客との契約の対象となる財又はサービスについて，「資産」と記載することもある。）を顧客に移転することにより履行義務を充足した時に又は充足するにつれて，収益を認識する。資産が移転するのは，顧客が当該資産に対する支配を獲得した時又は獲得するにつれてである。

なお，契約における取引開始日に，第38項及び第39項に従って，識別された履行義務のそれぞれが，一定の期間にわたり充足されるものか又は一時点で充足されるものかを判定する。

A31 × (37)

資産に対する支配とは，当該資産の使用を指図し，当該資産からの残りの便益のほとんどすべてを享受する能力（他の企業が資産の使用を指図して資産から便益を享受することを妨げる能力を含む。）をいう。

〈一定の期間にわたり充足される履行義務・一時点で充足される
履行義務〉

Q32　次の(1)から(3)の要件のいずれかを満たす場合，資産に対
する支配を顧客に一定の期間にわたり移転することによ
り，一定の期間にわたり履行義務を充足し収益を認識す
る。

(1)　企業が顧客との契約における義務を履行するにつれ
て，顧客が便益を享受すること

(2)　企業が顧客との契約における義務を履行することに
より，資産が生じる又は資産の価値が増加し，当該資
産が生じる又は当該資産の価値が増加するにつれて，
顧客が当該資産を支配すること

(3)　次の要件のいずれも満たすこと

①　企業が顧客との契約における義務を履行すること
により，別の用途に転用することができない資産が
生じること

②　企業が顧客との契約における義務の履行を完了し
た部分について，対価を収受する強制力のある権利
を有していること

Q33　支配の移転を検討する際には，例えば，次の(1)から(5)の
指標を考慮する。

(1)　企業が顧客に提供した資産に関する対価を収受する
現在の権利を有していること

(2)　顧客が資産に対する法的所有権を有していること

(3)　企業が資産の物理的占有を移転したこと

(4)　顧客が資産の所有に伴う重大なリスクを負い，経済
価値を享受していること

(5)　顧客が資産を検収したこと

A32	○ (38, 39) なお，(1)から(3)の要件のいずれも満たさず，履行義務が一定の期間にわたり充足されるものではない場合には，一時点で充足される履行義務として，資産に対する支配を顧客に移転することにより当該履行義務が充足される時に，収益を認識する。
A33	○ (40)

〈履行義務の充足に係る進捗度〉

Q34 | 一定の期間にわたり充足される履行義務については，履行義務の充足に係る進捗度を見積り，当該進捗度に基づき収益を一定の期間にわたり認識する。

Q35 | 一定の期間にわたり充足される履行義務については，単一の方法で履行義務の充足に係る進捗度を見積り，類似の履行義務及び状況に首尾一貫した方法を適用する。

Q36 | 履行義務の充足に係る進捗度は，各決算日に見直し，当該進捗度の見積りを変更する場合は，会計方針の変更として処理する。

Q37 | 履行義務の充足に係る進捗度を合理的に見積ることができる場合にのみ，一定の期間にわたり充足される履行義務について収益を認識する。

Q38 | 履行義務の充足に係る進捗度を合理的に見積ることができないが，当該履行義務を充足する際に発生する費用を回収することが見込まれる場合には，履行義務の充足に係る進捗度を合理的に見積ることができる時まで，一定の期間にわたり充足される履行義務について収益を認識してはならない。

A34	○ (41)

A35	○ (42)

A36	× (43)

履行義務の充足に係る進捗度は，各決算日に見直し，当該進捗度の見積りを変更する場合は，会計上の見積りの変更として処理する。

A37	○ (44)

A38	× (45)

履行義務の充足に係る進捗度を合理的に見積ることができないが，当該履行義務を充足する際に発生する費用を回収することが見込まれる場合には，履行義務の充足に係る進捗度を合理的に見積ることができる時まで，一定の期間にわたり充足される履行義務について原価回収基準により処理する。

3 収益の額の算定

(1) 取引価格に基づく収益の額の算定

Q39 履行義務を充足した時に又は充足するにつれて，取引価格（第54項の定めを考慮する。）のうち，当該履行義務に配分した額について収益を認識する。

(2) 取引価格の算定

Q40 取引価格とは，財又はサービスの顧客への移転と交換に企業が権利を得ると見込む対価の額（第三者のために回収する額を含む。）をいう。取引価格の算定にあたっては，契約条件や取引慣行等を考慮する。

Q41 顧客により約束された対価の性質，時期及び金額は，取引価格の見積りに影響を与える。取引価格を算定する際には，次の(1)から(4)のすべての影響を考慮する。
(1) 変動対価
(2) 契約における重要な金融要素
(3) 現金以外の対価
(4) 顧客に支払われる対価

Q42 取引価格を算定する際には，財又はサービスが契約に従って顧客に移転され，契約の取消又は変更はないものと仮定するが，契約の更新又は改訂は毎年行われるものと仮定する。

A39	○ (46)

A40	× (47)
	取引価格とは，財又はサービスの顧客への移転と交換に企業が権利を得ると見込む対価の額（ただし，第三者のために回収する額を除く。）をいう。取引価格の算定にあたっては，契約条件や取引慣行等を考慮する。

A41	○ (48)

A42	× (49)
	取引価格を算定する際には，財又はサービスが契約に従って顧客に移転され，契約の取消，更新又は変更はないものと仮定する。

〈変動対価〉

| Q43 | 顧客と約束した対価のうち変動する可能性のある部分を「変動対価」という。契約において，顧客と約束した対価に変動対価が含まれる場合，財又はサービスの顧客への移転と交換に企業が権利を得ることとなる対価の額を見積る。 |

| Q44 | 変動対価の額の見積りにあたっては，発生し得ると考えられる対価の額における最も可能性の高い単一の金額（最頻値）による。 |

| Q45 | 変動対価の額に関する不確実性の影響を見積るにあたっては，契約全体を通じて単一の方法を首尾一貫して適用する。また，企業が合理的に入手できるすべての情報を考慮し，発生し得ると考えられる対価の額について合理的な数のシナリオを識別する。 |

| Q46 | 顧客から受け取った又は受け取る対価の一部あるいは全部を顧客に返金すると見込む場合，受け取った又は受け取る対価の額のうち，企業が権利を得ると見込まない額について，返金負債を認識する。返金負債の額を各決算日に見直す必要はない。 |

A43	○ (50)

| A44 | × (51) |

変動対価の額の見積りにあたっては，発生し得ると考えられる対価の額における最も可能性の高い単一の金額（最頻値）による方法又は発生し得ると考えられる対価の額を確率で加重平均した金額（期待値）による方法のいずれかのうち，企業が権利を得ることとなる対価の額をより適切に予測できる方法を用いる。

| A45 | ○ (52) |

| A46 | × (53) |

顧客から受け取った又は受け取る対価の一部あるいは全部を顧客に返金すると見込む場合，受け取った又は受け取る対価の額のうち，企業が権利を得ると見込まない額について，返金負債を認識する。返金負債の額は，各決算日に見直す。

Q47 　見積られた変動対価の額のうち，変動対価の額に関する不確実性が事後的に解消される際に，解消される時点までに計上された収益の著しい減額が発生しない可能性が高い部分は，取引価格に含めてはならない。

Q48 　見積った取引価格は，各決算日に見直し，取引価格が変動する場合には，取引価格の変動の定め（第74項から第76項）を適用する。

〈契約における重要な金融要素〉

Q49 　契約の当事者が明示的又は黙示的に合意した支払時期により，財又はサービスの顧客への移転に係る信用供与についての重要な便益が顧客又は企業に提供される場合には，顧客との契約は重要な金融要素を含むものとする。

Q50 　顧客との契約に重要な金融要素が含まれる場合，取引価格の算定にあたっては，約束した対価の額に含まれる金利相当分の影響を調整する。収益は，約束した財又はサービスが顧客に移転した時点で（又は移転するにつれて），当該財又はサービスに対して顧客が支払うと見込まれる現金販売価格を反映する金額で認識する。

Q51 　契約における取引開始日において，約束した財又はサービスを顧客に移転する時点と顧客が支払を行う時点の間が1年以内であると見込まれる場合には，重要な金融要素の影響について約束した対価の額を調整してはならない。

A47	× (54)
	見積られた変動対価の額については，変動対価の額に関する不確実性が事後的に解消される際に，解消される時点までに計上された収益の著しい減額が発生しない可能性が高い部分に限り，取引価格に含める。
A48	○ (55)
A49	○ (56)
A50	○ (57)
A51	× (58)
	契約における取引開始日において，約束した財又はサービスを顧客に移転する時点と顧客が支払を行う時点の間が1年以内であると見込まれる場合には，重要な金融要素の影響について約束した対価の額を調整しないことができる。

〈現金以外の対価〉

Q52　契約における対価が現金以外の場合に取引価格を算定するにあたっては，当該対価を時価により算定する。現金以外の対価の時価を合理的に見積ることができない場合には，当該対価と交換に顧客に約束した財又はサービスの帳簿価額を基礎として当該対価を算定する。

Q53　現金以外の対価の時価が変動する理由が，株価の変動等，対価の種類によるものだけではない場合（例えば，企業が顧客との契約における義務を履行するにつれて時価が変動する場合）には，変動対価の定め（第54項）を適用する。

Q54　企業による契約の履行に資するために，顧客が財又はサービス（例えば，材料，設備又は労働）を企業に提供する場合には，企業は，顧客から提供された財又はサービスに対する支配を獲得するかどうかを判定する。顧客から提供された財又はサービスに対する支配を獲得する場合には，当該財又はサービスを，顧客から受け取る現金以外の対価として処理する。

A52	× (59, 60) 契約における対価が現金以外の場合に取引価格を算定するにあたっては，当該対価を時価により算定する。現金以外の対価の時価を合理的に見積ることができない場合には，当該対価と交換に顧客に約束した財又はサービスの<u>独立販売価格</u>を基礎として当該対価を算定する。
A53	○ (61)
A54	○ (62)

〈顧客に支払われる対価〉

Q55　顧客に支払われる対価は，企業が顧客（あるいは顧客から企業の財又はサービスを購入する他の当事者）に対して支払う又は支払うと見込まれる現金の額を含むが，顧客が企業（あるいは顧客から企業の財又はサービスを購入する他の当事者）に対する債務額に充当できるもの（例えば，クーポン）の額は含まない。

顧客に支払われる対価は，顧客から受領する別個の財又はサービスと交換に支払われるものである場合を除き，取引価格から減額する。顧客に支払われる対価に変動対価が含まれる場合には，取引価格の見積りを変動対価の定め（第50項から第54項）に従って行う。

Q56　顧客に支払われる対価を取引価格から減額する場合には，次の(1)又は(2)のいずれか早い方が発生した時点で（又は発生するにつれて），収益を減額する。

(1)　関連する財又はサービスの移転に対する収益を認識する時

(2)　企業が対価を支払うか又は支払を約束する時（当該支払が将来の事象を条件とする場合も含む。また，支払の約束は，取引慣行に基づくものも含む。）

A55　× (63)

顧客に支払われる対価は，企業が顧客（あるいは顧客から企業の財又はサービスを購入する他の当事者）に対して支払う又は支払うと見込まれる現金の額や，顧客が企業（あるいは顧客から企業の財又はサービスを購入する他の当事者）に対する債務額に充当できるもの（例えば，クーポン）の額を含む。

顧客に支払われる対価は，顧客から受領する別個の財又はサービスと交換に支払われるものである場合を除き，取引価格から減額する。顧客に支払われる対価に変動対価が含まれる場合には，取引価格の見積りを変動対価の定め（第50項から第54項）に従って行う。

A56　× (64)

顧客に支払われる対価を取引価格から減額する場合には，次の(1)又は(2)のいずれか遅い方が発生した時点で（又は発生するにつれて），収益を減額する。

(1)　関連する財又はサービスの移転に対する収益を認識する時

(2)　企業が対価を支払うか又は支払を約束する時（当該支払が将来の事象を条件とする場合も含む。また，支払の約束は，取引慣行に基づくものも含む。）

(3) 履行義務への取引価格の配分

Q57 それぞれの履行義務(あるいは別個の財又はサービス)に対する取引価格の配分は,財又はサービスの顧客への移転と交換に企業が権利を得ると見込む対価の額を描写するように行う。

Q58 財又はサービスの独立販売価格の比率に基づき,契約において識別したそれぞれの履行義務に取引価格を配分する。ただし,値引きの配分,変動対価の配分(第70項から第73項)の定めを適用する場合を除く。

〈独立販売価格に基づく配分〉

Q59 財又はサービスの独立販売価格の比率に基づき取引価格を配分する際には,契約におけるそれぞれの履行義務の基礎となる別個の財又はサービスについて,契約における取引最終日の独立販売価格を算定し,取引価格を当該独立販売価格の比率に基づき配分する。

Q60 財又はサービスの独立販売価格を直接観察できない場合には,市場の状況,企業固有の要因,顧客に関する情報等,合理的に入手できるすべての情報を考慮し,観察可能な入力数値を最大限利用して,独立販売価格を見積る。

A57	○ (65)

A58	○ (66, 67)

なお，契約に単一の履行義務しかない場合には，独立販売価格に基づく配分，値引きの配分，変動対価の配分（第68項から第73項）の定めを適用しない。ただし，第32項(2)に従って一連の別個の財又はサービスを移転する約束が単一の履行義務として識別され，かつ，約束された対価に変動対価が含まれる場合には，変動対価の配分（第72項及び第73項）の定めを適用する。

A59	× (68)

財又はサービスの独立販売価格の比率に基づき取引価格を配分する際には，契約におけるそれぞれの履行義務の基礎となる別個の財又はサービスについて，契約における取引開始日の独立販売価格を算定し，取引価格を当該独立販売価格の比率に基づき配分する。

A60	○ (69)

なお，類似の状況においては，見積方法を首尾一貫して適用する。

〈値引きの配分〉

Q61 契約における約束した財又はサービスの独立販売価格の合計額が当該契約の取引価格を超える場合には，契約における財又はサービスの束について顧客に値引きを行っているものとして，当該値引きについて，原則として特定の契約における単一の履行義務に対して配分する。

Q62 次の(1)から(3)の要件のすべてを満たす場合には，契約における履行義務のうち1つ又は複数（ただし，すべてではない。）に値引きを配分する。

(1) 契約における別個の財又はサービス（あるいは別個の財又はサービスの束）のそれぞれを，通常，単独で販売していること

(2) 当該別個の財又はサービスのうちの一部を束にしたものについても，通常，それぞれの束に含まれる財又はサービスの独立販売価格から値引きして販売していること

(3) (2)における財又はサービスの束のそれぞれに対する値引きが，当該契約の値引きとほぼ同額であり，それぞれの束に含まれる財又はサービスを評価することにより，当該契約の値引き全体がどの履行義務に対するものかについて観察可能な証拠があること

A61	× (70)
	契約における約束した財又はサービスの独立販売価格の合計額が当該契約の取引価格を超える場合には，契約における財又はサービスの束について顧客に値引きを行っているものとして，当該値引きについて，契約におけるすべての履行義務に対して比例的に配分する。
A62	○ (71)

〈変動対価の配分〉

Q63 次の(1)及び(2)の要件のいずれも満たす場合には，変動対価及びその事後的な変動のすべてを，1つの履行義務あるいは単一の履行義務に含まれる1つの別個の財又はサービスに配分する。

(1) 変動性のある支払の条件が，当該履行義務を充足するための活動や当該別個の財又はサービスを移転するための活動（あるいは当該履行義務の充足による特定の結果又は当該別個の財又はサービスの移転による特定の結果）に個別に関連していること

(2) 契約における履行義務及び支払条件のすべてを考慮した場合，変動対価の額のすべてを当該履行義務あるいは当該別個の財又はサービスに配分することが，企業が権利を得ると見込む対価の額を描写すること

(4) 取引価格の変動

Q64 取引価格の事後的な変動については，契約における取引開始日後の独立販売価格の変動を考慮して，契約における取引開始日と異なる基礎により契約における履行義務に配分する。

Q65 取引価格の事後的な変動のうち，既に充足した履行義務に配分された額については，取引価格が変動した期の収益の額を修正する。

A63 ○ (72, 73)

なお，(1)又は(2)の要件を満たさない残りの取引価格については，履行義務への取引価格の配分，独立販売価格に基づく配分，値引きの配分（第65項から第71項）の定めに従って配分する。

A64 × (74)

取引価格の事後的な変動については，契約における取引開始日後の独立販売価格の変動を考慮せず，契約における取引開始日と同じ基礎により契約における履行義務に配分する。

A65 ○ (74)

Q66 変動対価の配分（第72項）の要件のいずれかを満たす場合には，取引価格の変動のすべてについて，次の(1)又は(2)のいずれかに配分する。

(1) 1つ又は複数の（ただし，すべてではない。）履行義務

(2) 第32項(2)に従って識別された単一の履行義務に含まれる1つ又は複数の（ただし，すべてではない。）別個の財又はサービス

4 契約資産，契約負債及び顧客との契約から生じた債権

Q67 顧客から対価を受け取る前又は対価を受け取る期限が到来する前に，財又はサービスを顧客に移転した場合は，契約負債を貸借対照表に計上する。

A66	× (75)

変動対価の配分（第72項）の要件の<u>いずれ</u>も満たす場合には，取引価格の変動のすべてについて，次の(1)又は(2)のいずれかに配分する。

(1) 1つ又は複数の（ただし，すべてではない。）履行義務

(2) 第32項(2)に従って識別された単一の履行義務に含まれる1つ又は複数の（ただし，すべてではない。）別個の財又はサービス

A67	× (77)

顧客から対価を受け取る前又は対価を受け取る期限が到来する前に，財又はサービスを顧客に移転した場合は，<u>収益を認識し，契約資産又は顧客との契約から生じた債権</u>を貸借対照表に計上する。

なお，「収益認識に関する会計基準」に定めのない契約資産の会計処理は，「金融商品に関する会計基準」における債権の取扱いに準じて処理する。また，外貨建ての契約資産に係る外貨換算については，「外貨建取引等会計処理基準」の外貨建金銭債権債務の換算の取扱いに準じて処理する。

Q68 財又はサービスを顧客に移転する前に顧客から対価を受け取る場合，顧客から対価を受け取った時又は対価を受け取る期限が到来した時のいずれか遅い時点で，顧客から受け取る対価について契約負債を貸借対照表に計上する。

29-4 開 示

1 表 示

Q69 顧客との契約から生じる収益を，適切な科目をもって損益計算書に表示する。なお，顧客との契約から生じる収益については，それ以外の収益と区分して損益計算書に表示し，顧客との契約から生じる収益の額を注記しなければならない。

Q70 顧客との契約に重要な金融要素が含まれる場合，顧客との契約から生じる収益と金融要素の影響（受取利息又は支払利息）を損益計算書において区分して表示する。

A68	× (78)
	財又はサービスを顧客に移転する前に顧客から対価を受け取る場合，顧客から対価を受け取った時又は対価を受け取る期限が到来した時のいずれか早い時点で，顧客から受け取る対価について契約負債を貸借対照表に計上する。
A69	× (78-2)
	顧客との契約から生じる収益を，適切な科目をもって損益計算書に表示する。なお，顧客との契約から生じる収益については，それ以外の収益と区分して損益計算書に表示するか，又は両者を区分して損益計算書に表示しない場合には，顧客との契約から生じる収益の額を注記する。
Q70	○ (78-3)

Q71 企業が履行している場合や企業が履行する前に顧客から
対価を受け取る場合等，契約のいずれかの当事者が履
行している場合等には，企業は，企業の履行と顧客の支
払との関係に基づき，契約資産，契約負債又は顧客との
契約から生じた債務を計上する。また，契約資産，契約
負債又は顧客との契約から生じた債務を，適切な科目を
もって貸借対照表に表示する。

2　注記事項
(1)　重要な会計方針の注記

Q72 顧客との契約から生じる収益に関する重要な会計方針と
して，(1)企業の主要な事業における主な履行義務の内
容，(2)企業が当該履行義務を充足する通常の時点（収益
を認識する通常の時点）を注記する。また，これらの項
目以外にも，重要な会計方針に含まれると判断した内容
については，重要な会計方針として注記する。

Q71	× (79)
	企業が履行している場合や企業が履行する前に顧客から対価を受け取る場合等，契約のいずれかの当事者が履行している場合等には，企業は，企業の履行と顧客の支払との関係に基づき，契約資産，契約負債又は<u>顧客との契約から生じた債権</u>を計上する。また，契約資産，契約負債又は<u>顧客との契約から生じた債権</u>を，適切な科目をもって貸借対照表に表示する。 なお，契約資産と顧客との契約から生じた債権のそれぞれについて，貸借対照表に他の資産と区分して表示しない場合には，それぞれの残高を注記する。また，契約負債を貸借対照表において他の負債と区分して表示しない場合には，契約負債の残高を注記する。
Q72	○ (80-2, 80-3)

(2) 収益認識に関する注記

Q73　収益認識に関する注記における開示目的は，顧客との契約から生じる収益及びキャッシュ・フローの性質，金額，時期及び不確実性を財務諸表利用者が理解できるようにするための十分な情報を企業が開示することである。この開示目的を達成するため，収益認識に関する注記として，(1)収益の結合情報，(2)収益を理解するための基礎となる情報，(3)当期及び翌期以降の収益の金額を理解するための情報を注記する。

Q74　当期に認識した顧客との契約から生じる収益を，収益及びキャッシュ・フローの性質，金額，時期及び不確実性に影響を及ぼす主要な要因に基づく区分に分解して注記する。ただし，「セグメント情報等の開示に関する会計基準」を適用している場合には，収益の分解情報を注記する必要はない。

Q73 × (80-4, 80-5)

収益認識に関する注記における開示目的は，顧客との契約から生じる収益及びキャッシュ・フローの性質，金額，時期及び不確実性を財務諸表利用者が理解できるようにするための十分な情報を企業が開示することである。この開示目的を達成するため，収益認識に関する注記として，(1)収益の分解情報，(2)収益を理解するための基礎となる情報，(3)当期及び翌期以降の収益の金額を理解するための情報を注記する。

なお，上記の項目に掲げている各注記事項のうち，開示目的に照らして重要性に乏しいと認められる注記事項については，記載しないことができる。

Q74 × (80-10, 80-11)

当期に認識した顧客との契約から生じる収益を，収益及びキャッシュ・フローの性質，金額，時期及び不確実性に影響を及ぼす主要な要因に基づく区分に分解して注記する。

「セグメント情報等の開示に関する会計基準」を適用している場合，注記する収益の分解情報と，「セグメント情報等の開示に関する会計基準」に従って各報告セグメントについて開示する売上高との間の関係を財務諸表利用者が理解できるようにするための十分な情報を注記する。

Q75 顧客との契約が，財務諸表に表示している項目又は収益認識に関する注記における他の注記事項とどのように関連しているのかを示す基礎となる情報として，(1)契約及び履行義務に関する情報，(2)取引価格の算定に関する情報，(3)履行義務への配分額の算定に関する情報，(4)履行義務の充足時点に関する情報，(5)「収益認識に関する会計基準」の適用における重要な判断を注記する。

Q76 履行義務の充足とキャッシュ・フローの関係を理解できるよう，(1)顧客との契約から生じた債権，契約資産及び契約負債の期首残高及び期末残高（区分して表示している場合），(2)当期に認識した収益の額のうち期首現在の契約負債残高に含まれていた額，(3)当期中の契約資産及び契約負債の残高の重要な変動がある場合のその内容，(4)履行義務の充足の時期が通常の支払時期にどのように関連するのか並びにそれらの要因が契約資産及び契約負債の残高に与える影響の説明を注記する。

Q75	○ (80-12)

Q76	× (80-20)
	履行義務の充足とキャッシュ・フローの関係を理解できるよう，(1)顧客との契約から生じた債権，契約資産及び契約負債の期首残高及び期末残高（区分して表示していない場合），(2)当期に認識した収益の額のうち期首現在の契約負債残高に含まれていた額，(3)当期中の契約資産及び契約負債の残高の重要な変動がある場合のその内容，(4)履行義務の充足の時期が通常の支払時期にどのように関連するのか並びにそれらの要因が契約資産及び契約負債の残高に与える影響の説明を注記する。
	なお，過去の期間に充足（又は部分的に充足）した履行義務から，当期に認識した収益（例えば，取引価格の変動）がある場合には，当該金額を注記する。

3 連結財務諸表を作成している場合の個別財務諸表における表示及び注記事項

Q77 連結財務諸表を作成している場合，個別財務諸表においては，「収益の分解情報」及び「当期及び翌期以降の収益の金額を理解するための情報」について注記しないことができる。また，連結財務諸表を作成している場合，個別財務諸表においては，「収益を理解するための基礎となる情報」の注記を記載するにあたり，連結財務諸表における記載を参照することができる。

0.77 | ○ (80-26, 80-27)

企業会計基準第30号 「時価の算定に関する 会計基準」

§ 30

30−1 範　囲

Q01 「時価の算定に関する会計基準」は，「金融商品に関する
会計基準」における金融商品と「棚卸資産の評価に関す
る会計基準」におけるトレーディング目的で保有する棚
卸資産の時価に適用する。

30−2 用語の定義

Q02 「市場参加者」とは，資産又は負債に関する主要な市場
又は最も有利な市場において，当該資産又は負債に関し
て取引を行う能力がある買手及び売手をいい，互いが関
連当事者である場合も含む。

A01	○ (3)

A02	× (4(1))

「市場参加者」とは，資産又は負債に関する主要な市場
又は最も有利な市場において，<u>次の要件のすべてを満た</u>
<u>す買手及び売手</u>をいう。

① <u>互</u>いに<u>独立</u>しており，関連当事者ではないこと

② <u>知識を有しており，すべての入手できる情報</u>に基づ
き当該資産又は負債について十分に理解していること

③ 当該資産又は負債に関して，<u>取引を行う能力がある</u>
こと

④ 当該資産又は負債に関して，<u>他から強制されるわけ</u>
<u>ではなく，自発的に取引を行う意思がある</u>こと

Q03	「秩序ある取引」とは，資産又は負債の取引に関して通常かつ慣習的な市場における活動ができるように，時価の算定日以前の一定期間において市場にさらされていることを前提とした取引をいい，他から強制された取引も含む。
Q04	「主要な市場」とは，資産又は負債についての取引の数量及び頻度が最も大きい市場をいう。また，「最も有利な市場」とは，取得又は売却に要する付随費用を考慮したうえで，資産の売却による受取額を最大化又は負債の移転に対する支払額を最小化できる市場をいう。
Q05	「インプット」とは，市場参加者が資産又は負債の時価を算定する際に用いる仮定（時価の算定に固有のリスクに関する仮定を含む。）をいう。インプットには，相場価格を調整せずに時価として用いる場合における当該相場価格も含まれる。

A03	× (4(2))
	「秩序ある取引」とは，資産又は負債の取引に関して通常かつ慣習的な市場における活動ができるように，時価の算定日以前の一定期間において市場にさらされていることを前提とした取引をいい，他から強制された取引（例えば，強制された清算取引や投売り）は，秩序ある取引に該当しない。

A04	○ (4(3)(4)(6))
	なお，「活発な市場」とは，継続的に価格情報が提供される程度に十分な数量及び頻度で取引が行われている市場をいう。

A05	○ (4(5))
	なお，インプットは，次の観察可能なインプットと観察できないインプットにより構成される。
	① 「観察可能なインプット」とは，入手できる観察可能な市場データに基づくインプットをいう。
	② 「観察できないインプット」とは，観察可能な市場データではないが，入手できる最良の情報に基づくインプットをいう。

30−3 時価の算定

1 時価の定義

Q06 「時価」とは，算定日において市場参加者間で秩序ある取引が行われると想定した場合の，当該取引における資産の購入によって支払う価格又は負債の移転のために支払う価格をいう。

A06	× (5)
	「時価」とは，算定日において市場参加者間で秩序ある取引が行われると想定した場合の，当該取引における資産の売却によって受け取る価格又は負債の移転のために支払う価格をいう。

2 時価の算定単位

Q07 | 資産又は負債の時価を算定する単位は，それぞれの対象となる資産又は負債に適用される会計処理又は開示による。ただし，一定の要件を満たす場合には，特定の市場リスク（市場価格の変動に係るリスク）又は特定の取引相手先の信用リスク（取引相手先の契約不履行に係るリスク）に関して金融資産及び金融負債を相殺した後の正味の資産又は負債を基礎として，当該金融資産及び金融負債のグループを単位とした時価を算定することができる。

A07　○ (6, 7)

一定の要件を満たす場合とは，次の要件のすべてを満たす場合をいう。なお，本取扱い（問題文ただし書き）は特定のグループについて毎期継続して適用し，重要な会計方針において，その旨を注記する。

(1)　企業の文書化したリスク管理戦略又は投資戦略に従って，特定の市場リスク又は特定の取引相手先の信用リスクに関する正味の資産又は負債に基づき，当該金融資産及び金融負債のグループを管理していること

(2)　当該金融資産及び金融負債のグループに関する情報を企業の役員に提供していること

(3)　当該金融資産及び金融負債を各決算日の貸借対照表において時価評価していること

(4)　特定の市場リスクに関連して本項の定めに従う場合には，当該金融資産及び金融負債のグループの中で企業がさらされている市場リスクがほぼ同一であり，かつ，当該金融資産及び金融負債から生じる特定の市場リスクにさらされている期間がほぼ同一であること

(5)　特定の取引相手先の信用リスクに関連して本項の定めに従う場合には，債務不履行の発生時において信用リスクのポジションを軽減する既存の取決め（例えば，取引相手先とのマスターネッティング契約や，当事者の信用リスクに対する正味の資産又は負債に基づき担保を授受する契約）が法的に強制される可能性についての市場参加者の予想を時価に反映すること

3 時価の算定方法

(1) 評価技法

| Q08 | 時価の算定にあたっては，状況に応じて，十分なデータが利用できる評価技法（そのアプローチとして，例えば，マーケット・アプローチやインカム・アプローチがある。）を用いる。評価技法を用いるにあたっては，関連性のある観察できないインプットを最大限利用し，観察可能なインプットの利用を最小限にする。 |

| Q09 | 時価の算定にあたって複数の評価技法を用いる場合には，複数の評価技法に基づく結果を踏まえた合理的な範囲を考慮して，時価を最もよく表す結果を決定する。 |

| Q10 | 時価の算定に用いる評価技法は，毎期継続して適用する。当該評価技法又はその適用（例えば，複数の評価技法を用いる場合のウェイト付けや，評価技法への調整）を変更する場合は，会計方針の変更として処理する。 |

A08 × (8)

時価の算定にあたっては，状況に応じて，十分なデータが利用できる評価技法（そのアプローチとして，例えば，マーケット・アプローチやインカム・アプローチがある。）を用いる。評価技法を用いるにあたっては，<u>関連性のある観察可能なインプットを最大限利用し，観察できないインプットの利用を最小限にする。</u>

A09 ○ (9)

A10 × (10)

時価の算定に用いる評価技法は，毎期継続して適用する。当該評価技法又はその適用（例えば，複数の評価技法を用いる場合のウェイト付けや，評価技法への調整)を変更する場合は，<u>会計上の見積りの変更</u>として処理する。この場合，「会計方針の開示，会計上の変更及び誤謬の訂正に関する会計基準」第18項並びに「四半期財務諸表に関する会計基準」第19項(4)及び第25項(3)の注記を要しないが，当該連結会計年度及び当該事業年度の年度末に係る連結財務諸表及び個別財務諸表において変更の旨及び変更の理由を注記する。

(2) インプット

Q11 時価の算定に用いるインプットは，レベル1のインプットが最も優先順位が高く，レベル3のインプットが最も優先順位が低い。レベル1のインプットとは，資産又は負債について観察できないインプットをいう。当該インプットは，関連性のある観察可能なインプットが入手できない場合に用いる。

Q12 レベル1からレベル3のインプットを用いて算定した時価は，その算定において重要な影響を与えるインプットが属するレベルに応じて，レベル1の時価，レベル2の時価又はレベル3の時価に分類する。

| A11 | × (11) |

時価の算定に用いるインプットは，次の順に優先的に使用する。

(1) レベル1のインプット

レベル1のインプットとは，時価の算定日において，企業が入手できる活発な市場における同一の資産又は負債に関する相場価格であり調整されていないものをいう。当該価格は，時価の最適な根拠を提供するものであり，当該価格が利用できる場合には，原則として，当該価格を調整せずに時価の算定に使用する。

(2) レベル2のインプット

レベル2のインプットとは，資産又は負債について直接又は間接的に観察可能なインプットのうち，レベル1のインプット以外のインプットをいう。

(3) レベル3のインプット

レベル3のインプットとは，資産又は負債について観察できないインプットをいう。当該インプットは，関連性のある観察可能なインプットが入手できない場合に用いる。

| A12 | ○ (11) |

なお，時価を算定するために異なるレベルに区分される複数のインプットを用いており，これらのインプットに，時価の算定に重要な影響を与えるインプットが複数含まれる場合，これら重要な影響を与えるインプットが属するレベルのうち，時価の算定における優先順位が最も低いレベルに当該時価を分類する。

(3) 資産又は負債の取引の数量又は頻度が著しく低下している場合等

Q13 資産又は負債の取引の数量又は頻度が当該資産又は負債に係る通常の市場における活動に比して著しく低下していると判断した場合，取引価格又は相場価格が時価を表しているかどうかについて評価する。当該評価の結果，当該取引価格又は相場価格が時価を表していないと判断する場合（取引が秩序ある取引ではないと判断する場合を含む。），当該取引価格又は相場価格を時価を算定する基礎として用いる際には，当該取引価格又は相場価格について，市場参加者が資産又は負債のキャッシュ・フローに固有の不確実性に対する対価として求めるリスク・プレミアムに関する調整を行う。

(4) 負債又は払込資本を増加させる金融商品の時価

Q14 負債又は払込資本を増加させる金融商品（例えば，企業結合の対価として発行される株式）については，時価の算定日に市場参加者に移転されるものと仮定して，時価を算定する。

Q15 負債の時価の算定にあたっては，負債の不履行リスクの影響を反映する。負債の不履行リスクとは，企業が債務を履行しないリスクであり，企業自身の信用リスクに限られる。また，負債の不履行リスクについては，当該負債の移転の前後で同一であると仮定する。

A13 | ○ (13)

A14 | ○ (14)

A15 | × (15)
負債の時価の算定にあたっては，負債の不履行リスクの影響を反映する。負債の不履行リスクとは，企業が債務を履行しないリスクであり，<u>企業自身の信用リスクに限られるものではない。</u>また，負債の不履行リスクについては，当該負債の移転の前後で同一であると仮定する。

企業会計基準第31号「会計上の見積りの開示に関する会計基準」

§ 31

31-1 範 囲

Q01 「会計上の見積りの開示に関する会計基準」は，会計上の見積りの開示に適用する。

31-2 用語の定義

Q02 「会計上の見積り」とは，資産及び負債や収益及び費用等の額に不確実性がある場合において，財務諸表作成時に入手可能な情報に基づいて，その合理的な金額を算出することをいう。

31-3 開 示

1 開示目的

Q03 「会計上の見積りの開示に関する会計基準」は，当年度の財務諸表に計上した金額が会計上の見積りによるもののうち，翌年度の財務諸表に重要な影響を及ぼすリスク（不利となる場合に限る。以下同じ。）がある項目における会計上の見積りの内容について，財務諸表利用者の理解に資する情報を開示することを目的とする。

A01 ○ (2)

A02 ○ (3)

A03 × (4)

「会計上の見積りの開示に関する会計基準」は，当年度
の財務諸表に計上した金額が会計上の見積りによるもの
のうち，翌年度の財務諸表に重要な影響を及ぼすリスク
（有利となる場合及び不利となる場合の双方が含まれる。
以下同じ。）がある項目における会計上の見積りの内容
について，財務諸表利用者の理解に資する情報を開示す
ることを目的とする。

2 開示する項目の識別

Q04 会計上の見積りの開示を行うにあたり，当年度の財務諸表に計上した金額が会計上の見積りによるもののうち，翌年度の財務諸表に重要な影響を及ぼすリスクがある項目を識別する。識別する項目は，通常，当年度の財務諸表に計上した収益及び費用である。

3 注記事項

Q05 前項に基づき識別した項目について，「会計上の見積りの開示に関する会計基準」に基づいて識別した会計上の見積りの内容を表す項目名を注記する。なお，会計上の見積りの開示は独立の注記項目とする。識別した項目が複数ある場合には，それらの項目名は単一の注記として記載する。

A04	× (5)

会計上の見積りの開示を行うにあたり，当年度の財務諸表に計上した金額が会計上の見積りによるもののうち，翌年度の財務諸表に重要な影響を及ぼすリスクがある項目を識別する。識別する項目は，通常，当年度の財務諸表に計上した資産及び負債である。

なお，翌年度の財務諸表に与える影響を検討するにあたっては，影響の金額的大きさ及びその発生可能性を総合的に勘案して判断する。また，直近の市場価格により時価評価する資産及び負債の市場価格の変動は，項目を識別する際に考慮しない。

A05	○ (6)

Q06 第5項に基づき識別した項目のそれぞれについて，前項に基づき注記した項目名に加えて，(1)当年度の財務諸表に計上した金額，(2)会計上の見積りの内容について財務諸表利用者の理解に資するその他の情報を注記する。

Q07 前項(2)の「会計上の見積りの内容について財務諸表利用者の理解に資するその他の情報」として第4項の開示目的に照らして注記する事項には，例えば，(1)当年度の財務諸表に計上した金額の算出方法，(2)当年度の財務諸表に計上した金額の算出に用いた主要な仮定，(3)過年度の財務諸表に与える影響がある。

Q08 連結財務諸表を作成している場合に，個別財務諸表において「会計上の見積りの開示に関する会計基準」に基づく開示を行うときは，第7項(2)の注記事項について連結財務諸表における記載を参照することができる。

A06 ○ (7)

なお，(1)及び(2)の事項の具体的な内容や記載方法（定量
的情報若しくは定性的情報，又はこれらの組み合わせ）
については，第4項の開示目的に照らして判断する。ま
た，(1)及び(2)の事項について，会計上の見積りの開示以
外の注記に含めて財務諸表に記載している場合には，会
計上の見積りに関する注記を記載するにあたり，当該他
の注記事項を参照することにより当該事項の記載に代え
ることができる。

A07 × (8)

前項(2)の「会計上の見積りの内容について財務諸表利用
者の理解に資するその他の情報」として第4項の開示目
的に照らして注記する事項には，例えば，(1)当年度の財
務諸表に計上した金額の算出方法，(2)当年度の財務諸表
に計上した金額の算出に用いた主要な仮定，(3)翌年度の
財務諸表に与える影響がある。

A08 ○ (9)

なお，識別した項目ごとに，当年度の個別財務諸表に計
上した金額の算出方法に関する記載をもって第7項(2)の
注記事項に代えることができる。この場合であっても，
連結財務諸表における記載を参照することができる。

MEMO

公認会計士試験

財務会計論　会計基準　早まくり条文別問題集　第3版

2015年 4 月 1 日　初　版　第 1 刷発行
2022年 7 月28日　第 3 版　第 1 刷発行

編　著　者　　Ｔ Ａ Ｃ 株 式 会 社
　　　　　　　　　　　　　　　（公認会計士講座）
発　行　者　　多　　田　　敏　　男
発　行　所　　Ｔ Ａ Ｃ 株式会社　出版事業部
　　　　　　　　　　　　　　　　（ＴＡＣ出版）
　　　　　　　　〒101-8383
　　　　　　　　東京都千代田区神田三崎町3-2-18
　　　　　　　　電話 03（5276）9492（営業）
　　　　　　　　FAX 03（5276）9674
　　　　　　　　https://shuppan.tac-school.co.jp/
印　　　刷　　株 式 会 社　ワコープラネット
製　　　本　　株 式 会 社　常 川 製 本

© TAC 2022　　Printed in Japan　　　　　ISBN 978-4-300-10180-3
　　　　　　　　　　　　　　　　　　　　N.D.C. 336

公認会計士講座のご案内

スクール選びで
合否が決まる!

令和元年 公認会計士試験
TAC 合格祝賀 パーティー

[東京会場] 東京マリオットホテル

合格実績で選べばTAC.

新試験制度制定後
2006年〜2020年
公認会計士論文式試験
TAC 本科生合格者
累計実績 ※

9,018名※

2006年633名 + 2007年1,320名 + 2008年1,170名 + 2009年806名 + 2010年885名 + 2011年554名 + 2012年550名 +
2013年458名 + 2014年415名 + 2015年372名 + 2016年385名 + 2017年352名 + 2018年357名 + 2019年360名 + 2020年401名

※ TAC本科生合格者とは、目標年度の試験に合格するために必要と考えられる講義・答案練習・公開模試・試験委員対策・法令改正等をパッケージ化したTACのコースにおいて、合格に必要な科目を全て受講し、かつ最終合格された方を指します。なお、過年度の科目合格者が最終合格された場合、①合格に必要な科目をTACで全て受講し、かつ受講した年度に科目合格している方は合格者に含めています。
※ 写真は令和元年合格祝賀パーティーのものです。

TAC出版 書籍のご案内

TAC出版では、資格の学校TAC各講座の定評ある執筆陣による資格試験の参考書をはじめ、資格取得者の開業法や仕事術、実務書、ビジネス書、一般書などを発行しています！

TAC出版の書籍

*一部書籍は、早稲田経営出版のブランドにて刊行しております。

資格・検定試験の受験対策書籍

- ❂ 日商簿記検定
- ❂ 建設業経理士
- ❂ 全経簿記上級
- ❂ 税 理 士
- ❂ 公認会計士
- ❂ 社会保険労務士
- ❂ 中小企業診断士
- ❂ 証券アナリスト

- ❂ ファイナンシャルプランナー(FP)
- ❂ 証券外務員
- ❂ 貸金業務取扱主任者
- ❂ 不動産鑑定士
- ❂ 宅地建物取引士
- ❂ 賃貸不動産経営管理士
- ❂ マンション管理士
- ❂ 管理業務主任者

- ❂ 司法書士
- ❂ 行政書士
- ❂ 司法試験
- ❂ 弁理士
- ❂ 公務員試験(大卒程度・高卒者)
- ❂ 情報処理試験
- ❂ 介護福祉士
- ❂ ケアマネジャー
- ❂ 社会福祉士　ほか

実務書・ビジネス書

- ❂ 会計実務、税法、税務、経理
- ❂ 総務、労務、人事
- ❂ ビジネススキル、マナー、就職、自己啓発
- ❂ 資格取得者の開業法、仕事術、営業術
- ❂ 翻訳ビジネス書

一般書・エンタメ書

- ❂ ファッション
- ❂ エッセイ、レシピ
- ❂ スポーツ
- ❂ 旅行ガイド (おとな旅プレミアム/ハルカナ)
- ❂ 翻訳小説

公認会計士試験対策書籍のご案内

TAC出版では、独学用およびスクール学習の副教材として、各種対策書籍を取り揃えています。
学習の各段階に対応していますので、あなたのステップに応じて、合格に向けてご活用ください!

短答式試験対策

- 財務会計論【計算問題編】
- 財務会計論【理論問題編】
- 管理会計論
- 監査論
- 企業法

**『ベーシック問題集』
シリーズ A5判**

● 短答式試験対策を本格的に
始めた方向け、苦手論点の
克服、直前期の再確認に最適!

- 財務会計論【計算問題編】
- 財務会計論【理論問題編】
- 監査論
- 企業法

**『アドバンスト問題集』
シリーズ A5判**

● 『ベーシック問題集』の上級編。
より本試験レベルに対応して
います

論文式試験対策

**『財務会計論会計基準
早まくり条文別問題集』**
B6変型判

● ○×式の一問一答で会計基準を
早まくり
◎ 論文式試験対策にも使えます

- 財務会計論【計算編】
- 管理会計論

**『新トレーニング』
シリーズ B5判**

● 基本的な出題パターンを
網羅、効率的な解法による
総合問題の解き方を
身に付けられます!
◎ 各巻数は、TAC公認会計士
講座のカリキュラムにより
変動します
◎ 管理会計論は、短答式試験
対策にも使えます

過去問題集

**『短答式試験 過去問題集』
『論文式試験必修科目 過去問題集』
『論文式試験選択科目 過去問題集』**
A5判

● 直近3回分の問題を、ほぼ本試験形式で再現。
TAC講師陣による的確な解説付き

企業法対策

公認会計士試験の中で毛色の異なる法律科目に対して苦手意識のある方向け。
弱点強化、効率学習のためのラインナップです

入門

『はじめての会社法』
A5判　田﨑 晴久 著
● 法律の知識ゼロの人でも、
これ1冊で会社法の基礎が
わかる!

短答式試験対策

『企業法早まくり肢別問題集』
B6変型判　田﨑 晴久 著
● 本試験問題を肢別に分解、整理。
簡潔な一問一答式で合格に必要な知識を網羅!

書籍の正誤に関するご確認とお問合せについて

書籍の記載内容に誤りではないかと思われる箇所がございましたら、以下の手順にてご確認とお問合せを
してくださいますよう、お願い申し上げます。

なお、正誤のお問合せ以外の書籍内容に関する解説および受験指導などは、一切行っておりません。
そのようなお問合せにつきましては、お答えいたしかねますので、あらかじめご了承ください。

1 「Cyber Book Store」にて正誤表を確認する

TAC出版書籍販売サイト「Cyber Book Store」の
トップページ内「正誤表」コーナーにて、正誤表をご確認ください。

CYBER TAC出版書籍販売サイト
BOOK STORE

URL:https://bookstore.tac-school.co.jp/

2 1の正誤表がない、あるいは正誤表に該当箇所の記載がない
⇒ 下記①、②のどちらかの方法で文書にて問合せをする

★ご注意ください★

お電話でのお問合せは、お受けいたしません。

①、②のどちらの方法でも、お問合せの際には、「お名前」とともに、

「対象の書籍名(○級・第○回対策も含む)およびその版数(第○版・○○年度版など)」
「お問合せ該当箇所の頁数と行数」
「誤りと思われる記載」
「正しいとお考えになる記載とその根拠」

を明記してください。

なお、回答までに1週間前後を要する場合もございます。あらかじめご了承ください。

① ウェブページ「Cyber Book Store」内の「お問合せフォーム」より問合せをする

【お問合せフォームアドレス】

https://bookstore.tac-school.co.jp/inquiry/

② メールにより問合せをする

【メール宛先 TAC出版】

syuppan-h@tac-school.co.jp

※土日祝日はお問合せ対応をおこなっておりません。
※正誤のお問合せ対応は、該当書籍の改訂版刊行月末日までといたします。

乱丁・落丁による交換は、該当書籍の改訂版刊行月末日までといたします。なお、書籍の在庫状況等
により、お受けできない場合もございます。
また、各種本試験の実施の延期、中止を理由とした本書の返品はお受けいたしません。返金もいたし
かねますので、あらかじめご了承くださいますようお願い申し上げます。

(2022年4月現在)